"科学发展 成就辉煌"系列丛书

改革创新促发展 兴农富民稳供给

——农村经济十年发展的辉煌成就（2002-2012）

韩长赋 主编

人民出版社

编 委 会

目　录

总 论:科学发展观引领下的 "三农"发展黄金十年

党的十六大以来,我们党坚持把解决好农业、农村和农民问题作为全党工作的重中之重,实施统筹城乡发展方略,出台了一系列强农惠农富农政策,办了很多事关农业农村发展长远的大事、关系农民切身利益的好事,农业农村发展克服重重困难,取得了举世瞩目的巨大成就,成为新时期我国经济社会快速发展的有力支撑,创造了"三农"发展新的黄金期。

一、农业农村发展的巨大成就

党的十六大以来,在科学发展观指导下,在强农惠农富农政策支持下,我国农业发展取得历史性进步,农村面貌发生巨大变化,农村社会保持和谐稳定。

(一)粮食等主要农产品全面增产

2011 年我国粮食产量、种植面积、平均亩产达到 57121 万吨、1.1 亿公顷、344.4 公斤,分别比 2003 年增加 14051 万吨、0.11 亿公顷、55.6 公斤。粮食总产实现半个世纪以来首次连续 8 年增产,连续 5 年稳定在 1 万亿斤以上,连续 4 年创历史最好水平,是新中国成立以来粮食产量增长最快的时期。其中,水稻、小麦、玉米三大谷物总产首次超过 1 万亿斤,高产作物水稻、玉米产量均创历史最高水平。

其他主要农产品产量也都大幅增加。2003 年至 2011 年,我国棉花产量由 486 万吨增加到 660 万吨,年均增长 3.8%;油料产量由 2811 万吨增加到 3279 万吨,年均增长 1.8%;肉类产量由 6443 万吨增加到 7957 万吨,年均增长 2.6%;水产品产量由 4077 万吨增加到 5600 万吨,年均增长 4.0%;糖料、蔬菜、水果、禽蛋、奶产品等产量也都大幅增长。农产品供应充足、品种丰富,基本满足了我国广大人民群众日益增长的消费需求,为保供给、稳物价、促增长、扩内需奠定了坚实的物质基础。农业成为国民经济发展的突出亮点。

这十年,我国粮食、油料、蔬菜、水果、肉类、禽蛋和水产品等产量多年稳居世界第一。自 2006 年起,我国已逐步成为世界上重要的粮食援助捐赠国。中国用不到世界 9% 的耕地,养活了世界近 21% 的人口,为世界粮食安全和农业发展作出了巨大贡献。

(二)农业基础支撑能力明显增强

传统农业加快向现代农业转变,一大批新品种、新技术得到推广应用。农业规模化种养、区域化布局、标准化生产加快推进,农业物质装备水平大幅提高。农业科技取得长足进步,一大批良种、良法得到推广应用。2011 年农业科技进步贡献率达到 53.5%,比 2005 年增加约 8 个百分点,标志着科技已成为我国农业发展的主要推动力量。农业机械化水平不断提高。2011 年全国农机总动力 9.7 亿千瓦,比 2002 年增加 4 亿千瓦,耕种收综合机械化率达到 54.8%,比 2002 年增加 22 个百分点,小麦已实现生产全程作业机械化,农业生产方式开始由千百年来以人力畜力为主转入以机械作业为主的新阶段。旱涝保收高标准农田比重不断提高。2011 年,农田有效灌溉面积 93236 万亩,比 2002 年增加 11705 万亩,农田有效灌溉面积占比超过 50%,灌溉用水有效利用系数突破 0.5。

(三)农民收入实现持续快速增长

农业农村经济充满活力,农民收入自 2004 年起连续 8 年较快增长。2011 年农民人均纯收入达到 6977 元,比 2002 年增加 4501 元,按可比价格计算年均增速超过 8%。特别是近两年,中西部地区农民收入增速普遍超过东部地区,农民收入增速超过城镇居民,出现了城乡居民收入差距缩小的可喜迹象。在收入增加的同时,农民收入构成也发生了显著变化。家庭经营收入稳定增长,比重逐渐降低;工资性收入快速增加,成为农民增收的突出亮点;政策转移性和财产性收入明显增加,成为拉动农民增收的重要因素。2011 年,农民人均纯收入中家庭经营性收入、工资性收入、转移性收入和财产性收入比重分别为46.2%、42.5%、8.1% 和 3.2%。农民生活水平逐步提高,农村居民家庭恩格尔系数由 2002 年的 46.3% 下降到 2011 年的 40.4%,农民的消费结构不断改善。

(四)农村公共服务显著提升

随着社会主义新农村建设深入推进,农村水、电、路、气、房等基础设施建设不断加强,农民生产生活条件显著改善。2002 年以来,全国新建改建农村公路 272 万公里,解决了 3.26 亿农村人口的饮水安全问题,新增农村沼气用户 3000 多万户,改造农村危房 460 多万户。农村社会事业健康发展,城乡基本公共服务均等化取得实质性进展,免费义务教育惠及 1.3 亿农村学生,新型农村合作医疗覆盖 97% 的农民,新型农村社会养老保险试点覆盖 60% 的县,7800 多万农民领取了养老金。扶贫投入不断加大,扶贫标准逐步提高,全国农村扶贫标准从2000 年的 865 元逐步提高到 2010 年的 1274 元,以此标准衡量的农村贫困人口数量从 2000 年年底的 9422 万人减少到 2010 年年底的 2688万人。2011 年 11 月 29 日中央扶贫开发工作会议决定,将扶贫标准进一步提高到 2300 元(2010 年不变价),把更多低收入人口纳入扶贫范围。

（五）农村改革取得新的进展

农村基本经营制度得到稳定和完善,农村土地承包经营权登记试点工作稳步推进。农村土地承包经营权流转有序推进,多种形式的适度规模经营已初具形态。到2011年年底,全国家庭承包耕地流转面积2.28亿亩,占家庭承包耕地面积的17.85%。农村各类新型经营主体快速发展。到2011年年底,各类农民专业合作社达到52.17万家,农业产业化经营组织达到28万家,辐射带动农户1.51亿户。新一轮农村改革试验区工作取得积极进展。城乡就业制度、户籍制度、公共服务制度向一体化方向发展。农村综合改革、乡镇机构改革都取得明显成效,截至2011年年底,全国共有33631个乡镇已经完成或正在进行改革,占乡镇总数的98%;有27个省份对1080个县实行了财政直接管理,2.93万个乡镇实现了"乡财县管"。农村金融改革加快推进,村镇银行、贷款公司、农村资金互助合作社等新型农村金融机构从无到有,农村信用社多元化产权模式逐步形成,农业银行股份制改造顺利完成,农业发展银行业务范围进一步拓宽,邮政储蓄银行县域机构网点不断完善。2003年启动了集体林权制度改革试点,2008年推向全国,将林地承包经营权和林木所有权落实到农户,实现了"山定权、人定心、树定根"。农村基层组织和民主法制建设不断加强,农村党群干群关系明显改善。

（六）农业对外开放迈出新步伐

我国农产品进出口贸易快速增长,农产品贸易总额由2002年的300.5亿美元增加到2011年的1556.6亿美元,增长4.2倍。我国在世界农产品贸易中的地位大幅提升,目前农产品贸易总额仅次于美国和德国,居世界第三位;出口额排名世界第七,进口额排名世界第二。我国出口的主要是蔬菜、水果、农业工艺制品等劳动密集型产品,进口的主要是油料、棉花等土地密集型产品。土地密集型农产品的进口,增加了国内农产品有效供给,缓解了需求增长对资源环境的压力,为农业战略性结构调整、保证粮食安全提供了空间和余地。农业对外开放还促进了资金、技术、装备、品种、管理经验等现代要素的引进,农业利用外资水平得到进一步提高,农业"走出去"战略得到稳步推进。

党的十六大以来我国农村改革发展取得的辉煌成就,不仅使广大农民得到了实实在在的好处和实惠,巩固了党在农村的执政基础,也有力地支持和促进了城市与工业发展,为国民经济社会持续健康发展提供了坚实的基础和有力的支撑。

二、"三农"理论政策创新的重大成果

党的十六大以来,在科学发展观指导下,基于对我国经济发展阶段特征的准确判断,对"三农"问题的深刻把握,对国际发展经验的总结借鉴,中央审时度势、与时俱进地提出了一系列指导"三农"工作的新理念、新论断,取得了一系列"三农"理论政策的创新成果,基本形成了新时期"三农"政策的框架体系。

(一)确立了把解决好"三农"问题作为全党工作重中之重的战略思想

针对农业农村发展新阶段出现的新情况和新问题、国民经济社会发展对农业农村发展提出的新要求和新任务,胡锦涛总书记在2003年初召开的中央农村工作会议上首次明确提出,要把解决好"三农"问题作为全党工作的重中之重,放在更加突出的位置。之后,吴邦国委员长在全国人大常委会工作报告中强调,要把解决好"三农"问题作为全党和全国工作的重中之重。2004年3月,温家宝总理在政府工作报告中又强调,要把解决好"三农"问题作为全部工作的重中之重。党的十七届三中全会进一步强调农业的重要地位,指出:"农业是安天下、稳民心的战略产业,没有农业现代化就没有国家现代化,没有农村繁荣稳定

就没有全国繁荣稳定,没有农民全面小康就没有全国人民全面小康。"重中之重的战略思想进一步强化了农业在国民经济中的基础地位,强调了"三农"工作在党和国家工作全局中的重要地位不会改变。这种思想认识的升华,不仅继承并体现了我们党历来高度重视"三农"工作的优良传统,而且在全社会形成了关心支持"三农"发展的浓厚氛围。

(二)明确了在工业化城镇化深入发展中同步推进农业现代化、加快形成城乡经济社会发展一体化新格局的根本要求

针对我国长期以来城乡发展不协调矛盾凸现、二元结构严重制约经济社会发展全局的突出问题,党的十六大首次提出统筹城乡经济社会发展,开启了破除城乡二元体制的历史进程。这是我国经济社会发展战略的重大调整。党的十六届三中全会进一步提出了"五个统筹",强调把城乡统筹放在首位。党的十七大明确提出,加强农业基础地位,走中国特色农业现代化道路,建立以工促农、以城带乡长效机制,形成城乡经济社会发展一体化新格局。党的十七届三中全会强调指出,统筹工业化、城镇化、农业现代化建设,始终把着力构建新型工农、城乡关系作为加快推进现代化的重大战略。党的十七届五中全会又指出:"在工业化、城镇化深入发展中同步推进农业现代化,是'十二五'时期的一项重大任务"。在统筹城乡、"三化同步"发展理念的指导下,我国农村各领域改革不断深化,农业农村发展体制机制不断完善,为农村繁荣稳定和国家长治久安注入了强大动力。

(三)实施了工业反哺农业、城市支持农村和多予少取放活的指导方针

针对农民增收困难和农村经济社会发展明显滞后的局面,在2003年年初召开的中央农村工作会议上,胡锦涛总书记明确提出对"三农"实行"多予、少取、放活"的方针。2004年这一方针被正式写入中央1

号文件。2004年9月，在党的十六届四中全会第三次全体会议上，胡锦涛总书记又提出了"两个趋向"的重要论断，即"综观一些工业化国家发展的历程，在工业化初始阶段，农业支持工业、为工业提供积累是带有普遍性的趋向；但是工业化达到相当程度以后，工业反哺农业、城市支持农村，实现工业与农业、城市与农村协调发展，也是带有普遍性的趋向。"2004年12月，温家宝总理在中央经济工作会议上强调，要下决心调整国民收入分配格局，实行工业反哺农业、城市支持农村的方针，更多地支持农业农村发展。在这个方针的指导下，国家对农业的支持保护力度不断加大，各项强农惠农富农政策不断出台、完善和强化。

（四）规划了走中国特色农业现代化道路和建设社会主义新农村的战略任务

针对我国国情、农情，遵循农业现代化的一般规律，党中央、国务院科学判定我国农业所处历史方位，不断深化对我国农业发展面临形势与任务的认识，明确了走中国特色农业现代化道路，规划了建设社会主义新农村战略任务，有力地推动农业农村跨越发展。2005年，党的十六届五中全会明确提出，建设社会主义新农村是我国现代化进程中的重大历史任务，提出要按照"生产发展、生活宽裕、乡风文明、村容整洁、管理民主"的总要求，扎实稳步推进新农村建设；2006年中央1号文件以"新农村建设"为主题，从多个方面对社会主义新农村建设进行了战略部署；2007年的中央1号文件进一步提出要积极发展现代农业扎实推进社会主义新农村建设，确定了用现代物质条件装备农业、用现代科学技术改造农业、用现代产业体系提升农业、用现代经营形式推进农业、用现代发展理念引领农业、用培养新型农民发展农业的总体思路。党的十七大明确提出，要加强农业基础地位，走中国特色农业现代化道路，并对统筹城乡发展、推进社会主义新农村建设作出了总体安排。2008年，党的十七届三中全会进一步指出，我国总体上已进入加快改造传统农业、走中国特色农业现代化道路的关键时刻，新形势下推进农村改革发展,要把建设社会主义新农村作为战略任务,把走中国特色农业现代化道路作为基本方向,统筹工业化、城镇化、农业现代化建设。2012年,中央第一次以国务院文件发布《全国现代农业发展规划(2011—2015)》,科学分析发展形势,明确提出指导思想、基本原则与发展目标,着力规划重点区域,积极谋划重点工程,为"十二五"时期加快推进中国特色农业现代化建设作出了全面部署。在这些重大部署和战略规划的指引下,我国农业现代化水平日益提高,农村面貌不断改善。

(五)制定实施了一系列重大强农惠农富农政策举措

积极调整国民收入分配格局和城乡利益关系,把基础设施建设和社会事业发展的重点转向农村,把国家财政新增教育、卫生、文化等事业经费和固定资产投资增量主要用于农村,让公共财政的阳光更多地照耀农村。从2004年起,中央连续9年发布指导"三农"工作的1号文件,分别从农民增收、农业综合生产能力、新农村建设、现代农业、农业基础、农业稳定发展农民持续增收、统筹城乡发展、水利、农业科技等方面进行战略部署,完善和强化了新时期强农惠农富农政策体系。着眼于巩固和加强农业基础地位,不断增加"三农"财政支出,从2004年2626亿元增加到2011年的超过1万亿元,加快构建起以工促农、以城带乡长效机制。着眼于增强市场对农业资源配置的引导作用,全面放开粮食购销,所有农产品流通纳入市场化运行轨道,并对重要品种实行最低收购价和临时收储政策。着眼于调整国家、集体、农民的分配关系,推进农村税费改革,2006年全面取消农业税,农民每年减轻负担1335亿元;同时,启动农村综合改革,对村级公益事业建设一事一议进行财政奖补,逐步破除约束农业农村发展的体制机制障碍。着眼于强化农业支持保护,实行农业生产补贴,加大对粮食主产区、粮食生产大县的扶持力度,种粮直补、良种补贴、农机具购置补贴、农资综合补贴"四补贴"资金由2006年的310亿元增加到2011年的1439亿元,中央财政对粮油、生猪等生产大县的奖励补助2011年达255亿元,对草原生态保护补助奖励2011年达136亿元。这些措施,有力地构筑起支持粮食和农业生产持续稳定发展的政策框架,有力地调动了地方政府重农抓粮、科技人员支农兴粮、广大农民务农种粮的积极性。

实践证明,党的十六大以来的这10年,是我们党"三农"理论创新、政策创新、制度创新和实践创新成果最为丰硕的时期之一,这些理论政策创新成果对指导农村改革发展无疑具有划时代和里程碑意义。

三、"三农"发展的重点工作

党的十六大以来,各地各部门认真贯彻中央决策部署,狠抓强农惠农富农政策落实,狠抓指导服务和技术措施到位,立足抗灾夺丰收,依靠科技促增产,防范风险保安全,深化改革增活力,千方百计促进农业增产农民增收,不断开创农业农村经济工作新局面。

(一)完善和落实强农惠农富农政策

各地各部门始终把落实中央强农惠农富农政策放在重要位置,切实加大农业"四补贴"、粮棉油糖高产创建、草原生态保护补奖、生产大县奖励补助等政策落实力度,推动完善落实金融支农和农业保险政策,出台并实施小麦"一喷三防"、水稻大棚育秧、玉米地膜覆盖、机械深松整地、病虫害统防统治等农业防灾减灾稳产增产关键技术良法补助,落实好垦区危房改造等民生政策。稳步扩大农村土地承包经营权登记试点,加强对依法、自愿、有偿流转土地承包经营权的管理和服务,建立健全土地承包经营纠纷调解仲裁体系,加快推进草原确权和承包工作。推动各地出台配套政策,不断加大支农力度。

(二)全力保障粮食等主要农产品生产稳定发展

促进粮食稳定生产。在春耕、"三夏"、"三秋"等关键农时季节,各级农业部门强化指导抓服务,动员机关干部、专家和农技人员深入生产一线开展工作督导和技术指导。2006 年以来,国务院连续 7 年召开全国春季农业生产现场会或工作会。2011 年中央以国务院名义开展全国粮食稳定增产行动,大规模开展高产创建,集成推广高产优质品种和配套栽培技术,促进农机农艺结合、良种良法配套,辐射带动大面积均衡增产。稳定发展"菜篮子"产品生产,推进新一轮"菜篮子"工程建设,着力抓好蔬菜、猪肉、牛羊肉、奶业、水产品等生产。启动实施《全国蔬菜产业发展规划》,加强优势产区生产基地和蔬菜集约化育苗场建设,稳定大中城市菜地保有量,提高本地应季蔬菜自给能力。努力稳定生猪生产,加强生产监测和形势预判,制定完善调控预案,适时启动调控措施。大力扶持牛羊肉生产,推进生产方式转变,加强牛羊大县生产能力建设,进一步完善良种繁育体系,提高牛羊肉供应能力。推进水产健康养殖,强化水生生物资源养护和增殖放流,加快发展远洋渔业,保障水产品有效供给。

(三)着力优化农业生产力布局

在《全国优势农产品区域布局规划(2003—2007 年)》实施完成的基础上,进一步发布实施《全国优势农产品区域布局规划(2008—2015 年)》,指导各地合理调整农产品区域布局,优化优势农产品空间结构、品种结构、品质结构,提升优势产业带区规模化、专业化生产和市场化、产业化经营水平。优化农产品区域布局,打破农产品生产"大而全、小而全"生产格局,水稻、小麦、玉米、大豆四大粮食作物在优势区域集中度分别稳定在98%、88%、65%、55%以上。棉花、油菜、糖料、苹果、生猪、出口水产品等优势区域产量分别占到总产量的99%、80%、60%、90%、56%、80%左右。水稻、小麦、玉米、大豆四大粮食品种优质率达到81%、74.3%、64.6%、75.9%,其中,水稻、小麦、玉米的优质化率比2001 年分别提高了45.9、25.8、38.5 个百分点。小麦、水稻等主要农产品深加工比率达到40%以上,加大力度建设一批特色鲜明的农产品加工带(区)。

(四)大力推进农业科技创新与推广

加快农业科技创新,强化现代农业产业技术体系建设,培育和推广超级稻、转基因抗虫棉、双低油菜等一大批优良品种及配套技术,促进了主要农作物单产提高和品质提升,超级稻亩产突破900公斤;研发禽流感、猪蓝耳病等一批动物疫苗和健康养殖技术,保障养殖业稳定发展和公共卫生安全。加强基层农技推广体系改革与建设。下大力气在全国普遍健全完善乡镇或区域性农业技术推广、动植物疫病防控、农产品质量安全监管等公共服务机构。加强基层农技推广体系改革与建设,强化乡镇农技推广机构条件建设。目前全国98%以上的县基本完成基层农技推广体系改革任务,农技推广公共服务能力明显增强。加快发展现代种业,国务院出台《关于加快推进现代农作物种业发展的意见》,召开全国现代农作物种业工作会议,农业部成立国家农作物种子管理机构,修订发布《农作物种子生产经营许可管理办法》,种业发展取得突破性进展。加快农业人才培育尤其是农村实用人才培养。启动农村实用人才培养"百万中专生计划",推进农村实用人才带头人和大学生村官示范性培训,农村实用人才队伍规模不断壮大,素质、结构不断改善。大规模开展农业实用技术培训和农民职业技能培训,每年培训农民一亿多人次。以种养大户、农机手、经纪人、专业合作社负责人、大学生村官等培训为重点,加快培养新型职业农民,着力解决"将来谁来种地"的问题。

(五)大力加强农业设施装备建设

大规模建设旱涝保收高标准农田,实施新增千亿斤粮食田间工程,加强棉油糖等大宗农产品生产基地建设,推进新一轮"菜篮子"工程建设,提高主要农产品生产能力。加快推进农业机械化,2004—2011年中央财政安排资金529.7亿元,补贴购置各类农机具1672万台(套),

受益农户 1489 万户,全国农机总动力增长 61%,大马力、多功能、高性能及薄弱环节农业机械增长迅速,农机装备结构不断优化。大力发展农机专业服务,小麦生产基本实现全程机械化,水稻机插、机收和玉米收获机械化快速推进,农机装备和作业服务水平显著提高。

(六)加快农产品市场体系建设

着力推进农产品批发市场升级改造,目前全国农产品批发市场 4300 多家。针对农业生产主体小而散的实际,大力培养农村经纪人与农业产业化组织。目前全国农村经纪人 600 万人以上,在衔接产销、搞活流通、促进销售等方面发挥了积极作用。从 2005 年开始实施鲜活农产品"绿色通道"政策,对整车合法装载运输鲜活农产品的车辆免收通行费。2008 年 9 月 1 日国家出台了停止征收农产品集贸市场管理费和个体工商户管理费的政策,每年为市场及经营户减轻负担约 300 亿元。2011 年年底,免除 14 个类别 219 个品种的蔬菜流通环节增值税,进一步降低流通成本。

(七)狠抓农产品质量安全监管

国家相继制定《农产品质量安全法》、《食品安全法》等法律法规,健全农产品质量安全监管工作体制机制。全面建立监管体系,省市县乡四级农产品质量安全监管机构从无到有、逐步健全,目前省级已基本建立,2/3 的地级市和 1/3 县市设立机构。组织实施全国农产品质检体系建设规划,提升全国农产品质量安全检验检测能力,已基本形成覆盖全国主要城市、主要产区、主要农产品的检验监测网络。加强农产品质量安全专项整治,全面建立例行监测、风险评估和应急处置制度,深化突出问题治理。全面推进标准化建设。组织制定农业国家标准和行业标准共计 5000 多项,基本覆盖农业生产产前、产中和产后的各个环节。开展标准化生产示范创建活动,共创建蔬菜水果茶叶标准园、畜禽标准化规模化养殖场、水产健康养殖示范场 1993 个,创建全国农业标准化示范县 546 个,示范引领带动作用明显。"三品一标"认证总数超过 9 万个,"三品一标"产品总量和产地规模均超过全国食用农产品商品总量和生产总面积的 40%。

(八)切实加强重大动植物疫病防控和农业防灾减灾

完善重大动物疫病防控体制机制,加大工作力度,强化措施落实,坚决防止重大动物疫情暴发流行。建立健全各级兽医工作机构和动物防疫公共服务机构,兽医管理体制改革全面推进,动物疫病综合防控措施不断完善;切实加强免疫、监测、检疫监管、消毒及无害化处理等综合防控措施,严格疫苗质量监管,加强应急处置,强化人畜共患病防控,有效防控口蹄疫、高致病性禽流感等重大动物疫病,成功应对汶川特大地震等重大自然灾害的灾后防疫;加强无规定动物疫病区和生物安全隔离区建设与评估,扎实推进动物卫生监督执法,强化兽药残留监控,动物产品安全监管水平逐步提高。加强农作物病虫害防控,大力推行"公共植保、绿色植保",坚持预防为主、综合防治,实行关口前移,推进区域间联防联控、区域内统防统治,启动实施专业化统防统治示范县创建活动,有效遏制病虫危害和损失。加大对草原鼠虫害、毒害草的防治力度。牢固树立抗灾夺丰收思想和"减灾就是增产"的观念,强化科学防灾、有序抗灾、高效救灾,有效应对干旱、洪涝、低温冻害、风雹、地震等自然灾害,最大限度降低了农业因灾损失。

(九)着力改善农村民生

把促进农民就业增收放到更加突出的位置,大力促进农民转移就业,充分挖掘农业内部就业潜力,提高农民就业创业能力,加强农民就业和权益保护,多渠道增加农民收入。积极推进基本公共服务均等化,坚持把国家基础设施建设的重点放到农村,把农村社会事业发展放在整个社会事业发展的优先位置,推进公共财政向农村倾斜、公共设施向农村延伸、公共服务向农村覆盖,下大力气维护农民工的合法权益,不断改善农村办学条件和教师队伍结构,推进新型农村合作医疗,健全农村社会保障体系,加强农村公共文化服务体系建设,全面提高农村教育、卫生、文化等事业发展水平,让公共财政的阳光普照农村,让广大农民分享改革发展成果。

(十)深化农村改革和农业对外开放

稳定完善农村基本经营制度,坚持以家庭承包经营为基础、统分结合的双层经营体制不动摇,相继出台《农村土地承包法》、《农村土地承包经营纠纷调解仲裁法》,启动农村土地承包经营权登记试点,依法开展草原承包经营登记,加强农村土地承包经营权流转管理和服务。不仅注重缩小生活和收入差距,还注重缩小权利和机会差距,缩小人口素质和文明程度差距,朝着工农城乡协调发展迈出了重大步伐。消除不合理政策和限制,公平对待农民工,加快建立城乡统一的就业市场。实行城乡按相同人口比例选举人大代表,扩大农民在县乡人大代表中的比例,从制度上保障农民享有平等政治权利。扩大农业对外开放,充分利用国际国内"两种资源、两个市场",推进农业"走出去",提高农业国际竞争力。

四、"三农"工作机制创新的显著成效

党的十六大以来,中央坚持不懈地推进"三农"工作领导方式和方法创新,初步形成了共同推进农村发展的有效机制。

(一)农村工作领导体制机制不断完善

中央切实加强和改善党对农村工作的领导,不断强化党委统一领导、党政齐抓共管、农村工作综合部门组织协调、有关部门各负其责的农村工作领导体制和工作机制,建立健全"米袋子"省长负责制、"菜篮子"市长负责制和抗灾救灾地方行政首长负责制,不断完善综合部

门与农口部门合力抓"三农"的工作机制，构建体现"三农"工作绩效的干部考核评价体系，充分发挥农村基层党组织的战斗堡垒作用，为落实中央决策部署、推进农村改革发展提供了有力的组织保障。各级农业部门牢固树立"大农业、大合作"理念，强化系统联动，加强部门配合。农业部通过推进部省合作、部部合作、共建农业院校、建立联席会议制度等方式，积极争取支持，形成了协同推动"三农"发展的工作格局。

（二）工作落实机制不断健全

中央在不断加大"三农"扶持力度的同时，采取必要的行政手段大力推动农业农村工作。各级农业部门始终把落实好中央强农惠农富农政策放在重要位置，强化责任落实，规范操作运行，加强项目监管和专项检查，加快政策落实进度，确保各项政策不折不扣地落实到基层、兑现到农户；根据基层关切和农民需求，制定重大技术路线和工作方案，及时将实用技术、市场信息、政策法规送到基层一线、田间地头；强化宣传引导，加强政策解读，及时发出重农强农惠农富农信号，调动和保护农民生产积极性，为农业农村发展营造良好环境。农业部门从2010年起开展绩效管理，把落实强农惠农富农政策、保持粮食生产稳定发展等事关"三农"发展全局的工作作为核心指标，建立健全抓落实的长效机制，有力促进了农业农村经济发展。

（三）指导农业农村科学发展的水平不断提升

农业部门贯彻落实中央决策部署，坚持想大事、谋大事、办大事，研究制定《全国现代农业发展规划（2011—2015）》，制定并发布农业农村经济发展"十二五"规划及各行业各领域专项规划，充分发挥规划引领作用，推动农业农村经济各项工作科学有序进行。注重运用典型示范引路，大力推进粮棉油糖高产创建和"菜篮子"产品标准化创建，示范带动大面积均衡增产；扎实开展国家现代农业示范区创建和农村改革试验区建设,2010年以来共认定153个现代农业示范区,会同有关部门确定批复24个农村改革试验区,切实发挥先行先试和示范导向作用。

(四)农业依法行政能力不断增强

深入实施《全面推进依法行政实施纲要》和《国务院关于加强法治政府建设的意见》,扎实推进农业依法行政。大力加强农业法制建设。党的十六大以来,国家先后出台农产品质量安全法、农民专业合作社法、动物防疫法、农村土地承包经营纠纷调节仲裁法等一系列农业重要法规条例,农业法律法规体系进一步完善。目前,农业领域共制定现行有效法律15件、行政法规25件、农业部规章158件,涵盖了农业农村经济的主要方面,农业领域基本实现有法可依。农业部门大力推进农业综合执法,切实加强基层农业执法队伍建设。截至2011年年底,全国已有2286个县开展了农业综合执法,县级覆盖率达到了98.2%,农业执法能力和水平稳步提升。农业行政审批制度改革不断深化,行政审批规范高效透明运行。

(五)密切联系农民群众的工作机制逐步建立

胡锦涛、温家宝等中央领导同志经常亲临农业农村一线,深入农户、深入田间开展调研,指导推动农业农村工作。各级农业部门坚决贯彻中央关于"深入实际、深入基层、深入群众"和做好新时期群众工作的要求,坚持开展"百乡万户调查"、"接地气、察民情"实践锻炼、领导干部联系点等多种形式的"深入基层、实践锻炼"活动,并使其常态化、制度化,促进机关干部了解"三农"实情,增进与农民群众感情,宣传党的政策,推动工作落实,解决实际问题;深入推进为民服务创先争优活动,通过结对帮扶、包村服务、送政策送技术下乡等方式,为农民群众办实事做好事解难事。

通过不断健全农业农村工作机制,我们牢牢地掌握了推动"三农"

工作的主动权，有效地提高了"三农"政策的针对性，形成了推动"三农"事业发展的强大合力。

五、农村改革发展的形势与展望

当前，我国总体上已进入以工促农、以城带乡的发展阶段，进入加快改造传统农业、走中国特色农业现代化道路的关键时刻，进入着力破除城乡二元结构、形成城乡经济社会发展一体化新格局的重要时期。我们必须充分认识到，没有农业现代化就没有国家现代化，没有农村繁荣稳定就没有全国繁荣稳定，没有农民全面小康就没有全国人民全面小康。同时也要看到，农业基础仍然薄弱，农村发展仍然滞后，农民增收仍然困难。特别是随着人口增加、城镇化水平提高和消费水平提升，我国农产品需求将持续增加，质量要求将进一步提高，保障粮食安全和主要农产品有效供给的压力会进一步加大。在工业化、信息化、城镇化、市场化、国际化深入发展的大背景下，我国农业生产经营方式、农村经济结构、农村社会结构和农民思想观念正在发生深刻变化，农业现代化发展滞后于工业化、城镇化，已成为我国现代化建设的瓶颈。推进农村改革发展，还需要继续付出不懈努力。

我们要准确把握新时期我国农业农村发展的阶段性特征，深入贯彻把解决好"三农"问题作为全党工作重中之重的战略思想，坚持工业反哺农业、城市支持农村和多予少取放活的基本方针，坚持中国特色农业现代化道路的基本方向，按照党的十七届五中全会的要求，把在工业化、城镇化深入发展中同步推进农业现代化，作为"十二五"时期的一项重大任务，加大强农惠农富农支持力度，夯实农业农村发展基础，提高农业现代化水平和农民生活水平，建设农民幸福生活的美好家园。加快发展现代农业，加强农村基础设施建设和公共服务，拓宽农民增收渠道，完善农村发展体制机制。积极推动完善城乡平等的要素交换关系，促进土地增值收益和农村存款主要用于农业和农村，建立健全城乡平等的要素交换机制。不断加大农民工权益保护力度,健全农民工报酬增长机制,形成城乡劳动者平等就业制度,把符合落户条件的农业转移人口转为城镇居民。加快发展农村公共事业,不断改善农村公共服务。切实加强农村社会管理,创新农村社会管理的组织、体制和方式,加快形成城乡经济社会发展一体化新格局,为2020年全面建成小康社会,早日实现社会主义现代化,作出新的贡献。

强农惠农富农政策法规体系基本形成

党的十六大以来,我国农业发展取得了历史性进步,农村面貌发生了巨大变化,工农城乡关系实现了重大转折。农业农村发展取得历史性辉煌成就的根本原因是,中央在坚持党的农村基本政策基础上,坚持不懈地推进"三农"理论创新、政策创新和制度创新,出台和制定了一系列强农惠农富农政策和法律法规,初步形成了新时期强农惠农富农政策体系和农业法律法规体系,为促进农业农村发展营造了良好的环境、注入了强大的动力。

一、坚持不懈地推进政策创新,基本形成了强农惠农富农的政策体系

在党的"三农"理论指引下,中央坚持不懈地推进"三农"政策创新,2004 年以来,连续 9 年发布指导"三农"工作的 1 号文件,出台了一系列高含金量的政策措施,初步形成了新时期强农惠农富农政策体系。

(一)推进"三农"投入保障政策创新,大幅度增加"三农"投入

党的十六大以来,国家积极调整国民收入分配格局和城乡利益关系,促进公共资源在城乡合理配置,切实把基础设施建设的重点转向农村,大幅度增加农业农村的投入,农业农村基础设施建设取得重大进展。

1. 健全农业投入保障制度。确定了存量适度调整、增量重点倾斜的投入原则,不断增加财政支出和预算内固定资产投资对农业农村的投入。2004年中央1号文件提出,新增教育、卫生、文化支出主要用于农村,国有土地出让金用于农用土地开发的比例不得少于15%。2006年中央一号文件提出,国家财政支农资金增量要高于上年,国债和预算内资金用于农村建设的比重要高于上年,其中直接用于改善农村生产生活条件的资金要高于上年。2008年中央1号文件要求财政支农投入的增量要明显高于上年,国家固定资产投资用于农村的增量要明显高于上年,政府土地出让收入用于农村建设的增量要明显高于上年。2008年的《中共中央关于推进农村改革发展若干重大问题的决定》明确要求各级财政对农业投入增长幅度高于经常性收入增长幅度,大幅度增加国家对农村基础设施建设和社会事业发展的投入,大幅度提高政府土地出让收益、耕地占用税新增收入用于农业的比例,大幅度增加对中西部地区农村公益性建设项目的投入。2009年、2010年中央1号文件提出,耕地占用税税率提高后新增收入全部用于农业。经过10年发展,"三农"投入稳定增长机制初步建立。2011年国家财政"三农"支出超过1万亿元,比2010年增加1839亿元,是2002年的6.6倍。2012年中央财政用于"三农"的投入拟安排12287亿元,比2011年又增加1868亿元。

2. 优化投资结构、突出支农重点。在总量增长的同时,"三农"投资结构更加优化,加强了重点领域、重点区域和薄弱环节的投入。投资更加集中用于保证粮食和主要农产品供给、改善农村民生和农业生态建设、农业公共服务体系建设等关键领域,启动实施了优质粮食产业工程、千亿斤粮食生产能力建设,以及种养业良种、农业科技创新与应用、动植物保护、农产品质量安全、农产品市场信息、农业资源与生态环境保护和农业社会化服务与管理等"七大体系"建设。投资进一步向中西部地区倾斜,向粮食主产区倾斜,以促进均衡发展。强化了对中西部地区农业农村基础建设的支持力度,并从2009年起对安排在中西部地区的病险水库加固、生态建设、农村饮水安全、大中型灌区配套改造公益性建设项目,取消县及县以下资金配套。支持粮食生产的政策措施向主产区倾斜,建立主产区利益补偿机制,加大了对粮食、生猪等主产县的奖励力度。

3. 创新投资机制,形成多元化投入格局。不断拓宽农业投入渠道,逐步形成了农民积极筹资投劳、政府持续加大投入、社会力量广泛参与的多元化投入机制。实施民办公助、以奖代补等政策,鼓励和支持农民个人和村集体,参与农业农村中小型基础设施建设。

2002 年以来,农业部共安排农业固定资产投资和农业综合开发资金 1398 亿元,年均增长 25%。其中"十一五"期间共落实 836.8 亿元,比"十五"期间的 291.9 亿元增长了 187%。2011 年落实 267.86 亿元,是 2001 年 29.04 亿元的 9.2 倍。

(二)推进国家与农民的分配政策创新,建立农业生产补贴制度

党的十六大以来,经过农村税费改革试点,中央审时度势,于 2006 年废止了农业税征收条例,延续了 2600 年的农业税退出了历史舞台,全国农民每年减轻负担 1335 亿元。从 2000 年税费改革到 2011 年,中央财政累计安排转移支付资金 6543 亿元,用于弥补县、乡政府减少的收入。这一重大改革,理顺了国家、集体、农民的分配关系,开启了农民休养生息的新时代。与此同时,中央根据我国经济社会发展阶段的变化,适时建立农业补贴制度,逐步扩大补贴范围,提高补贴水平,构建起符合中国国情和 WTO 规则的农业补贴政策基本框架。

1. 实行种粮农民直接补贴、良种补贴、农机具购置补贴和农资综合补贴。这是我国农业补贴政策的重要内容,资金规模从 2002 年的 1 亿元增加到 2012 年的 1653 亿元,10 年累计安排补贴 7631 亿元。具体包括:(1)种粮直补。2004 年中央财政从粮食风险基金中拿出 116 亿元,将过去对流通环节的补贴调整为对种粮农民的直接补贴,2007 年后每年安排补贴 151 亿元,占粮食风险基金总规模的一半,9 年累计安

排补贴1144亿元。(2)良种补贴。2002年中央财政安排1亿元资金,在东北实行大豆良种补贴,正式开启了农业补贴的先河。历经10年扩增,累计安排农作物良种补贴1149.3亿元,其中2012年224亿元,补贴品种涵盖了10个主要农作物品种。2006年中央财政启动了畜禽良种补贴,目前补贴品种包括奶牛、生猪、肉牛和肉羊,累计安排补贴52亿元。(3)农机具购置补贴。2004年国家正式开始对农民购买先进适用农业机械进行补贴,9年中央财政累计投入补贴资金729.7亿元,其中2012年200亿元,并从2008年开始补贴政策覆盖了全部农牧业县。(4)农资综合补贴。为减轻化肥、柴油等农资价格过快上涨对粮食生产的影响,2006年中央财政在种粮直补基础上又出台了农资综合补贴政策,并建立了"价补统筹、动态调整、只增不减"的动态调整机制,7年累计安排补贴4457亿元,其中2012年1078亿元。此外,从2006年开始,中央财政设立了渔业柴油补贴政策,对符合条件且依法从事国内海洋捕捞、远洋渔业、内陆捕捞及水产养殖并使用机动渔船的渔民和渔业企业给予柴油价格补贴,7年累计安排补贴728.8亿元,其中2012年240亿元。

2.实行粮油、生猪等生产大县奖励补助。为有效缓解县乡财政困难,调动主产区政府重农抓粮的积极性,2005年国家出台了产粮大县奖励政策,2008年国家出台了产油大县奖励政策,8年来中央财政累计安排产粮(油)大县奖励资金1331亿元,政策惠及1000多个产粮大县和900多个产油大县。2007年实施生猪调出大县奖励政策,迄今共安排奖励资金155.2亿元,按照"引导生产、多调多奖、直拨到县、专项使用"的原则,支持地方政府发展生猪生产。

3.实行技术服务补贴。主要包括:(1)农民培训补助。即"阳光工程"。该项目始于2004年,年度资金规模从设立之初的2.4亿元增加到目前的11亿元,每年培训农民350万人左右,培训内容从初期重点对转移就业农民的职业技能培训到目前主要面向农业的生产服务技术培训。(2)动物防疫补助。涉及四个主要环节:对高致病性禽流感、口蹄疫、高致病性猪蓝耳病、猪瘟等重大动物疫病实行强制免疫补助,对高致病性禽流感、口蹄疫、高致病性猪蓝耳病、小反刍兽疫发病动物及同群动物和布病、结核病阳性奶牛实施强制扑杀补贴,对村级动物防疫员承担的为畜禽实施强制免疫等基层动物防疫工作给予劳务补助,对规模化养殖场病死猪无害化处理给予每头 80 元补助。(3)农业防灾减灾稳产增产关键技术补助。从 2010 年开始,根据常年易发生的农业自然灾害和当年极端天气预报,筛选确定一批减灾增产增收最为关键实用的技术,中央财政给予一定的推广补助资金。2012 年,中央财政设立了农业防灾减灾稳产增产关键技术补助项目,主要补助推广冬小麦主产区"一喷三防"、东北水稻大棚育秧和抗旱"坐水种"、南方早稻集中育秧、"稻稻油"三熟制油菜"一促四防"和西南干旱地区玉米覆膜等 6 项关键技术。(4)测土配方施肥补助。为提高肥料利用效率,改善农业生态环境,促进农民生产节本增效,2005 年开始实施测土配方施肥补助项目,主要是对项目县农业技术推广部门免费为农户开展测土配方技术服务给予补助。截至 2011 年年底,中央财政累计投入补贴资金 57 亿元,项目实施范围已覆盖全国所有的县级农业行政区,每年可为 1.7 亿左右的农户提供测土配方施肥技术服务。(5)土壤有机质提升补贴。为统筹利用好化肥和有机肥两种资源,实现有机无机相结合,促进农业可持续发展,在深入推进测土配方施肥的同时,2006 年国家开始实施土壤有机质提升补贴项目,主要采取物化技术补贴方式,鼓励引导农民实施农作物秸秆还田,恢复种植绿肥和增施商品有机肥,改良土壤、培肥地力,提升耕地质量。到 2011 年年底,中央累计投入资金 16 亿元,项目已覆盖全国 545 个县(农场),实施面积可达 3000 万亩左右。

4. 实行农业生态环境保护补助奖励。包括退耕还林、退牧还草补贴政策、草原生态保护补助奖励政策等。2002 年国家全面启动了退耕还林工程,无偿向退耕户提供粮食、现金补助;2007 年国务院决定继续完善退耕还林政策,继续对退耕农户给予适当补助,以巩固退耕还林成果、解决退耕农户长远生计问题。2003 年国家启动退牧还草工程,对退牧还草给予必要的草原围栏建设资金补助和饲料粮补助。为进一步加强草原生态保护,从 2011 年起,国家在内蒙古、新疆等 8 个主要草原牧区省(区),全面建立草原生态保护补助奖励机制,安排资金 136 亿元,对牧民实施禁牧给予补助,实施草畜平衡给予奖励,同时实行牧民生产性补贴政策和牧草良种补贴等政策,实现了国家支持草原和牧民补贴政策的历史性重大突破。2012 年奖补政策覆盖了全部牧业、半牧业县。

农业补贴实现了划时代的支农政策创新,发挥了显著的激励效用,对实现粮食生产"八连增"、农民增收"八连快"发挥了重要的支撑保障作用。在政策的激励下,党的十六大以来粮食播种面积恢复和增加了 1 亿亩,产量增加了 1.1 亿吨。在补贴政策的拉动下,我国农作物良种覆盖率超过 95%,农民购买和使用农业机械的积极性空前高涨,政府累计补贴农民购买农机具 1671 万台套,全国耕种收农业机械化综合水平从政策实施前的 32.5% 提高到了 2011 年年末的 54.8%。

(三)推进农产品价格政策创新,保护和调动农民生产积极性

10 年来,国家出台一系列政策措施,着力推进粮食等主要农产品市场化改革,全面放开农产品市场和价格,建立粮食最低收购价制度和实行主要农产品临时收储制度,使我国主要农产品价格保持合理水平,促进了农产品生产稳定发展。

1. 基本建立以市场为基础的农产品价格形成机制。2004 年国务院出台了《关于进一步深化粮食流通体制改革的意见》和《粮食流通管理条例》,标志着新一轮粮改全面启动。根据有利于粮食生产、有利于种粮农民增收、有利于粮食市场稳定、有利于国家粮食安全的原则,在放开主销区粮食购销的基础上,全面放开粮食收购市场和价格,实现粮食购销市场化和市场主体多元化,充分发挥价格导向作用,推动粮食收购价格由市场供求形成。在推进粮食购销市场化改革过程中,遵循市

场经济规律,充分发挥市场机制对农产品价格决定和调节作用,基本建立起符合市场化要求、适合我国国情的农产品价格形成机制。

2. 建立和完善最低收购价政策。粮食最低收购价政策,是为保护农民利益、保障粮食市场供应实施的粮食价格调控政策。一般情况下,粮食收购价格由市场供求形成,国家在充分发挥市场机制作用的基础上实行宏观调控,必要时由国务院决定对重点粮食品种在粮食主产区实行最低收购价。2004 年,国家在江西、湖南、湖北、安徽 4 省率先实行稻谷最低收购价政策。此后,为加大对粮食生产支持力度,调动农民种粮积极性,国家调整和完善最低收购价政策。一是扩大品种和区域。2006 年起将小麦纳入最低收购价政策。2008 年扩大执行区域,早籼稻最低收购价政策执行区域增加广西,中晚籼稻最低收购价执行区域增加河南省和江苏省,粳稻最低收购价政策执行区域增加辽宁省。二是逐年提高价格水平。2012 年,早籼稻、中晚籼稻和粳稻最低收购价分别提高到每 50 公斤 120 元、125 元和 140 元,比 2004 年分别提高71.4%、73.6%、86.7%。2012 年,白小麦、红小麦、混合麦不再划分品种,每 50 公斤均提高到 102 元,比 2006 年分别提高 41.7%、47.8%、47.8%。

3. 实施大宗农产品临时收储政策。为确保稳定生产供应,保护广大农民利益,防止农产品价格大起大落,国家对没有纳入最低收购价范畴的玉米、大豆等粮食品种和棉花、油菜子、食糖等大宗农产品实行临时收储政策。粮食方面,先后启动了玉米、大豆临时收储政策,临时收储覆盖的产品范围逐步扩大,收储机制进一步规范化。2008 年,启动东北玉米临时收储预案,按照内蒙古和辽宁每百斤 71 元、吉林 70 元、黑龙江 69 元的价格进行收储,2011 年每百斤收储价分别提高到 100元、99 元、98 元。2009 年,东北四省区大豆临时收储价格为每百斤 187元,2012 年提高到每百斤 200 元。棉油糖大宗农产品方面,进一步扩大储备品种和规模,并要求地方粮油储备要按规定规模全部落实到位,逐步建立健全鲜活农产品市场调控和生猪市场价格调控,鼓励企业增加商业收储。临时收储政策的启动和实施,对促进主要农产品市场平稳运行和价格保持合理水平,保护和调动农民种粮积极性发挥了重要作用。

(四)推进农民工政策创新,加快建立城乡平等就业制度

为促进农民合理有序转移就业,有效保护农民工的合法权益,2003年,国务院废止了城市遣送收容条例,着手消除对农村劳动力进城务工经商的束缚;2006年,国务院专门出台了解决农民工问题的文件,提出了做好农民工工作的总体思路和政策措施。近年来,中央出台了一系列政策措施,取消针对农民进城就业的不合理限制,不断改善农民外出务工环境,初步建立起城乡平等的就业制度。

1. 加强农村劳动力转移就业培训。开展多种形式的农村劳动力转移就业培训,主要培训项目包括阳光工程、雨露计划、农村劳动力技能就业计划、农村劳动力转移培训计划、星火科技培训等。仅"阳光工程"一项,2004—2011年中央财政就累计投入资金65.5亿元,累计培训农村劳动力2495万人。建立农民工技能鉴定补贴制度,进城务工农村劳动者通过初次技能鉴定、取得职业资格证书的,可享受一次性职业技能鉴定补贴。

2. 强化农村劳动力转移就业服务。全国所有的市、县(区),近90%的街道,近80%的乡镇和社区都设立了公共就业综合性服务场所或服务窗口。各地公共就业服务机构免费开放,为进城务工农村劳动者免费提供就业信息、就业指导、政策咨询等服务。

3. 保护农民工合法权益。取消对农民进城务工就业的不合理限制,明确各行业和工种要求的技术资格、健康等条件对农民工应一视同仁。将农民工工伤保险纳入《工伤保险条例》范畴,完善农民工参加医疗保险和新型农村合作医疗的衔接办法和政策。按照低费率、广覆盖、可转移,并能与现行城乡养老保险制度相衔接的原则,探索适合农民工特点的养老保险办法。完善最低工资制度,最低工资标准每两年至少

调整一次。保障农民工土地承包经营权。

4. 改善农民工生产生活条件。用工企业为农民工安排的宿舍必须具备通风、通电、卫生等方面的设施,饮食要符合食品安全卫生标准。加大安全生产监察工作力度,对农民工开展安全培训,改善农民工安全生产条件。"十二五"规划明确,要多渠道多形式改善农民工居住条件,鼓励采取多种方式将符合条件的农民工纳入城镇住房保障体系。部分城市为进城务工农民建设了一批"农民工公寓"。

5. 积极推动农民工市民化。2011年,国务院出台了《关于积极稳妥推进户籍管理制度改革的通知》,深化户籍管理制度改革,放宽中小城市和小城镇落户条件,采取有效措施解决长期在城市务工、经商人员的落户问题。完善义务教育制度,逐步将农民工子女纳入城市义务教育范畴,以全日制公办中小学为主接收农民工子女入学。

在上述政策的有力推动下,农村劳动力转移就业规模持续扩大。截至2011年年底,全国农民工总量达到2.53亿人,其中外出农民工1.59亿人。这不仅对农业农村发展和农民增收产生了深远影响,也为工业化、城镇化的快速推进发挥了重要作用。2002—2011年,农民人均工资性收入由840.2元增加到2963元,年均增长13.4%,占农民人均纯收入的比重由33.9%提高到42.5%,对农民增收的贡献高达47.2%。劳动力转移就业改变了农村劳动力大量富余的局面,促进了农业适度经营规模的发展和农业劳动生产率的提高,家庭农场、种粮大户等新型经营主体逐步发展壮大。到2011年年底,我国城镇化率达到了51.3%,农民工已经成为城市运转不可少的重要群体,为城市繁荣发展做出了重大贡献。农村劳动力转移就业为建立城乡统一的劳动力市场和平等竞争的就业制度进行了积极探索,有力地推动了城乡基本公共服务均等化和社会管理创新,加快了城乡统筹步伐。

(五)推进农村金融政策创新,不断改善农村金融服务

10年来,我国农村金融改革不断深化,农村金融机构创新、产品创

新、服务创新不断推进,金融支农能力持续增强,金融服务覆盖绝大部分农村地区。同时,近几年农业保险也得到了较快发展,风险保障功能逐步增强。

1. 农村金融扶持政策框架初步形成。为调动农村金融机构支农积极性,国家出台了一系列农村金融扶持政策,加大对金融机构的奖补力度。一是财政政策。2008年起对符合条件的新型农村金融机构给予费用补贴。2009年起对县域金融机构涉农贷款实行增量奖励试点。放宽涉农贷款的呆账核销条件,授权金融机构重组和减免符合条件的涉农贷款,允许税前提取贷款损失准备金。二是税收政策。对农村信用社,营业税减按3%征收,所得税中西部地区全免,东部地区减半。2009年至2013年,对新型农村金融机构也按3%的税率征收营业税。对农户小额贷款的利息收入免征营业税,应纳税所得额按90%计入收入总额。三是货币政策。对农村信用社、村镇银行执行优惠存款准备金率。农村信用社贷款利率浮动上限可以扩大到贷款基准利率的2.3倍。对农信社给予支农再贷款支持,并向西部地区和粮食主产区倾斜。

2. 农村金融组织创新取得进展。在政策扶持下,初步形成了商业性金融、合作性金融、政策性金融等多元化农村金融组织并存协调发展的新格局。一是农村信用社改革取得重要进展。2003年在浙江等8个省份开展新一轮农信社改革试点,截至2011年年末,全国已有402家由农村信用社改制组建的农村银行机构,其中农村商业银行212家,农村合作银行190家。二是农业银行确立服务"三农"改革方向。2008年起农行开展"三农"金融事业部制改革试点,加大重点领域涉农信贷投放,到2011年年底农行涉农贷款余额达1.68万亿元,比2007年增加约1.1万亿元。三是农业发展银行职能范围逐步扩大。2005年以来,农发行业务领域逐步拓宽,从过去单一支持粮棉油购销储业务,扩大到农业产业化经营、农业农村中长期贷款、县域城镇建设贷款、县域内公众存款等业务,有效增强了政策性金融支农能力。四是新型农村金融机构不断增加。2006年银监会启动调整放宽农村地区金融机构准入试点,在农村批准设立村镇银行、贷款公司和农村资金互助合作社等三种类型的新型金融机构。截至 2011 年年末,全国已组建新型农村金融机构 786 家,贷款余额 1316 亿元。五是小额贷款公司快速发展。2008 年银监会和人民银行批准开展小额贷款公司试点,截至 2011 年年末,全国共有小额贷款公司 4282 家,贷款余额 3915 亿元。六是农村金融产品与服务创新广泛开展。主要包括发展农户小额信用贷款和农村微型金融、加强对农业农村基础设施建设的信贷支持、扩大抵押担保范围、加强涉农信贷与涉农保险的合作、加快推进农村金融服务方式创新。

3. 政策性农业保险覆盖范围迅速扩大。2007 年,中央选择吉林等 6 个省份开展农业保险保费补贴试点。在政府补贴的支持下,农业保险的品种和覆盖范围迅速扩大。此后,中央财政不断增加保费补贴品种,扩大保费补贴区域,推动农业保险持续快速发展,农业保险已成为国家支持保护农业的重要手段。目前,中央财政保费补贴品种包括玉米、水稻、小麦、棉花、马铃薯、青稞、油料作物、糖料作物、能繁母猪、奶牛、育肥猪、藏系羊、牦牛、天然橡胶、森林共 15 个品种,补贴区域覆盖所有省份。对于种植业保险,中央财政补贴保费的 35%—65%,地方财政补贴 25% 以上;对于养殖业保险,中央财政补贴保费的 30%—80%,地方财政补贴 25% 以上。一些地方还对当地特色农业保险给予保费补贴,如浙江省对鸡、鸭、鹅、大棚蔬菜、西瓜、柑橘、林木、淡水养殖保险都给予保费补贴。2011 年,全国种植业保险共承保农作物及林木 19.12 亿亩,畜牧业保险共承保牲畜 8209 万头(只),参保农户 1.67 亿户次,农业保险保费收入 174.03 亿元,支付赔款 88.76 亿元。短短几年,我国农业保险规模已经跃居世界第二、亚洲第一。

(六)推进农产品贸易政策创新,不断扩大农业对外开放

10 年来,适应全球经济一体化和贸易自由化的发展趋势,我国逐步加快农产品外贸体制改革,调整农产品贸易政策、管理方式和手段,

有力推动了农产品贸易的快速发展。

1. 大幅度削减农产品进口关税,对一些重要农产品实施关税配额管理。我国从 2002 年起逐年削减农产品关税,经过 3 年过渡期后达到了承诺的最终约束税率。此后进一步降低关税,农产品平均关税税率由入世前 21% 降到 2006 年 15.2%,约为 WTO 所有成员平均水平的 1/4。我国在入世后即取消了食糖、烟草、烤烟、羊毛、棉花等产品的进口许可证、进口配额、进口招标等非关税措施,取消了粮食、食用油等产品的单一许可证,对其中一些重要农产品实行关税配额管理,并且配额量不断增加,在 2004—2005 年实施期达到了最终配额量。从 2006 年起,我国取消了对豆油、棕榈油等产品的关税配额,关税税率统一降至 9%。

2. 取消出口补贴,实行出口退税。我国依照入世承诺,取消了对所有农产品的出口补贴。为增强出口产品竞争力,在 WTO 规则框架下,我国对大宗谷物等部分农产品实行出口退税。“十一五”期间,国家出于对经济形势变化、农产品市场供应等多种考虑,多次对农产品及其制品的出口退税政策进行调整。主要是在规定时期内取消部分粮食和植物油产品的出口退税,并对粮食出口征收暂定关税;同时,为有效应对金融危机对农产品出口的影响,进一步提高了部分农业深加工产品和部分水产品的出口退税率。

3. 积极发展农产品区域自由贸易。截至 2011 年年底,我国已经与东盟、智利、巴基斯坦、新西兰、新加坡、秘鲁、哥斯达黎加签署了自由贸易协定。内地与港澳签署了紧密经贸关系安排(CEPA),大陆与台湾签署了两岸经济合作框架协议(ECFA)。自由贸易协定在农产品关税的阶段性减让方面作了详细规定,使农产品关税得以大幅度降低,大多数农产品已经或最终将实行零关税,为区域内农产品贸易创造了稳定、透明和公平的环境。

在农产品贸易政策带动下,近年来,我国农产品进出口贸易快速增长,农产品贸易额由 2002 年的 300.5 亿美元增加到 2011 年的 1556.6

亿美元,增长 4.2 倍。我国在世界农产品贸易中的地位大幅提升,目前我国农产品贸易总额仅次于美国和德国,居世界第三位;出口额排名世界第七,进口额排名世界第二。农产品国际贸易的发展,增加了国内农产品有效供给,缓解了需求增长对资源环境的压力,为农业结构战略性调整、保证粮食安全提供了空间和余地。农业对外开放还促进了资金、技术、装备、品种、管理经验等现代要素的引进,加快了现代农业的发展步伐。

(七)推进农村社会保障政策创新,不断改善农村民生

党的十六大以来,国家以加强制度建设为重点,按照广覆盖、保基本、多层次、可持续的原则,构建我国农村社会保障制度的基本框架和政策体系,取得突破性进展。

1. 建立完善新型农村合作医疗制度。新型农村合作医疗,是由政府组织、引导、支持,农民自愿参加,个人、集体和政府多方筹资,以大病统筹为主的农村居民医疗互助共济制度。这项制度从 2003 年起在全国部分县(市)试点,2008 年在全国基本实现了全覆盖。2011 年,新农合财政补助标准为 200 元,参合人口达到 8.32 亿。2012 年国家继续提高新农合保障水平,巩固覆盖率,提高筹资标准和报销比例,扩大覆盖病种范围。新农合筹资标准从 240 元提高到 300 元,国家补助由 200 元提高到 240 元,政策范围内住院费用报销比例达到 75% 左右,最高支付限额不低于农民人均年收入 8 倍,且不低于 6 万元。

2. 建立完善农村最低生活保障制度。党的十六大提出有条件的地方探索建立农村最低生活保障制度以来,农村最低生活保障制度迅速在全国各地陆续建立。2007 年中央 1 号文件明确提出要在全国范围内建立农村最低生活保障制度,国务院出台了《关于在全国建立最低生活保障制度的通知》,鼓励已建立制度的地区完善制度,支持未建立制度的地区建立制度,中央财政对财政困难地区给予适当补助,要求将符合条件的农村贫困人口全部纳入保障范围,稳定、持久、有效地解

决农村贫困人口的温饱问题。党的十七届三中全会进一步提出完善农村最低生活保障制度,加大中央和省级财政补助力度,做到应保尽保,不断提高保障标准和补助水平。2011年农村最低生活标准平均每人每月143.2元,覆盖农村人口5305.7万人,人均每月补助96元。2012年5月,农村最低生活标准平均每人每月提高到149.2元,覆盖农村人口5240.3万人,人均每月补助108元,农村低保对象的生活保障水平进一步提高。

3. 建立完善新型农村社会养老保险制度。2003年,一些地方开展新农保试点,通过加大政府引导和支持力度,扩大覆盖范围,创新制度模式,在探索新的农村养老保险模式方面取得一定的突破和进展。在总结地方试点经验的基础上,党的十七届三中全会提出按照个人缴费、集体补助、政府补贴相结合的要求建立筹资机制,建立新型农村社会养老保险制度。国务院决定从2009年起开展新型农村社会养老保险试点。2010年中央1号文件明确要求,有条件的地方要加快新型农村养老保险试点步伐,积极引导试点地区适龄农村居民参保,确保符合规定条件的老年居民按时足额领取养老金。目前国家制定的基础养老金低限标准为每人每月67元,地方政府视财力状况可提高标准。地方政府对参保人缴费给予补贴,补贴标准为每人每年30—60元。2011年,新农保试点覆盖到全国60%的县,1亿农民领取了养老金,2012年实现全覆盖。

近年来,国家把为农民提供社会保障作为民生建设的重要内容,探索建立适合我国国情的农村社会保障制度。实行新型农村合作医疗制度,着力解决农民看病难看病贵问题。建立农村最低生活保障制度,为农村生活困难人口提供兜底的基本生活保障。推动新型农村社会养老保险,促进农民养老方式实现重大转变。在短短几年时间内,基本建立起覆盖数亿农民的农村社会保障三项制度,几千年来中国农民"老有所养"、"病有所医"、"困有所济"的愿望正在实现。

二、深入推进依法行政，初步形成了符合国情
适应农业发展需要的农业法规体系

在党中央、全国人大常委会和国务院的高度重视下，农业依法行政取得了长足进展，农业领域基本实现了有法可依，农业综合执法县级全覆盖目标顺利完成，农业普法工作深入开展，符合我国国情、适应农业发展需要的农业法规体系初步形成。

（一）加强农业立法工作，提高立法质量

党和国家高度重视通过法律的手段巩固和强化农业的基础地位，为农业农村经济持续稳定健康发展提供法律支撑。10 年来，全国人大常委会先后制定或修改了《农业法》、《草原法》、《农业机械化促进法》、《种子法》、《渔业法》、《畜牧法》、《农产品质量安全法》、《农民专业合作社法》、《动物防疫法》、《农村土地承包经营纠纷调解仲裁法》10 部法律；国务院先后制定或修改了《渔业船舶检验条例》、《兽药管理条例》、《病原微生物实验室生物安全管理条例》、《重大动物疫情应急条例》、《濒危野生动植物进出口管理条例》、《畜禽遗传资源进出境和对外合作研究利用审批办法》、《乳品质量安全监督管理条例》、《草原防火条例》、《农业机械安全监督管理条例》、《饲料和饲料添加剂管理条例》10 部行政法规；农业部为贯彻执行法律和行政法规制修订了 85 部规章；各地省级人大和政府也出台了一批有探索、有突破、有创新的地方性农业法规规章。截至 2012 年 6 月底，农业领域现行有效的法律 15 件、行政法规 25 件、农业部规章 156 件、地方性农业法规规章 600 余件。以《农业法》为核心，以法律和行政法规为主干，以农业部规章和地方性法规、地方政府规章为补充的农业法律法规体系已经形成，农业领域基本实现了有法可依。

在数量增加的同时，农业立法的质量也不断提高，对农业农村经济

发展的规范、保障和促进作用明显增强。主要体现在五个方面：

1. 反映了农业和农村经济发展的实际，巩固和加强了农业在国民经济中的基础地位。2002年修订的《农业法》，适应农业农村经济发展和我国加入世界贸易组织的新形势，把解决"三农"问题放在经济社会发展更加突出的位置，增设专章对粮食安全、农民权益保护、农村经济发展和执法监督作了规定，强化了国家对农业的投入与支持保护，明确"中央和县级以上地方财政每年对农业总投入的增长幅度应当高于其财政经常性收入的增长幅度"。

2. 将中央的强农惠农富农政策制度化、法律化，体现了科学发展观、统筹城乡经济社会发展的要求。2004年颁布的《农业机械化促进法》，规定了农机购置补贴制度、农机跨区作业服务制度、农机生产作业燃油补贴制度，极大地激发了广大农民购买农机、使用农机的积极性，推动我国农作物耕种收综合机械化水平由2003年的32.5%迅速上升到2011年的54.8%。2006年颁布的《农民专业合作社法》专章规定了国家对农民专业合作社的财政、金融、税收扶持政策，推动我国农民专业合作社进入加快发展、规范发展、健康发展的新时期。

3. 适应新形势对政府管理农业的要求，反映和推动了农业部门的职能转变和农业管理方式创新。2006年颁布的《农产品质量安全法》，明确了农业部门农产品质量安全的监管职责，规定了农产品质量安全风险评估、农产品生产记录、农产品包装和标识以及农产品质量安全监测和监督检查等一系列制度，对保障和提升我国农产品质量安全水平起到了重要作用。

4. 按照依法行政的要求，进一步强化了对行政行为的规范和对行政相对人权益的保护。农业法律法规在注重赋予行政机关必要的管理手段的同时，对行政机关的责任和行政相对人的权利也给予了高度关注，作出了明确规定。如《农产品质量安全法》、《兽药管理条例》、《饲料和饲料添加剂管理条例》在赋予农业部门监督检查、行政强制、行政处罚等权力的同时，对相关执法程序进行了严格规范，明确了农业部门工作人员不依法履行管理职责、滥用职权等所应当承担的法律责任,进一步强化了对行政相对人合法权益的保护。

5. 坚持科学立法、民主立法,立法程序日益公开透明。党的十六大以来的农业立法工作,突出强调反映农业农村经济发展实际和规律,注重广泛听取有关机关、组织和公民的意见,农业部还自 2005 年起推行规章草案网上公开征求意见制度,进一步拓宽了听取意见的渠道和范围。目前,调查研究、专家论证和公开征求意见已成为农业立法的必经程序,在保障立法民主的同时,进一步增强了农业立法的针对性和可操作性。

(二)扎实推进农业综合执法,增强依法护农、依法兴农能力

党的十六大以来,党中央、国务院高度重视农业综合执法工作,作出了一系列加强农业综合执法的决策部署。2002 年修订的《农业法》明确要求,各级农业部门"应当在其职责范围内健全行政执法队伍,实行综合执法,提高执法效率和水平"。2005 年、2010 年中央 1 号文件明确提出要搞好和推进农业综合执法。各级农业部门按照党中央和国务院的决策部署,加大工作力度,推动农业综合执法取得重大进展。

1. 建立健全农业综合执法体系。农业部开展了农业综合执法试点工作,并逐步扩大试点覆盖范围,带动各地农业综合执法不断取得新突破。2008 年,农业部明确提出了"三年内基本实现全国农业县开展农业综合执法"的工作目标。截至 2011 年年底,全国已有 30 个省(区、市)、237 个市(地)、2286 个县(市)开展了农业综合执法工作,县级覆盖率达到应建比例的 98.2% ,农业综合执法县级全覆盖目标基本实现,上下贯通、左右相连的农业综合执法体系基本形成。

2. 启动实施农业综合执法规范化建设。2007 年起,农业部启动实施了以规范运行、提高能力为重点的农业综合执法规范化建设,要求各地农业部门按照"有编委批准的正式机构,有一支素质较高的执法队伍,有与执法相适应的执法手段,有完善的执法制度,有明显的执法效

果"的"五有"标准,推进农业综合执法规范化建设。各地农业部门认真落实农业部要求,不断规范综合机构设置、人员管理、执法行为和执法监督,福建、江苏、浙江等地还结合本地实际,进一步细化了农业综合执法规范化建设的目标和内容,促进执法能力和水平明显提升。

3. 强化农业综合执法保障能力。2003 年,中央财政在政府收支科目的农业大类中设立了执法监管科目,专项用于农业法制建设、执法监督、农产品质量监督、农资打假与市场监管等方面的支出,为各级农业部门农业执法经费保障奠定了基础。很多地方已据此将农业执法经费纳入了当地财政预算,有效地提升了农业综合执法的保障能力。同时,在财政等部门的支持下,农业部积极筹措资金,先后实施了农业综合执法试点和示范项目,加大对农业综合执法的投入力度,在一定程度上改善了基层农业综合执法机构经费不足和装备落后的情况。

4. 提高农业综合执法队伍素质。农业部高度重视农业综合执法队伍建设,在启动农业综合执法试点工作之初,农业部就要求各地加强对执法人员的法律和专业知识的培训考核,建立健全执法人员资格管理制度和岗位培训制度。2004 年,农业部下发通知要求各地切实加强执法队伍建设,并对农业执法人员提出了"六要六禁止"要求。2008年,农业部又下发了《农业部关于全面加强农业执法、扎实推进综合执法的意见》,要求各地严把执法人员考试录用关,按照公开、平等、竞争、择优的原则,采取考试、考核、选调等办法录用执法人员。此外,农业部还自 2004 年起每年举办全国农业行政执法培训班,对基层农业综合执法骨干进行轮训,有力地提升了农业执法人员的业务素质和办案水平。

经过近 10 年发展,农业综合执法队伍已逐步成为农业执法的"主力军",对保障农业农村经济发展和农民权益的作用日益显现:一是规范了农业生产经营秩序。农业综合执法机构深入开展农资打假专项治理与农产品质量安全整治等执法活动,为规范农资市场秩序和保障农产品质量安全作出了积极贡献。实践表明,凡成立综合执法机构的地区,监管就比较到位。二是维护了农民群众的合法权益。农业综合执法机构每年查办各类农业违法案件5万余起,为农民挽回经济损失数亿元。同时,农业综合执法机构还将执法与服务相结合,每年调处涉农纠纷1.5万起左右,及时疏导化解农业生产事故纠纷,赢得了政府的肯定和农民的赞誉。三是树立了农业部门执法为民的新形象。实行综合执法,有效避免了农业部门内部多头执法,既减轻了管理相对人的负担,又降低了执法成本,树立了农业部门依法护农、执法为民的良好形象,一些地方的农业综合执法机构被农民亲切地称为"农民的'110'"。

(三)加强农业法制宣传教育,营造良好法治环境

党的十六大以来,农业部认真落实党中央、国务院"五五"和"六五"普法规划要求,制定下发了《农业系统法制宣传教育第五个五年规划》和《农业系统法制宣传教育第六个五年规划》,明确了农业普法工作的指导思想、工作目标、基本任务和具体要求。各级农业部门严格贯彻中央要求,深入开展形式多样的农业法制宣传教育活动,使广大农民群众的法律意识明显提高,农业部门依法行政能力明显增强,为农业农村经济发展和农村社会稳定创造了良好的法治环境。

1. 推动农民群众学法知法用法。2003年以来,农业部每年在全国组织开展"送法下乡"、"法律进乡村"等法制宣传活动,积极向广大农民群众宣传涉农法律知识。各地农业部门也纷纷通过召开座谈会、开辟宣传专栏、印发宣传图册、开展知识竞赛等多种形式,深入宣传农业法律法规的精神和内容。2007年,中宣部、司法部、民政部、农业部、全国普法办联合下发了《关于加强农民学法用法工作的意见》;2012年,五部门又联合下发了《关于进一步加强农民学法用法工作的意见》,对加强新时期农民学法用法工作的指导思想、主要任务、基本原则、工作措施等提出了明确要求,将涉农法制宣传教育进一步引向深入。

2. 强化农业部门工作人员的法治意识。建立领导干部学法用法制度,将法制课列入领导干部培训的必修课程,将学法情况作为各级农

业部门领导干部年度考核和任免、晋升、奖惩的依据之一。强化公务员学法制度,将法律知识作为公务员初任和任职培训、业务培训的重要内容。开展多种形式的法制培训,及时组织机关干部学习新出台的农业法律法规,对《农业法》、《行政许可法》、《全面推进依法行政实施纲要》等重要涉农法律法规和依法行政知识,还组织全体干部脱产轮训。2010年,农业部发布的《农业部绩效管理办法(试行)》,将学法普法情况作为各司局和有关单位年度绩效考核的一项重要内容,进一步强化了干部自觉学法守法工作。

3. 提高农业执法人员的法律素质和执法技能。为了提高基层农业执法人员的业务素质,自2004年起,农业部每年举办全国农业行政执法培训班,对基层农业综合执法骨干进行轮训。截至2011年年底,共举办农业执法培训班17期,培训执法人员2500多名。自2005年起,农业部每年选取一些省市开展行政执法培训试点工作,与当地农业部门联合举办行政执法培训班,根据当地的实际情况和执法中反映出的主要问题开展有针对性的培训。2010年,农业部还举办了全国农业执法技能比武活动,要求各级农业部门以活动为契机,采取有效措施,切实提高执法人员的法律素质和执法技能。从农业行政复议情况和每年开展的全国农业行政处罚案卷评查结果来看,各级农业执法机构的执法行为日趋规范,执法水平不断提升。

三、进一步完善农业政策法规体系,
为农业又好又快发展提供支撑

当前我国正处在工业化、信息化、城镇化、市场化、国际化深入发展阶段,进入了加快形成城乡经济社会发展一体化新格局的重要时期,农业农村发展正在发生重大而深刻的变革,加快建设现代农业既面临难得机遇,也面临新的矛盾和挑战。一方面,农业基础仍然薄弱,农村发展仍然滞后,农民增收仍然困难。另一方面,要实现党的十七届三中全会提出的到2020年农村体制改革、现代农业建设、增加农民收入、农村民主政治建设、发展农村基本公共服务等方面的目标,任务十分繁重。因此,今后一个时期,需要进一步完善农业政策措施和农业法规体系,为农业又好又快发展提供强大支撑。

在农业政策创新完善方面,进一步完善农业补贴政策,不断加大农业补贴力度,增加补贴总量,拓展补贴范围,优化补贴结构和操作模式,形成更加符合实际、简便易行的农业补贴体系。强化农业投入政策,逐步完善国家投资重点向农业农村倾斜的体制机制;加大财政用于"三农"支出、国家固定资产投资对农业农村投入和农业科技投入力度,确保增量和比例都有提高;拓宽投资融资渠道,鼓励引导社会各类资金投入农村基础设施建设。健全农产品价格支持保护政策,坚持农产品价格形成市场化取向,逐步形成合理的农产品定价机制,稳步提高粮食最低收购价水平;完善农产品市场调控政策,防止农产品价格大起大落。加快建立城乡劳动力平等就业制度,促进基本公共服务全覆盖和均等化,加快农民工融入城镇步伐。完善农产品贸易政策,促进优势农产品出口,合理引导和有效调控短缺农产品进口,不断提高农业国际竞争力。完善农村金融保险政策,促进农村金融保险的组织创新、产品创新和服务创新,尽快建立适应农村经济发展要求的农业金融保险制度。完善农村社会保障制度,随着国家财力增强,不断扩大保障范围,提高保障标准。

在农业法制建设方面,深入推进各项强农惠农富农政策的制度化、法律化,围绕保障国家粮食安全、农产品质量安全、农业生态安全和农业生产安全,健全农业支持保护、农业产业发展、农业资源环境保护、农村经营体制完善和农民权益维护等方面的立法,加快现行法律法规修订完善工作,抓紧配套规章制度建设;坚持科学立法、民主立法,完善公众参与立法的制度和机制,保证人民群众的意见得到充分表达、合理诉求和合法利益得到充分体现,不断提高立法质量。深入推进农业执法体制改革和创新,大力加强农业综合执法规范化建设,全面推进农业综合执法。健全执法协调协作机制和信息共享机制,及时查处农业违法行为;改进执法方式和作风,坚持日常执法与集中执法、教育与处罚、处罚与服务相结合,不断提升执法效果;加强执法队伍建设,强化执法能力培训和职业道德教育,全面提高执法人员能力和素质;加大执法投入力度,改善农业执法装备条件,提高农业执法能力。深入开展农业普法宣传教育,探索农业普法的新形式、新途径,进一步增强农业部门工作人员和农民群众的法治意识,为农业农村经济发展创造更加良好的法治环境。

农村经营体制机制不断完善创新

党的十六大以来，以家庭承包经营为基础、统分结合的双层经营体制不断完善，依法落实和保障农民承包土地的各项权利，家庭承包经营基础地位得到巩固和加强；农业经营主体呈多元化发展，统一经营层次更加丰富；农村分配制度改革取得突破，新型农村公益事业建设和管理机制正在形成。农村经营体制的完善与创新，为农业发展、农民增收、农村稳定提供了重要支撑和保障。

一、农村土地承包制度逐步健全

在中央的高度重视和正确领导下，各部门认真贯彻落实农村土地承包法律政策，切实加强土地承包管理服务，依法落实和维护农民土地承包权益，保持了土地承包关系总体稳定，土地承包经营权流转健康有序，促进了现代农业发展、农民持续增收和农村社会稳定。

（一）健全农村土地承包制度的政策措施

1. 健全农村土地承包法律规章制度。农村土地承包法律体系不断健全，2003年正式实施《农村土地承包法》，从法律上明确了农民对承包土地的权利，确定了耕地承包期限为30年；2007年颁布的《物权法》明确土地承包经营权为用益物权，农民享有的土地承包经营权权能不断完善，农村土地承包管理方式从传统的合同管理发展到物权登记管理;2009年颁布《农村土地承包经营纠纷调解仲裁法》。十七届三中全会《决定》明确提出:"赋予农民更加充分而有保障的土地承包经营权,现有土地承包关系要保持稳定并长久不变。"各地积极推进相关配套法规建设,累计有18个省(区、市)出台了土地承包法实施办法等地方法规、15个省(区、市)制定了征地补偿费在农村集体内部分配使用办法。

2. 依法落实农民承包土地各项权利。按照承包地块、面积、合同、证书和基本农田"五到户"的要求,各部门稳步开展延包后续完善工作,妥善解决遗留问题,加强承包合同、档案管理,加快土地承包经营权证书补换发,进一步落实农民承包土地的各项权利。山东、湖北、广东、重庆、上海等省(市)由党委政府统一部署,集中开展延包后续完善,推进确权颁证工作;江西、河南、云南、青海等省结合补换发土地承包经营权证书,开展延包后续完善。依法开展纠纷调处仲裁,《调解仲裁法》实施后,各地认真宣传贯彻,依法设立仲裁机构和聘任仲裁员;目前,全国共成立仲裁委员会1848个,占全国县级单位的57.8%,仲裁委员会成员数为19774人,聘任仲裁员11853人。

3. 稳步开展土地承包经营权登记试点。按照中央要求,2009年农业部在全国8个省选择了8个村开展土地承包经营权登记试点,吉林、辽宁、安徽、海南等省自行开展登记试点,重点探索解决承包地块面积不准、四至不清、空间位置不明、登记簿不健全等问题。2011年,农业部会同财政部、国土资源部、中农办、国务院法制办、国家档案局制定下发了《关于开展农村土地承包经营权登记试点工作的意见》(农经发[2011]2号),成立了全国农村土地承包经营权登记试点工作领导小组,在全国28个省(直辖市、自治区)选择了50个试点县(市、区)开展试点。

4. 培育发展土地承包经营权流转市场。按照依法自愿有偿原则,遵循权属清晰、形式多样、管理严格、流转顺畅的要求,指导各地加强土地流转管理和服务,建立健全土地承包经营权流转市场,发展多种形式的适度规模经营。党的十七届三中全会以来,山西、湖南、四川、甘肃、宁夏、新疆等12个省（区、市）党委政府出台了规范、促进土地承包经营权流转的专门文件；江苏省级财政专项扶持土地流转资金累计达到1.4亿元；浙江市县财政2010年安排土地流转奖励资金1.2亿多元；云南、贵州、北京等省（市）制定下发了土地流转格式化合同文本；成都、武汉等中心城市成立了农村综合产权交易所。目前，全国已有800多个县市设立了土地流转有形市场，1.3万多个乡镇设立了土地流转服务中心。

（二）健全农村土地承包制度的成效

1. 稳定完善农村土地承包关系，坚持农村基本经营制度不动摇。通过延包完善、补换发证书和登记试点，将承包地块、面积、空间位置、用途、地类、权属证书等落实到户，绝大多数农民承包土地的权利得到依法确认保护，广大农民对现有土地承包关系总体认可满意。截至2011年年底，全国实行家庭承包经营的耕地面积12.77亿亩，家庭承包经营农户2.29亿户，签订家庭承包合同和颁发农村土地承包经营权证分别为2.22亿份和2.08亿份，占家庭承包农户的比重分别为96.9%和91.0%。

2. 规范有序流转土地承包经营权，为现代农业规模经营提供了条件。目前，已初步建立了村有服务站点、乡镇有中心、县市有市场的土地流转服务体系，形成了以承包农户为流转主体，以专业大户、家庭农场、农民专业合作社为规模经营主体，以转包、出租为主要流转形式，以政府管理和服务为重要保障的多元化、多形式的市场化土地流转机制，促进了土地承包经营权规范有序流转。截至2011年年底，全国家庭承包耕地流转总面积达到2.28亿亩，占家庭承包经营耕地面积的17.8%。土地流转合同签订率提高，全国流转出承包耕地的农户达3877多万户，占家庭承包农户数的16.9%；签订流转合同2520.8万份，涉及流转耕地面积为1.39亿亩，签订流转合同的占流转总面积的61.1%。

3. 健全土地承包纠纷调处机制，维护农民土地承包经营的合法权

益。目前,多部门分工协作、密切配合、齐抓共管的农村土地突出问题
专项治理工作机制基本健全,村有人民调解、乡镇有行政调解、县市有
土地承包仲裁和司法保障的农村土地承包经营纠纷调处机制初步建
立,农民反映的土地承包纠纷能够得到及时有效化解。2006—2009
年,全国地方各级农业部门累计调处土地承包经营纠纷 70 多万件,占
受理总数的 92.4%。2011 年,30 个省、区、市村民委员会、乡镇人民政
府和农村土地承包仲裁委员会共受理土地承包及流转纠纷 21.9 万件,
调处 19.2 万件。

二、农民专业合作组织蓬勃发展

各级各部门加大指导扶持服务,专业合作社的产业分布更加广泛,
服务领域不断拓展,产品质量稳步提升,增收作用日益凸现,正在成为
重要的新型农业生产经营主体,在建设现代农业和新农村中发挥着越
来越大的作用。

(一)发展农民专业合作社的政策措施

1. 完善合作社发展法规制度体系。2007 年 7 月 1 日实施的《农民
专业合作社法》赋予了合作社独立的法人地位,填补了我国市场主体
法的空白,为合作社的发展提供了坚强的法律保障,配套出台的《农民
专业合作社示范章程》、《农民专业合作社登记管理条例》、《农民专业
合作社财务会计制度(试行)》,为指导专业合作社规范化发展提供了
更加具体的制度规范。积极指导和推动地方立法和出台配套法规,现
已有浙江、湖北等 16 省(市)出台了《农民专业合作社法》实施办法或
条例,为各地专业合作社的发展营造了坚实的法律环境。

2. 加强对合作社规范化发展指导。开展了合作社示范社建设行
动,颁布示范社创建标准,为各地开展示范社建设提供了依据,2011 年
农业部、发改委等部门联合公布了 6663 家农民专业合作社示范社名

录。各地积极探索,创造性地开展了"四有"(有组织制度、有合作手段、有较大规模、有明显效益)、"五好"(服务成员好、经营效益好、利益分配好、民主管理好、示范带动好)示范社建设行动。目前,全国已有各级示范社5.6万家,很好地发挥了示范带动作用,成为了合作社身边的榜样和典型,促进了合作社整体素质提高。制定下发了《农民专业合作社辅导员工作规程》,指导各地加强辅导员队伍建设,已初步建成了省、市、县三级辅导员队伍体系。按照《国家中长期人才发展规划纲要》要求,将合作社人才培养纳入现代农业人才支撑计划和阳光工程,鼓励引导农村青年能人创办农民专业合作社。

3. 加大对专业合作社发展扶持力度。财政、税收、金融和涉农项目、产业支持等一系列扶持政策相继出台。30个省(区、市)党委、政府专门制定了促进合作社发展的文件。蔬菜园艺作物标准园创建、畜牧标准化养殖小区创建、水产健康养殖示范场、农机购置补贴等农业项目,都将合作社纳入申报范围,同等条件下优先给予支持。在中央财政专项扶持资金的带动下,各省经费增长,据统计,2011年中央财政支持合作社发展专项资金7.5亿元,省级财政专项资金约9.7亿元。

4. 开展合作社与流通部门产销对接服务。2008年开始,农业部和商务部大力支持鼓励合作社与超市等流通企业开展"农超对接",不断加大对"农超对接"的引导和支持,农业部把直接扶持合作社开展"农超对接"作为为农民办实事的重要内容,目前已有1.6万家农民专业合作社与超市建立起了稳定的产销关系。在总结各地经验的基础上,2011年农业部启动了"农社对接"试点,从农民专业合作经济组织建设项目中安排专门经费,支持北京、湖南、烟台等地开展试点,引导合作社与城市社区开展对接。据27个省(区、市)的不完全统计,2011年,合作社开设直销点(店)5342个,销售金额约95亿元。

(二)农民专业合作社发展取得的成效

1. 合作社数量增长、领域拓展,成为现代农业生产经营的重要主体。2011年,全国在工商行政管理部门登记的农民专业合作社达52.2万家。一些地方为适应现代农业生产经营与现代流通方式的新要求,已出现更大范围合作与联合的趋向。农民专业合作社生产主要分布在种植业和养殖业,承担着粮棉油、肉蛋奶、蔬菜、水果和特色农产品生产,同时在农机、林业、植保、技术信息、手工编织、农家乐等农村各个产业也有发展,正在成为现代农业产业体系的有生力量。

2. 合作社产品逐步实现标准化品牌化,提升了农产品质量安全水平。合作社的发展降低了农业技术推广的交易成本,促进了高新、实用农业技术的转化应用,通过实行统一的生产技术、疫病防控,大大提高了专业化、标准化生产和品牌化经营的水平。合作社成员间具有密切的亲缘、地缘关系,能有效发挥自我约束、互相监督的功能,诚实守信生产,采用农业标准化生产,保障农产品质量安全水平。目前,全国有4万多家合作社实施了农产品生产质量安全标准,3.1万多家合作社通过了农产品质量认证,4.6万家合作社拥有了注册商标,成为推进农产品标准化生产的重要组织载体。

3. 合作社拓宽了社员增收渠道,促进了农村社会和谐。农民专业合作社通过为成员提供服务,统一购买生产资料,统一销售成员产品,在生产环节降低了成本,在流通环节节省了费用。合作社从单纯的农业生产进入到加工、流通和销售等附加值比较高的领域,延伸了产业链条,拓宽了农民的增收渠道。据各地调查,入社农户的收入普遍比非成员同业农户高出20%以上。近年来各地通过发育壮大合作社,营造了积极发展生产的良好风气,培育了农民的互助团结、诚信友爱、邻里和睦观念,加深了相互之间的密切联系,促进了良好乡风、村风的形成,有效地促进了农村社会管理创新。

三、农业产业化经营又上新台阶

党的十六大以来,中央明确要求把发展农业产业化作为我国农业农村工作中一件全局性、方向性的大事来抓，出台了一系列政策措施扶持农业产业化发展。农业产业化发展，带农惠农作用日益凸显，影响力日益提升，对提高农业组织化程度、加快转变农业发展方式、促进现代农业建设和农民就业增收产生了重大而深远的影响。

（一）推进农业产业化发展的政策措施

1. 加强对农业产业化工作指导。党的十六大、十七大、十七届三中全会和2004以来连续几年的中央1号文件都明确要求支持农业产业化和龙头企业发展，今年出台了《国务院关于支持农业产业化龙头企业发展的意见》。为贯彻落实中央要求，加强农业产业化组织领导，经国务院同意成立了由农业部牵头，发改委、财政部、商务部、人民银行、税务总局、证监会和供销总社组成的全国农业产业化联席会议，形成了多部门协作、齐抓共管的工作机制。各省（区、市）也建立了相应的工作推进机制，指导农业产业化发展。建立了重点龙头企业认定监测制度，强化对龙头企业的运行情况监测。适应龙头企业集群集聚发展的新形势，积极开展农业产业化示范基地创建活动，2011年认定了76个国家农业产业化示范基地。

2. 加大对农业产业化扶持力度。各级财政多渠道整合和统筹支农资金，在现有基础上增加扶持农业产业化发展的相关资金，切实加大财政支持力度。中央和各省（区、市）都设立了农业产业化财政专项资金，2011年省级专项资金达到36.1亿元。国家农业综合开发资金也把农业产业化作为支持重点。对从事农产品初加工优惠政策范围的企业减免企业所得税。农业部分别与农业银行、农业发展银行联合下发了金融支持龙头企业发展的意见。2011年，农业银行对龙头企业总体授信达2398亿元，农业发展银行支持龙头企业贷款余额达2181.83亿元。2009年以来，27家国家重点龙头企业通过交易所市场筹集资金231.74亿元。

3. 搭建龙头企业产销平台。2003年以来，农业部会同有关部门举办了九届中国国际农产品交易会,组织龙头企业参加产品展销展示,累计签约金额达3700多亿元。同时,联合地方举办了多种形式的农产品交易会,尤其在国际金融危机和重大自然灾害造成农产品滞销的情况下,积极组织龙头企业到主产区采购农产品,解决卖难问题。农业部、商务部等部门还大力支持龙头企业参加境外展示展销活动,支持龙头企业"走出去",进一步开拓国际市场。

4. 强化农业产业化智力支撑。将龙头企业经营管理人员培养纳入《国家中长期人才发展规划纲要(2010—2020年)》。联席会议八部门每年都组织开展国家重点龙头企业负责人培训,增强龙头企业社会责任意识。商务部积极开展出口龙头企业应对贸易摩擦专题培训,提高龙头企业应对贸易纠纷的能力。各级农业产业化部门通过集中授课、参观考察等方式开展培训,提高龙头企业人才队伍素质。辽宁、江苏、宁夏等20多个省(区、市)组织龙头企业负责人到北大、清华等高校进行专题培训,累计培训5100多人次。

(二)农业产业化发展取得的成效

1. 农业产业化组织快速成长,成为推进现代农业建设的重要主体。目前,全国各类农业产业化经营组织达到28万个,其中龙头企业11万家;各类产业化组织带动全国40%以上的农户从事农业生产,带动各类生产基地规模占全国农业生产总规模的60%以上,已成为农业生产的重要主体。龙头企业销售收入达5.7万亿元,出口创汇额占全国农产品出口额的80%以上,所提供的农产品及加工制品占农产品市场供应量的1/3,占主要城市"菜篮子"产品供给的2/3以上,已成为农产品市场供应的重要主体。

2. 农业产业链建设步伐加快,逐步完善了现代农业产业体系。龙头企业不断强化良种繁育、原料基地等上游产业链建设,大力发展精深加工,拓展包装储藏、物流配送和市场营销等下游环节,打造完整产业链条,优化产业结构,促进产业升级,推动了现代农业产业体系的构建。

目前,各类产业化组织辐射带动种植业生产基地占全国60%以上,带动畜禽饲养量占全国70%以上,带动养殖水面占全国80%以上。龙头企业从事农产品加工业产值与原料采购值之比达到2:1,流通型龙头企业市场交易额超过2万亿元,比2002年增长了近3倍。

3. 农业产业化创新活力不断增强,加速推进了农业科技进步。2002年以来,国家重点龙头企业投入科研经费年均增幅10%以上,2011年超过200亿元。目前,90%以上的国家重点龙头企业建立了研发中心,60%的企业科研成果获得省级以上科技成果认定或奖励,省级以上龙头企业科技人员达到38.5万人,占全国农业科技人才资源总量的36.8%。龙头企业通过建设高标准的原料生产基地,加大新品种、新技术、新工艺的试验示范和推广应用,为农业科技成果转化提供了有效平台。2011年,每个国家重点龙头企业平均投入4500多万元建设标准化种养基地。

4. 利益联结机制日趋完善,有效增强了辐射带动能力。龙头企业通过多种方式密切与农民的利益关系,实现企业与农民共享产业化发展成果。一是通过保护价和加价收购农产品、利润返还、股份分红等形式,不断完善与农户的利益联结机制。目前,通过合同、合作、股份合作三种较为紧密的利益联结方式带动农户的产业化组织占总数的98%以上,比2002年提高了约20个百分点。二是通过组织农户生产、吸纳农民就业等途径,不断提高带农就业增收能力。目前,各类产业化组织带动农户达1.1亿户,农户从事产业化经营年户均增收2400多元,分别比2002年增长了54%和1.5倍。国家重点龙头企业平均吸纳就业2100多人,每个职工年均工资福利近2万元。

四、农村集体资产管理不断规范

党的十六大以来,各级各部门因地制宜、分类指导,构建农村集体"三资"管理制度体系,推进以股份合作为主要形式的农村集体经济组织产权制度改革,实现了集体资产保值增值,增强集体服务功能,增加了农民财产性收入,促进了农村和谐稳定。

(一)加强农村集体"三资"管理的政策措施

1. 加强农村集体"三资"管理制度建设。党的十七届三中全会明确提出了"健全农村集体资金、资产、资源管理制度,做到用制度管权、管事、管人"的要求,为加强农村集体资产管理指明了方向。农业部、财政部、民政部、监察部、审计署等有关部委根据中央决策,制定下发了一系列文件,对加强农村集体资产财务管理提出规范性要求。2004 年,修订《村集体经济组织会计制度》;2007 年,修订《农村集体经济组织审计规定》;2009 年,制定《关于进一步加强农村集体资金资产资源管理指导的意见》,提出了建立健全农村集体"三资"管理 14 项制度;2011 年,修订《农村集体经济组织财务公开规定》,完善农村集体经济组织财务公开、民主管理和民主监督。各地各部门也不断加大工作力度,吉林、辽宁、广西、重庆、贵州等 16 个省(区、市)制定了农村集体资产管理条例,河北、内蒙古、黑龙江、福建、甘肃 5 个省(区)制定了农村集体财务管理条例,山西、广东、宁夏等 8 个省(区)制定了农村集体经济审计条例。

2. 开展农村集体"三资"管理规范化建设。2002 年,中央领导批示"推动村级财务管理和监督向经常化、规范化、制度化发展",农业部、民政部、财政部、审计署联合制定《关于推动农村集体财务管理和监督经常化规范化制度化的意见》,组织各地各级农业部门加强农村集体资产和财务管理。从健全财务会计制度、规范账务处理程序、建立民主管理机制、加大审计监督力度等方面,全面推进农村集体财务管理规范化建设,确定 326 个规范化示范单位。随着农村集体资产财务管理向农村集体"三资"管理不断拓展,2012 年农业部决定开展农村集体"三资"管理示范县创建,提升示范层级,发挥带动作用,不断提升农村集体"三资"管理规范化水平。

3. 稳步推进农村集体经济组织产权制度改革。按照党的十六届三中、五中全会提出的农村集体经济组织要推进制度创新的要求,稳步推进农村集体经济组织产权制度改革试点,统一部署开展试点工作,引导有条件的地方在坚持民主决策、农民自愿,因地制宜、分类指导等基本原则的基础上,探索建立"归属清晰、权责明确、利益共享、保护严格、流转规范、监管有力"的农村集体经济组织产权制度,构建激励和约束相结合的运行机制。各地高度重视,北京提出拥有净资产的乡村都要进行改革,没有净资产的村要做好成员身份界定、劳龄统计和清产核资工作;上海市提出到2015年基本完成产权制度改革工作;湖北省在城中村、城郊村、园中村等城市化进展比较快、集体经济实力比较强的地方推进产权制度改革,并总结出分权不分产、发展不征地、营运不经营、分红不分利的"檀溪模式";浙江省出台《浙江省村经济合作社组织条例》,在村经济合作社治理结构方面进行了有益的探索和实践。截至2011年年底,全国有20多个省(区、市)开展了改革试点工作,有2.3万个村已经完成改革或正在进行改革,量化资产总额3295亿元。

(二)农村集体"三资"管理的成效

1. 构建管理制度体系,创新"三资"管理方式。随着农村集体"三资"管理各项制度的逐步建立,农村集体"三资"管理的制度体系已初步形成,有力地促进了有章理事、按章办事的落实。各地积极拓展、勇于创新,探索出了在农民自愿的基础上,经履行民主程序,村集体组织委托乡镇代理村级会计核算的村级会计委托代理制,并在全国推广。在确保集体资产所有权不变、使用权不变、审批权不变和收益权不变的前提下,提升村级会计核实规范化水平,落实民主理财要求,保障村级资金安全。目前,全国超过81%的村实行了村级会计委托代理。一些地方开展了组建农村集体"三资"监管中心,建立农村集体"三资"监管平台的探索。北京、上海、山西、吉林、安徽、湖北等省(市)运用信息技术,在超过85%以上的乡镇建立了集体"三资"网络监管平台,提高了信息化管理水平。

2. 壮大农村集体经济,增加农民财产性收入。截止到2011年年底,全国村级集体经济组织账面资产总额超过2万亿元,村均343万元,村级集体经济组织账面净资产1.2万亿元,村均204.1万元,实现了集体资产的增值保值。随着各地加强村集体"三资"监管力度、不断壮大集体经济实力,全国无经营收益和低经营性收益村的比重持续下降,2011年,汇总的58.9万个村中,无经营收益的村31万个,比2010年减少1.2%。另一方面,通过农村集体经济组织产权制度改革,设立了股东2315.7万人(个),实现了累计股金分红548.7亿元,增加了农民群众的财产性收入。集体经济所赋予的土地承包经营权、宅基地用益物权和集体经济收益分配权是农民收入的重要来源,占2011年全国农民人均纯收入6977元的41%以上。

3. 维护农民基本经济权益,促进了农村基层党风廉政建设。通过加强农村集体"三资"和财务管理,长期以来农村集体财务管理前清后乱、边管边乱的现象得到了有效遏制。截至目前,全国村集体财务公开的比例超过了96%;超过93%的村成立了民主理财小组,财务公开、民主管理民主监督落实到位,做到了"给群众一个明白,还干部一个清白"。各地在定期开展财务收支审计的同时,重点开展村干部任期与离任经济责任、征地补偿款的使用与管理、"一事一议"筹资筹劳以及农民群众反映强烈的集体"三资"问题的专项审计,形成了每年对40余万个村实施农村集体经济审计的轮审制度。2011年,通过农村集体经济审计,查出违纪资金5亿元,贪污案件389件,贪污金额1617万元,处分1889人,退赔金额1.04亿元。有效地清理了贪污、挪用、截留集体资产的土壤,维护了农民群众的集体经济权益,有力地推进了农村基层民主政治建设和党风廉政建设不断深入。

五、农民负担监督管理深入推进

党的十六大以来,减轻农民负担以农村分配制度改革为重点,推进农村税费改革和农村综合改革、强化强农惠农富农政策、加强农民负担监管,进一步理顺了农村分配关系,扭转了农民负担过重的局面,农民负担保持在较低水平,减轻农民负担工作取得显著成效。

(一)农民负担监督管理的政策措施

1. 不断深化农村税费改革。在总结农村税费改革试点工作经验的基础上,2003 年农村税费改革试点工作在全国全面推开,2004 年开始在全国降低农业税税率,并选择黑龙江、吉林两省进行全部免征农业税试点,2006 年在全国范围内取消农业税。全面取消农业税、牧业税和特产税,每年为农民减负 1335 亿元。2006 年,中央明确提出开展农村综合改革,以转变政府职能为重点,推进乡镇机构改革;以落实教育经费保障机制为重点,推进农村义务教育管理体制改革;以增强基层政府保障能力为重点,推进县乡财政管理体制改革。随后,集体林权制度改革、乡村债务清理化解工作逐步推开。

2. 逐步强化惠农政策体系。2004 年开始,中央逐步强化惠农政策,不断增加对粮食主产区种粮农民的直接补贴、对部分地区农民进行良种补贴和购置大型农机具补贴;2006 年中央又实施了农资综合补贴;逐步建立了能繁母猪、生猪良种补贴等制度;稳步提高粮食最低收购价格。同时,加大了对农村教育、卫生、文化、基础设施、社会保障等方面的投入,逐步提高国家扶贫标准,大力推动农村社会事业发展。2011 年中央财政“三农”支出超过 1 万亿元,其中种粮补贴、良种补贴、农资综合补贴和农机购置补贴“四补贴”资金达到 1406 亿元。

3. 深入实施农民负担重点治理和检查。针对广大农民群众反映的突出问题,在全国范围内持续开展了对农村义务教育、农民建房、婚姻登记、计划生育、农业用水用电等方面的乱收费和报刊摊派等问题的专项治理。从 2004 年起,农业部每年在全国范围内选择了一些农民负担问题较多的县(市),开展农民负担综合治理工作,实行检查、处理、整改全程监督。逐步建立健全涉农价格收费“审核制”、涉农价格收费

"公示制"、农村义务教育收费"一费制"、农村公费订阅报刊"限额制"、农民负担"监督卡制"、涉及农民负担案(事)件"责任追究制"等制度,同时,农民负担监测、信访举报、检查监督、案件查处和农民负担监督卡等日常监管制度逐步完善。

4. 建立完善村级公益事业建设投入新机制。各级加强村级公益事业建设一事一议筹资筹劳的指导与监管,2007年国务院办公厅出台了新的一事一议筹资筹劳管理办法,地方各级进一步完善了具体的实施办法。2006年以来,全国一事一议筹资和以资代劳493亿元,筹劳53亿个工日。2008年启动一事一议财政奖补试点,2011年在全国全面推开。2008—2011年,各级财政共投入一事一议财政奖补资金1050亿元,带动村级公益事业建设总投入2800多亿元,共建成98.5万个项目。一事一议财政奖补制度的实施,推动了村级公益事业发展,改善了农民的生产生活条件,加快了社会主义新农村建设步伐。

(二)农民负担监督管理的成效

1. 农业税彻底取消,城乡二元体制有所突破。农业税的取消,终结了由传统农业社会所遗留的税赋制度,是统筹城乡发展的一大举措,是惠及亿万农民的一大德政,意义重大而深远。这项重大改革,不仅使农民普遍得到实惠,调动了农民生产积极性,又一次解放了农村生产力,带动了农村上层建筑的变革与进步,而且体现了工业反哺农业、城市支持农村的方向,迈出了突破城乡二元体制的新步伐。农民感激地说:"祖祖辈辈都要上缴的'皇粮国税',没想到会在我们这一代取消,真心感谢党和政府,为农民办了一件大好事。"

2. 农民负担明显减轻,农村社会进一步稳定。农村税费改革扭转了农民负担过重的局面,农民负担监管有效控制了对农民的乱收费、乱罚款和集资摊派等问题,农村综合改革逐步解决了一些造成农民负担的一些深层次问题。这一系列政策措施的实施,使得农民负担大幅度减轻,2006年以来农民负担一直保持在较低水平,2011年农民人均负担为44.2元,比2002年下降62%。2005年以来,全国既没有发生因农民负担引发死人伤人的恶性案件,也没有发生严重群体性事件和造成重大影响的其他案(事)件,扭转了过去涉及农民负担恶性案(事)件年年发生的局面。同时,涉及农民负担的信访大幅度减少,农村社会进一步稳定。

3. 农民得实惠增多,干群关系明显改善。随着强农惠农富农政策力度不断加大,农村基础设施建设和公共服务不断加强,各级财政对"三农"投入逐年增加,农民在农业生产及义务教育、医疗卫生、社会保障等方面得到国家补贴补助的项目不断增多、数额不断增加。农民形象地称之为"种田不缴税,上学不交费,看病能报销,生产得补贴,生活有低保,养老也放心"。随着农村改革的逐步深化,减负工作的不断加强,惠农政策力度的不断加大,基层干部作风明显转变,服务意识明显增强。向农民催粮催款的任务少了,为农民提供服务的任务多了,遇事强迫命令的少了,与农民商量的多了,基层民主建设得到加强,干群矛盾得到有效缓解。农民衷心拥护党和政府的农村政策,党在农村的群众基础进一步巩固。

六、农业社会化服务有了新进展

党中央、国务院始终高度重视农业社会化服务体系,通过明确发展方向,推动各类服务组织建设,完善创新服务内容,我国基本形成了农业公共服务机构、合作经济组织、龙头企业及其他社会化服务组织共同参与的多层次、复合型农业社会化服务体系,大大促进了传统农业向现代农业转变。

(一)构建农业社会化服务体系的措施

1. 明确提出农业社会化服务发展方向。中央一直以来都高度重视构建新型农业社会化服务体系,从2004年开始,中央连续9个1号文件都对"健全农业社会化服务体系"提出了明确要求;党的十七届三中全会作出了"构建新型农业社会化服务体系"重大战略部署,为农业社会化服务体系建设指明了方向、明确了任务、确立了重点,是当前及今后一段时期内指导新型农业社会化服务体系建设的纲领;"十二五"规划纲要,将"健全农业社会化服务体系"作为国家"十二五"期间重点工作之一,引导各类市场主体积极参与,描绘了未来五年农业社会化服务发展的蓝图。

2. 切实加强农业公共服务机构建设。党的十七届三中全会决定明确提出,"加强农业公共服务能力建设,创新管理体制,提高人员素质,力争三年内在全国普遍健全乡镇或区域性农业技术推广、动植物疫病防控、农产品质量监管等公共服务机构"。实施基层农技推广体系改革与建设示范项目,加大投入力度,建立专项经费,推进示范县构建,健全基层农技推广体系。组织实施全国动物防疫体系建设规划,将乡镇畜牧兽医站建设作为动物疫病防控主要考核指标,提升乡镇畜牧兽医体系的服务能力。按照"不另起炉灶、不搞一刀切"的原则,主要依托现有的农业技术推广、动植物疫病防控机构,加快推进乡镇农产品质量监管机构建设,通过强化制度建设,明确了乡镇质量监管机构的职能任务,细化建设目标要求。

3. 大力培育多元化社会化服务组织。一是加快发展农民专业合作社。颁布实施《农民专业合作社法》,确立合作社服务成员的宗旨,明确各级财政应当支持合作社开展信息、培训、质量认证、市场营销、技术推广等服务。支持有条件的合作社承担国家有关涉农项目,提高合作社为成员进行服务的能力。二是大力扶持农业产业化龙头企业。支持龙头企业带动的生产基地建设,引导龙头企业大范围带动生产基地农户,为农户提供全程服务,推广"龙头企业+生产基地+农民"的服务模式。鼓励龙头企业进行技术研发和成果推广,技术开发费用在所得税前扣除。三是增强集体经济组织服务功能。加强集体"三资"管理和民主管理、推进产权制度改革,实现集体资产保值增值,着力增强统一服务功能,特别是在水利设施建设、农田灌溉、道路交通等公益事业方面。四是积极支持其他服务组织。组织开展农村经纪人培训试点,对农村经纪人进行职业技能资格认证,支持农村经纪人为农民提供市场信息服务。支持鼓励各类专业性和综合性农业服务公司发展。

4. 积极开拓新兴社会化服务领域。一是探索农村金融保险服务。各地农业部门组织开展农民专业合作社信用合作试点,采取赊销回购补偿,调剂购销账款、信贷担保等方式,在内部成员之间和专业合作社之间开展信用合作。黑龙江省由经管部门、农行、联通公司签订合作协议,以村为单位、村会计为主体、农经系统为监督管理部门,为农民提供实实在在的金融服务;吉林、黑龙江、江苏等地积极开展农业政策性保险试点。二是开展土地流转服务。各地农业部门出台促进规范流转文件、培育流转组织、建立健全流转服务平台,为土地流转提供政策咨询、信息发布、合同签订、价格评估、纠纷调处等服务,促进了土地承包经营权规范有序流转。三是开展统防统治服务。通过行政推动、政策扶持、规范管理和宣传引导,大力推进专业化统防统治,扶持发展专业化统防统治组织,规范专业化统防统治服务行为,鼓励发展全程承包服务。四是开展农机作业服务。在全国开展农机社会化服务示范建设活动,将现有农机化扶持政策和各渠道项目、资金、技术等优先向示范点倾斜,提升服务能力。强化信息引导,组织好农忙时节跨区机耕、机播、机插等作业,进一步拓展服务领域,提高农机具的使用效益。

(二)农业社会化服务体系发展成效

1. 农业公共服务机构普遍健全,保障了大宗农产品有效供给。到目前为止,全国已有 2475 个县(市)初步完成乡镇农技推广机构改革任务,占应改革县(市)总数的 95%;全国按照乡镇或者区域共设置畜牧兽医站 34616 个,乡镇畜牧兽医站共核定编制 15.5 万人;全国已落实乡镇专兼职农产品质量监管人员 2 万多名。乡镇农业公共服务机构是为农民提供公共服务的最基层机构,是实施科教兴农战略、防控动植物疫病、保障农产品质量安全的最前沿阵地,其建设的大力推进,增强了基层农业公共服务能力,提高了为民服务水平,为实现粮食生产"八连增"、农民增收"八连快"提供了有力支撑,为实现重大动物疫情形势总体平稳、农产品质量安全水平稳中有升发挥了重要作用。

2. 各类社会化服务组织蓬勃发展,满足了农业生产者多元需求。10年来,农民专业合作经济组织、各类农业产业化组织等农业社会化服务组织数量迅速增加,服务能力显著增强。农民专业合作社等合作经济组织存在的宗旨就是为农民服务,置身农民之中,直接、高效、便利地为农民提供了各类服务;农业产业化龙头企业具有更强的市场开拓、科技创新和经营管理能力,通过与农民建立利益联结机制,为农民生产经营提供了全程服务;多元化农业社会化服务组织的发展,适应了农业生产中不同行业、不同层次、不同机制下的多元服务需求,是市场机制下充分调动各种社会力量服务现代农业的重大成果体现。

3. 新兴专业性服务不断涌现,顺应了现代农业规模化集约化方向。近年来,随着城乡统筹一体化进程的不断深入、国家发展现代农业的投入大幅增加,农村土地承包经营权流转服务、农作物病虫害专业化统防统治服务、农机作业全程服务等专业性服务涌现,服务区域、规模不断扩大。目前,农村土地流转服务体系基本建立,全国家庭承包耕地流转面积达2.28亿亩,占比达17.8%;全国在工商部门注册的病虫专业化防治组织达1万个以上,拥有大中型植保机械120万台套,从业人员近100万人,日作业能力达到3000万亩以上;全国农机作业服务组织超过17万个,耕种收综合机械化水平达到54.5%,服务经营收入达4400亿元。这些新兴服务的发展,推动了农业的适度规模经营,促进了粮食稳定增产,提高了农业生产效率,大大促进了农业生产向规模化、集约化的方向发展。

4. 社会化服务水平显著提升,应对了农村劳动力的向外转移。近年来,农业公共服务机构、农民专业合作社等社会化服务组织不断增加,土地流转、统防统治、农机作业等社会化服务项目日益丰富,初步应对了"地怎么种、谁来种"的问题。社会化服务水平的提升,促进了农业生产经营活动社会化分工的不断深入,降低了人与土地之间相互依赖的程度,减轻了农业劳动者的劳动强度,为剩余劳动力稳定转移奠定了基础,适应了工业化、城镇化和农业现代化"三化同步"的发展趋势。2002—2007 年,全国外出就业农民数量年均增长 650 万—700 万;2011年,全国农民工总量达到 25278 万人,比上年增加 1055 万人,增速为 4.4%。

当前,我国总体上已经进入了"三化同步"的发展阶段,城镇化、工业化的快速发展和国家经济实力的不断增强,为创新农村经营体制机制奠定了必要的物质基础,统筹城乡发展、深化农村改革、发展现代农业、维护农民权益和加强农村社会管理等历史性任务,又对完善创新农村经营体制机制提出了新要求。

新时期完善创新农村经营体制机制,要深入贯彻落实科学发展观,以在工业化、城镇化深入发展中同步推进农业现代化为目标,以加快农业经营方式转变为主线,以切实维护农民群众根本利益为出发点和落脚点,逐步形成以家庭承包经营为基础,以农民合作组织为依托,以农业产业化龙头企业为骨干,以发达的农业社会化服务为保障,以健全的农村公益事业投入机制为支撑的新型农村经营体制机制。重点是做好四个方面的工作:

一是保持农村土地承包关系稳定并长久不变,夯实家庭承包经营制度基础。要加快修订相关法律法规,依法赋予农民更加充分、更有保障的土地承包经营权。进一步明确"长久不变"的政策内涵,继续稳定和完善农村土地承包关系,巩固家庭承包经营基础地位。制定农村土地承包经营权登记办法,全面开展土地承包经营权登记工作,实现土地承包信息化管理,建立健全土地承包经营权登记制度。规范承包土地经营权流转形式,健全承包土地经营权流转市场,完善流转价格形成机制。全面建立农村土地承包纠纷调解仲裁体系,健全乡村调解组织。以专业大户和家庭农场为重点,大力培育多元化的规模经营主体,着力提高家庭经营集约化水平。

二是大力发展现代农业经营组织,提高统一经营组织化程度。要引导农民开展多种形式的联合与合作,积极推进合作社之间的联合与合作。研究制定国务院扶持农民专业合作社发展的政策性文件,推动出台扶持农民专业合作社发展的财政、税收、金融等优惠政策。研究制定合作社开展内部信用合作的相关管理办法。大力开展合作社规范化建设活动,建立健全合作社辅导员队伍和工作指导体系,支持合作社拓宽产品营销渠道。认真贯彻落实《国务院关于支持农业产业化龙头企业发展的意见》,推动农业产业化跨越发展。支持将一批龙头企业打造成行业领军企业,创建农业产业化示范基地。推进龙头企业与农民专业合作社联合合作,引导农户、合作社与龙头企业以资金、技术、劳动等要素入股形成产权联合关系。支持龙头企业加大科研投入,加快农业产业化人才培养,引导龙头企业树立诚实守信意识,进一步完善各项优惠政策。

三是加快构建新型农业社会化服务体系,提高农业社会化服务水平。要加快构建覆盖全程、综合配套、机制灵活、保障有力、运转高效的新型农业社会化服务体系。健全农业技术推广、动植物疫病防控、农产品质量监管、农村经营管理等乡镇或区域性监管服务机构,全面加强能力建设。创新农村经营管理公共服务,积极拓展农村合作金融、农业信贷担保和政策型农业保险。支持多元化社会化服务组织,开展多样化生产经营服务。鼓励龙头企业为农民提供技术、信息、农资、购销等服务,引导农民专业合作在农资供应、技术推广、标准化生产、产品销售等方面发挥引领农民作用,支持专业服务公司、专业技术协会等其他社会服务组织发展壮大。开展服务体系建设改革试点,破解社会化服务难点问题。

四是加强和创新农村社会管理,完善乡村治理机制。要强化农村集体"三资"管理,创新农村集体经济发展新路子,增强集体经济组织为农户服务的能力。加快农村集体经济组织立法进程,明确法人地位、成员资格认定标准。强化农村集体资金资产资源管理,盘活存量资产,实现农村集体资产保值增值。深入推进农村集体经济组织产权制度改革,探索建立农村集体产权交易平台。建立健全各级财政对农业农村投入增长机制,积极化解村级历史遗留债务,建立健全符合国情、比较完整、覆盖城乡、可持续的基本公共服务体系,实现城乡基本公共服务均等化。制定并实施一事一议筹资筹劳操作规程,加大财政奖补范围和比例,健全公共事业建设投入机制。全面推进一事一议信息化工作,完善农民负担监管控制制度。积极探索农民负担延伸监管的工作机制和措施,研究制定涉及农民利益违规问题处理的指导意见。

种植业实现历史性跨越

党的十六大以来,我国种植业生产取得了突破性发展,实现了历史性跨越。粮棉油糖菜果茶茧等主要农产品大幅度增长,产业结构进一步优化,实现了总量基本平衡、丰年有余,不仅满足了全国十几亿人的吃饭和城乡居民生活改善的需要,而且推动了饮食服务业、纺织服装工业、烟草工业、交通运输业、仓储业等相关产业的发展,为我国经济社会平稳较快发展发挥了重要支撑作用。同时,通过向其他国家提供发展经验、先进实用技术和优良品种,对世界粮食和农业发展作出了重要贡献。

一、种植业产品供给保障能力进一步增强

党的十六大以来,我国种植业生产水平得到显著提升,产品供给能力明显增强。2011 年全国粮食产量 57120 万吨、棉花 658 万吨、油料 3306 万吨、糖料 1.2 亿吨,分别比 2003 年提高 32%、35%、17%、32%,人均占有量由 2003 年的 341 千克、3.9 千克、22.3 千克和 76.5 千克,提高到 2011 年的 416.9 千克、4.8 千克、24.1 千克和 91.4 千克,为人们生活水平提高和经济社会发展奠定了基础。

(一)主要粮食作物生产稳定发展

玉米、小麦、水稻是我国主要粮食作物,其产量占常年粮食总产量

的90%以上。2003年以来,我国粮食生产实现历史罕见的"八连增",共增产14050万吨。2011年,全国小麦总产量达到11740万吨,比2003年增产3091万吨,增长36%,年均增长4.5%,成为仅次于历史最高年纪录(1997年12329万吨)的第二高产年。2011年,我国水稻产量迈上2亿吨新台阶,达到20100万吨,比2003年增产4034万吨,增长25.1%,年均增长3.1%。2011年,我国玉米总产达到19278万吨,创历史新高,比2003年增加7695万吨,增幅高达66.4%,成为三大粮食作物中增产最多、增速最快的品种。主要粮食作物发展的几个特点是:

一是面积恢复扩大。2011年,全国小麦种植面积达到2427.1万公顷,比2003年扩大了227.3万公顷,扩大10.3%,年均扩大达到1.3%。2011年,全国水稻种植面积3005.7万公顷,比2003年扩大了3549.2万公顷,扩大13.4%,年均扩大1.7%。2011年,全国玉米种植面积3354.1万公顷,比2003年扩大947.3万公顷,扩大39.4%,年均扩大4.9%。二是单产提高显著。2011年,全国小麦平均亩产达到322千克,比2003年提高60千克/亩,提高22.9%,年均提高幅度达到2.9%。2011年,我国水稻亩产达到445.8千克,比2003年提高41.8千克,提高10.3%,年均提高1.3%。2011年,我国玉米亩产达到383.2千克,比2003年提高62.4千克,提高19.4%,年均提高2.4%。三是机械化作业水平迅速提升。2011年,全国水稻插秧机拥有量达到42.69万台,稻麦联合收割机拥有量达到94.37万台,分别比2000年增长740.4%和249.5%。全国农作物耕种收综合机械化水平达54.82%,连续六年保持2个百分点以上的增幅。粮食作物生产机械化稳步推进,薄弱环节机械化继续快速提升。小麦耕种收综合机械化水平达92.62%,基本实现了生产全过程机械化。玉米机收从无到有,已经发展到33.59%,进入快速推进阶段。2011年水稻耕种收综合机械化水平已达65%,其中机械化种植水平达到26%。随着农机服务产业化的发展,水稻生产机械化服务大户、专业性服务组织以及农机经纪人队伍快速成长和壮大,服务领域从机收逐步向机耕、机播、育插秧拓展,服务模式从单项服务发展到了全面、全程承包服务等。

（二）豆类生产结构不断调整

豆类是优质农产品,富含蛋白质、脂肪及其他一些特殊营养保健物质,是丰富食物构成、增强人民体质的重要农产品。其中大豆作为重要的油料和蛋白作物,占豆类产量比重的 75.9%,2005 年面积达到 959.1 万公顷,是改革开放以来的最新纪录。2004 年大豆产量达到 1740.4 万吨,创历史新纪录。但受进口的冲击、资源的限制和比较效益低的影响,近两年大豆生产持续滑坡,2011 年全国大豆面积 795.5 万公顷,比 2002 年减少 83.1 万公顷;产量 1448.5 万吨,减少 202.2 万吨。绿豆、蚕豆、豌豆、芸豆等豆类作物受结构调整、退耕还林和市场价格波动的影响,生产也有所下降,出口较多的芸豆等出口量也随之下降。

（三）薯类生产发展势头迅猛

薯类(甘薯、马铃薯等)既是我国主要粮食作物之一,又是重要的饲料和工业原料作物。马铃薯还是我国继小麦、水稻、玉米、大豆的第五大粮食作物。近年来,薯类特别是马铃薯的用途和地位发生了显著变化,薯类生产开始得到各地的高度重视。一是面积、总产呈现恢复性增长,单产稳步提高。2003 年开始,我国薯类作物面积和总产持续下降,2006 年鲜薯面积和总产减少到 11816.1 万亩和 2701.2 亿斤,分别比 2003 年减少了 2736.3 万亩和 811.9 亿斤。2006 年以后,薯类面积和总产开始恢复性发展。2011 年,全国薯类面积和总产分别为 13358.7 万亩和 3273.1 亿斤,分别比 2006 年增加了 1542.6 万亩和 571.9 亿斤。2011 年,鲜薯亩产 1225.1 千克,比 2003 年提高 18.0 千克。二是主产区域进一步集中。东北、西北、西南是我国薯类传统主产区。近年来,薯类生产进一步向优势产区集中,初步形成了相对集中、各具特色的生产大省和重点区域。2011 年,全国薯类面积超过 1000

万亩的有四川、贵州、内蒙古、重庆、甘肃5个省（区、市），比2003年增加2个。2011年5省（区、市）薯类面积6360.2万亩，总产1398.2亿斤，分别占全国的47.6%和42.7%。三是马铃薯发展较快。在行政推动和市场拉动的共同作用下，全国马铃薯面积、总产持续增长。2011年，马铃薯种植面积8136.0万亩，鲜薯总产1765.8亿斤，分别比2003年增加了1352.4万亩和403.8亿斤，增幅分别为19.9%和29.6%。特别是近几年各地大力推广马铃薯脱毒种薯，促进单产较大幅度提升。2011年马铃薯鲜薯亩产1085.2千克，比2003年提高81.3千克，增幅8.1%。

（四）工业原料作物供应稳定增长

在粮食生产迅速发展同时，工业原料作物生产能力保持稳定，有效满足了国内需求。

1. 棉花生产稳定发展。为了满足持续增长的国内纺织消费需求，国内棉花生产在"稳定面积、提高单产"的方针指导下，通过加大科技投入等项目措施，国内生产能力逐步提升。2011年全国棉花种植面积503.7万公顷，总产量659.7万吨，比2002年分别增加85.3万公顷和168.1万吨，增幅达20.4%和34.2%。10年间平均增速分别达2.0%和3.4%，增速较上个十年分别提高5.0和1.6个百分点。2002—2011年全国棉花平均种植面积523.8万公顷，单产1207.3千克/公顷、平均总产633.8万吨。2007年棉花面积592.6万公顷，产量762.4万吨，达到历史最高水平。虽然2008年之后生产滑坡，但全国棉花产量仍处于历史较高水平。目前我国棉花总产稳居世界第一，面积居第二。科技进步为提高棉花产量，改进品质提供重大技术支撑，我国棉花科技贡献率达到60%以上。2011年转基因抗虫棉面积由2002年的200万公顷扩大到326万公顷左右，增幅63.0%。杂交棉面积由2002年的约26.7万公顷增加到2011年的203.8万公顷，增加了6.6倍。多年来，国家不断增加对棉花的科研和生产投入，进行棉区耕作制度和种植方式的改革,推广优良品种和地膜覆盖、育苗移栽、化学调控等重大技术,有效地促进了棉花单产的提高。目前,我国以占世界13.9%的种植面积,生产出占世界24.3%的棉花,单产名列产棉大国前茅。

2. 油料生产自给率稳定。油料是我国重要农产品。近十年来,尽管受到"入世"的强烈冲击,但由于应对有力,油料生产基本实现了稳定发展,特别是2008年以来实现了"四连增",增加了有效供给,使近年食用植物油自给率稳定在40%左右。一是油料单产、总产增加。在面积减少的情况下,2011年全国油料产量达到3306.8万吨,创历史最高纪录,比2002年增产495.8万吨,年均增产55万吨。油料的增产主要靠单产的提高,2011年全国油料亩产达到159.1千克,比2002年提高28.3千克,年均提高3.1千克。二是主产区增产多。2011年产量100万吨以上的省11个(内蒙古、辽宁、河北、江苏、安徽、湖北、湖南、江西、河南、山东、四川),合计产量2538.8万吨,比2002年增产395.6万吨,占增量的80%。其中,河南省油料产量居全国第一,2011年达到532.4万吨,比2002年增产111.7万吨,占增量的22.5%。三是主要油料作物增产多。花生占油料产量的48.5%,在面积减少33.9万公顷的情况下,2011年亩产、总产双创历史新纪录。亩产达到233.5千克,提高32.7千克;产量达到1604.6万吨,增产122.8万吨,占油料增量的24.8%。油菜占油料产量的40.6%,近十年面积稳中有增,单产不断提高,总产增加。2011年油菜面积734.7万公顷,比2002年增加20.4万公顷。亩产121.8千克,增加23.3千克。总产1342.6万吨,增产287.4万吨,占油料增量的58%。

3. 糖料生产快速发展。党的十六大以来,我国糖料生产快速发展,全国糖料面积和产量由2002年的181.8万公顷和10292.7万吨,增加到2011年的195万公顷和12520.0万吨,增幅分别达7.3%和21.6%,年均增速分别为0.7%和2.2%,增速较上个10年提高2个百分点和2.4个百分点。2002—2011年全国糖料年均种植面积179.2万公顷,单产62.5吨/公顷、总产11231.6万吨。糖料生产稳步发展支撑了食糖工业发展,10 年来,我国食糖产量由 1063 万吨增加到 1200 万吨,年均增长 1.3%。目前,我国已成为全球第三大食糖生产国,食糖自给率稳定在 90% 左右。10 年来,国家通过糖料生产基地等项目的实施,改善了糖料产区的生产条件,糖料综合生产能力明显提高。一批优良品种和先进技术得到推广应用,"新台糖"和"桂糖"、"粤糖"、"云蔗"等系列甘蔗品种大面积推广,以及机械化深松耕、种苗脱毒、纸筒育苗、病虫害防控等技术的普及应用,大幅提高了糖料单产。2011 年全国糖料平均单产 64.2 吨/公顷,比 2002 年提高 13.4%,位居世界第三。

(五)园艺作物生产全面发展

1. 生产规模持续扩大。"十五"以来,我国园艺产业快速发展,生产规模持续扩大,整体素质明显提高。2011 年,我国园艺作物(包含水果、蔬菜和茶)播种面积为 3358.2 万公顷,比 2002 年增长了 21.7%;其中果园面积 1183.1 万公顷,总产量达到 14083.3 万吨,比 2002 年分别增长了 30% 和 102.6%;蔬菜播种面积 1963.9 万公顷,总产量 67929.7 万吨,比 2002 年分别增长了 13.2% 和 28.4%;茶园面积为 14.1 万公顷,总产量为 162.3 万吨,比 2002 年分别增长 86.2% 和 117.8%;花卉种植面积为 102.4 万公顷,销售额达 1068.5 亿元,比 2002 年分别增长了 206.2% 和 263.5%。

2. 产品质量显著提高。2003 年以来,随着《无公害食品行动计划》的实施和园艺产品生产标准化的推进,蔬菜、水果、茶叶的农残监测合格率大幅度提高,目前基本稳定在 95% 以上,比"九五"末提高 30 多个百分点。园艺作物标准园产品的农残监测结果显示,水果、茶叶的合格率达到了 100%,蔬菜为 99.8%。苹果、柑橘等主要水果优质水果率达到 55% 以上,名优茶率达到 43%,蔬菜商品化处理率达到 40% 以上。

3. 市场供应明显改善。随着交通运输状况的改善、全国鲜活农产品"绿色通道"的开通和设施园艺生产的迅速发展,我国园艺产品市场供应状况显著改善。2011 年,全国蔬菜的人年均占有量达到 504.2 千克/人,水果的人年均占有量达到 104.5 千克/人,茶叶的人年均占有量达到 1.2 千克/人,分别比 2002 年增加 19.3%、88.3%和 102.4%。其中设施园艺产品生产量剧增,如设施蔬菜的人均占有量达到 158.3 千克,比 2000 年增长 1 倍强;设施水果、花卉产量也都大幅增长,为冬春和夏秋淡季提供了大量超时令、反季节园艺产品,而且花色品种丰富,基本保障了周年有效供给。

4. 布局与结构不断优化。农业部相继出台的《优势农产品区域布局规划(2003—2007 年)》和《优势农产品区域布局规划(2008—2015 年)》,以及《特色农产品区域布局规划(2006—2015 年)》等区域规划,近十年共形成苹果和柑橘 2 个优势区域布局、15 个特色蔬菜、25 个特色果品、4 个茶特色饮料以及 3 个特色花卉的特色农产品区域布局,优化了我国园艺产业的优势区域布局,生产结构不断得到优化。过去的 10 年,我国不断优化了园艺产品品种结构,引进、选育了一大批优质高产高效的园艺新品种,淘汰替换了低产低效以及市场竞争力弱的品种,快速发展了设施果蔬园艺产品;另外相应增加了早熟和晚熟品种,延长了园艺产品的上市期,缩小了园艺产品上市的季节性价差,基本实现了"淡季不淡,旺季不烂"的周年均衡供应。

二、种植业可持续发展水平显著提升

(一)农产品优势区域基本形成

1. 区域化生产格局初步形成

(1)粮食作物生产布局基本形成。2002 年以来,全国小麦、玉米、水稻、豆类和薯类等作物的优势区域格局基本形成,生产集中度进一步提高。

小麦优势区域格局基本稳定,黄淮海、长江中下游、西南、西北冬麦区和北方春麦区进一步优化调整,主产省区种植面积进一步扩大。每年种植小麦面积达到65万公顷以上的河北、山西、江苏、安徽、山东、湖北、四川、陕西、甘肃、新疆等11个省区小麦种植面积达到32186.7万公顷,占到全国小麦总面积的90.1%,比2002年提高了近3个百分点。

东北内蒙古春玉米、黄淮海夏玉米和西南、西北等玉米主产区玉米种植比重进一步提高。到2011年,玉米种植面积达到1000万亩以上的省、区有河北、山西、内蒙古、辽宁、吉林、黑龙江、安徽、山东、河南、四川、贵州、云南、陕西、甘肃和新疆共15个,玉米种植面积达到3035.3万公顷,占到全国玉米总面积的90.5%,比2003年提高了1.8个百分点。2011年,北方春播玉米区的辽宁、吉林、黑龙江、内蒙古四省(区)玉米种植面积达到1252.6万公顷,总产8007万吨,分别比2003年增加7228.1万亩和753.0亿斤,增幅分别为62.5%和88.8%,对全国玉米面积和总产增加的贡献分别达到50.9%和48.9%。其中,黑龙江省玉米面积和总产均居全国第一,2011年达到458.7万公顷和2676万吨,分别占全国的13.7%和13.9%。黄淮海夏播玉米区的山东、河南两省2011年玉米种植面积602.1万公顷,总产3675万吨,分别比2003年增加1842.4万亩和300.0亿斤,增幅分别为25.6%和68.8%,对全国玉米面积和总产增加的贡献分别为13.0%和19.5%。

东北平原、长江流域和东南沿海水稻优势区域继续发展,主产省水稻种植优势继续保持。到2011年,水稻种植面积达到65万公顷以上的省(区、市)有黑龙江、江苏、浙江、安徽、福建、江西、湖北、湖南、广东、广西、重庆、四川、贵州和云南共14个,当年水稻种植面积达到2774.5万公顷,占到全国水稻总面积的92.3%,与2002年相比基本持平。全国早稻、晚稻面积有所恢复。2011年,全国早稻面积达到575万公顷,比2003年恢复增加241万亩,增长2.9%;晚稻面积达到620.7万公顷,比2003年恢复增加256万亩,扩大2.8%。由于粳稻种植面积扩大迅速,全国中稻和一季稻面积增加较多。2011年,全国中稻和一季稻面积达到1810.1万公顷,比2003年扩大4829万亩,增长

21.6%,年均增长2.7%。

薯类主要包括马铃薯、红薯和木薯等,主要种植优势区基本稳定。2011年,全国薯类种植面积达到890.6万公顷,比2003年减少1194万亩。其中,红薯面积下降,马铃薯面积扩大。2011年,全国马铃薯面积达到542.6万公顷,比2003年扩大1352万亩,增长19.9%。

(2)工业原料作物集中度提高。棉花。2003年农业部发布实施《棉花优势区域布局规划》以来,我国棉花生产逐步向生态条件适宜、种植基础好、产量水平高的优势区域集中。目前我国棉花种植已经形成了长江流域、黄河流域和西北内陆三大棉区,优势区域集中度95%以上,265个6.7万公顷以上(新疆兵团3333公顷以上)的产棉大县(团),面积共401.7万公顷,占全国总面积的82.8%。其中,新疆棉区迅速发展成为我国最大的棉花主产省区。2011年全区棉花种植面积163.8万公顷、产量289.8万吨,比2002年分别增长了73.5%和102.3%,单产117.9千克/亩,是全国平均水平的1.35倍。油料。经过多年的调整,目前大多数油料作物分布在肥力较低或光热资源条件较差的地区,与粮食等用地矛盾较小,并基本形成了长江流域双低油菜优势产区,黄淮海及东北农牧交错带花生优势产区和三北特色油料产区。糖料。自2001年实施甘蔗优势区域布局规划以来,我国甘蔗生产加快了布局调整步伐,种植区由过去的16个省区集中到目前的4个省区,优势产业带基本形成。2011年,广西、广东、云南、海南四省区甘蔗面积为161.9万公顷、产量1.1亿吨,分别占全国的94.1%和95.7%。甜菜生产也遵循经济发展规律,逐步淘汰了分散和风险产区,甜菜生产由12个省区集中到3个省区,优势产区集中度达99%。

(3)园艺作物优势区域布局初具规模。园艺作物种类繁多、分布广泛,但生产地域性强,品质差异大。为了充分发挥比较优势,近十年来,各级农业部门坚持不懈地组织编制发布主要园艺产品优势区域规划。农业部陆续发布了全国特色农产品、优势农产品以及苹果、柑橘、梨、蔬菜、茶叶、花卉等园艺产品优势(重点)区域布局(发展)规划,科学确定了这些园艺产业的全国发展重点、时空布局、产品结构。各地也在全国规划架内,依据当地的资源禀赋和区位优势,编制发布了针对性更强更具体的本地发展规划。从而有效引导了园艺产业向优势区域聚集,目前上述园艺产业在优势区域的集中度均已达到70%以上。

2. 种植业发展的协调性不断增强

(1)粮食作物和经济作物协调性增强。粮食作物生产实现了由单纯依靠扩大面积增加总产向稳定面积、依靠科技提高单产的重大转变,为各种经济和园艺作物生产的全面、持续发展提供了空间、创造了条件,使种植业逐步走上全面、协调、可持续发展道路。粮食作物面积占整个农作物种植面积的比重由2003年的72.5%下降到2011年的68.1%,下降了4.4个百分点,经济作物占农作物种植面积比重相对提高,一增一减之间,种植业呈现出良性发展的好势头。

(2)园艺作物产品供应季节协调性增强。品种结构上,围绕目标市场需求,合理配置早、中、晚熟品种,优先发展优质耐贮运品种,促进园艺产品错峰上市,延长产品上市供应期,保障市场供应周年均衡供应。通过实施《全国蔬菜重点区域发展规划(2009—2015年)》,引导资金、技术等要素向优势区域集中,初步形成华南与西南热区冬春蔬菜、长江流域冬春蔬菜、黄土高原夏秋蔬菜、云贵高原夏秋蔬菜、北部高纬度夏秋蔬菜、黄淮海与环渤海设施蔬菜六大优势区域,呈现栽培品种互补、上市档期不同、区域协调发展的格局,有效缓解了淡季蔬菜供求矛盾。常年生产的蔬菜约14大类150多个品种,满足了多样化消费需求;随着南菜北运、西菜东调优势区域及设施蔬菜的发展,缓解了淡季蔬菜供求矛盾,基本实现了周年均衡供应。

(3)品种结构和产品质量进一步优化。2011年,四大粮食作物品种综合优质率达到64.8%,其中水稻优质率达到74.2%、小麦优质率达到67.9%、玉米优质率达到50.9%、大豆优质率达到71.7%。全国优质稻面积从2003年的21700万亩扩大到2011年的2434.6万公顷,增加了14819万亩,优质率从2003年的54.6%提高到2011年的

81%,提高了17.7个百分点。"双高"甘蔗、"双低"油菜比重分别达到90%和82.1%。随着长江上中游冬春蔬菜基地、黄土高原和云贵高原夏秋蔬菜基地、沿海和沿边地区规模化蔬菜生产基地、北方设施蔬菜特别是节能日光温室的迅速发展,交通运输状况的改善和鲜活农产品"绿色通道"的实施,使我国冬春和夏秋淡季蔬菜消费,由过去的"有什么吃什么"变为"吃什么有什么",基本实现了周年均衡供应,满足了人们多样化消费需求。同时,蔬菜、水果、茶叶等食用产品农药残留得到有效控制。

(二)科技支撑能力增强

1. 粮棉油糖高产创建大规模推进。在粮食种植面积不可能大幅增加的情况下,要增加粮食总产,只有通过提高单产来实现。我国人均耕地少,一家一户分散种植,难以提高生产的组织化程度。2008年,农业部安排部门预算资金1800万元,在全国范围内启动实施粮油高产创建活动,共建设602个粮油万亩高产创建示范片,每片资金2万元。2009年正式列为财政转移支付项目,中央财政安排5亿元资金,覆盖作物从粮油扩大到粮棉油,建设2600个粮棉油万亩高产创建示范片,每片资金接近20万元。2010年项目资金增加到10亿元,覆盖作物从粮棉油扩大到粮棉油糖,万亩示范片数增加到5000个,每片资金20万元。2011年在继续安排10亿元资金支持建设5000个万亩示范片的基础上,新增5亿元资金开展整乡整县整建制推进高产创建试点。2012年,高产创建资金增加到20亿元,万亩示范片数增加到12500个,每个示范片资金16万元。除开展整乡整县高产创建外,还选择5个产粮大市,率先开展整市(地)高产创建试点。高产创建实施5年来,集成推广了一批适应不同区域、不同作物、不同品种的高产技术模式,创造了一批高产典型,形成了科技兴粮的合力,有力助推了粮食"八连增"。据统计,示范片平均亩产一般比普通田块高30%以上。

2. 园艺作物标准园创建顺利开展。2009年以来,为提高园艺作物生产的标准化程度,农业部组织开展了园艺作物标准园创建,对蔬菜、水果、茶叶标准园生产予以引导扶持。园艺作物标准园创建的主要内容是规模化种植、标准化生产、商品化处理、品牌化销售、产业化经营,目标任务是实现100%生产资料统购统供、100%种苗统育统供、100%病虫害统防统治、100%产品商品化处理、100%品牌化销售、100%符合食品安全国家标准。2010年资金规模1亿元,2012年达到5亿元。每个标准园安排补助资金50万元,扶持园数由2010年的200个增加到今年的1000个(其中,蔬菜800个)。项目将采取"先建后补"方式,对完成任务、验收合格的给予补助。资金主要用于生态栽培技术推广、标准化生产推进、产品安全质量管理补助。标准园创建大力推进规模化种植、标准化生产、产业化经营,取得了显著成效。一是形成了一批标准化技术模式。各地按照标准园创建规范要求,因地制宜制定适应于不同区域、不同作物的标准化技术模式,发布了技术规程,出台了质量管理制度。二是推进了产业化经营。各地在标准园创建中,积极培育农民专业合作社,引入龙头企业,提升了组织化程度和产业化水平。三是创建了一批品牌。标准园创建注重品牌培育,扩大了产品影响。四是提高了质量安全水平。开展标准园创建,进一步提高了产品质量安全意识,推进了标准化生产,完善了质量管理制度,产品质量安全水平明显提升。2010、2011年两年,农业部对标准园产品农残进行了3次抽检,蔬菜合格率分别达到99.8%、100%、99.9%。

3. 测土配方施肥全面覆盖。针对部分地区过量施肥、盲目施肥、肥料利用率偏低等问题,农业部确定了"增产施肥、经济施肥、环保施肥"的施肥理念,并积极探索增产施肥、环保施肥、经济施肥相协调的途径和方法。各级农业部门通过强化科学施肥指导服务,搞好产需衔接,加强肥料市场监管,合理调控施肥数量,减少不合理投入,努力实现增产增收、节本增效和低碳环保。通过组织开展测土配方施肥工作,大力推进农艺与农机相结合,发展科学施肥机械,改进施肥方法,提高施肥效率。据统计,2005—2011年,中央财政累计投入补贴资金57亿元,推广应用测土配方施肥技术面积达 8000 万公顷,受益农户达 1.7 亿户,为促进粮食连续增产、农民持续增收和节能减排发挥了重要作用。据专家测算分析,测土配方施肥示范区粮、棉、油作物氮、磷、钾肥平均利用率分别为 37%、22%、46%,与农民习惯施肥相比,氮、磷、钾肥平均利用率分别提高 6 个百分点、4 个百分点、1 个百分点;主要粮食作物亩均增产 3% 以上,每千克化肥生产粮食从 2003 年的 19 千克,提高到目前的 23 千克。

4. 节水农业发展规划稳步实施。长期以来,农业部始终把加快节水农业发展作为一项战略性措施来抓。“十一五”以来,组织编制了《全国旱作节水农业示范工程建设规划》,印发了《农业部关于推进节水农业发展的意见》,连续五年召开全国农田节水会议,连续多年安排节水示范项目,推动旱作农业发展。各级农业部门积极探索,增加投入,加大示范力度,推广集成了全膜覆盖、坐水种、膜下滴灌、机械深松等节水农业技术,初步形成了分区域、分作物的节水农业技术体系。据不完全统计,全国已建设旱作农业示范区 500 多个,核心示范区面积达到 66.7 万公顷。目前,推广应用地膜覆盖、膜下滴灌、“小白龙”灌溉、大型喷灌、抗旱坐水种、深松深耕、测墒灌溉、集雨补灌、秸秆覆盖保墒等节水农业技术面积达到 2666.7 万公顷。据试验监测,应用膜下滴灌技术每公顷节水 2250 方,节肥 20%—30%,棉花公顷节本增效 3000 元以上,瓜菜在 7500 元以上,大田粮食作物在 1500 元以上。

5. 耕地地力提升成效显著。农业部在深入推进测土配方施肥的同时,明确提出统筹利用好化肥和有机肥两种资源,实现有机无机相结合,促进农业可持续发展。2006—2011 年,中央累计投入资金 16 亿元,组织实施土壤有机质提升补贴项目,采取技术补贴方式,鼓励和引导农民实施农作物秸秆还田,恢复种植绿肥和增施商品有机肥,改良土壤、培肥地力,减少污染,改善农业生态环境,提升耕地质量。截至 2011 年年底,项目已覆盖全国 545 个县(农场),实施面积 200 万公顷。监测结果表明,秸秆还田项目区基本杜绝了焚烧秸秆的现象,还田率达到95%以上,土壤有机质含量增加4%,亩均减少钾肥用量1.5千克。通过增施有机肥和绿肥种植,累计消纳有机资源232万吨,减少二氧化碳排放200万吨;实现生物固氮2万吨,相当于12万吨尿素,节约标准煤12万吨,减少二氧化碳排放52万吨。

6. 专业化统防统治蓬勃发展。农作物病虫害专业化统防统治是农业、农村社会化服务体系重要组成部分,是有效解决农民一家一户防病治虫难题、提高病虫防控效果、保障农业生产安全和农产品质量安全的有效途径,也是提升粮食综合生产能力的重要措施。实践表明,推行专业化统防统治,防控作业效率可提高5倍以上,减少农药使用量20%左右,每亩水稻和小麦可分别减少损失50千克和30千克以上。近年来,农业部多措并举,大力推进专业化统防统治工作,先后印发了《关于推进农作物病虫害专业化防治的意见》,制定了《农作物病虫害专业化统防统治管理办法》,开展了专业化统防统治"百千万行动",认定了500个规范化防治服务组织,并挂牌和授权使用全国统一服务标识。2011年6月15日,在湖南省长沙市召开全国农作物病虫专业化统防统治工作会议,进一步明确了发展专业化统防统治始终坚持"政府支持、市场运作、农民自愿、因地制宜"的原则;支持环节上,要突出发展专业化防治组织;防治模式上,突出发展全程承包服务;区域布局上,突出重点作物、关键区域和重大病虫,推进方式上,突出整建制示范带动;工作措施上,把专业化统防统治作为转变农业发展方式、推进现代农业发展的重要措施,作为植保工作的重中之重,真正抓出声势、抓出经验、抓出成效。据统计,截至2011年年底,全国已经工商注册的专业户统防统治组织达到1.5万个,同比增加3000个,年完成统防统治面积6.5亿亩次,小麦、水稻等主要粮食作物专业化统防统治覆盖率15%以上,同比提高3个百分点。

(三)种业发展成效显著

我国是农业生产用种大国,常年农作物用种量100多亿千克。种业是国家战略性、基础性核心产业,是促进农业长期稳定发展,保障国家粮食安全的根本。新世纪以来,种业市场化、法治化进程逐步加快,实现了由计划体制到市场体制的转变,种业发展水平快速提升,取得了显著成效。

1. 品种选育水平显著提升。我国初步建成了相对完整的农作物种质资源保护体系,现已长期保存种质资源 41 万份,每年分发 1.2 万份以上,为科研育种提供了丰富的基础材料。通过种子工程建设品种改良(分)中心 122 个,支持了 28 种重点作物品种选育。启动了转基因生物新品种培育重大专项、农业行业科研专项和 36 种作物现代产业技术体系,农作物育种理论、方法和技术研究取得较大进展,超级稻、抗虫棉、矮败小麦和杂交油菜等品种选育达到国际领先或先进水平。2002 年以来国家和省级审定主要农作物品种 1.4 万个,生产上主推品种更新换代 2—3 次,郑单 958、郑麦 9023、中黄 13 等一批高产优质、多抗广适的优良品种得到大面积推广,良种在农业科技贡献率中的比重由 10 年前的 36% 提高到 43%,良种覆盖率达 96% 以上。植物新品种保护事业从无到有,取得长足发展。截至 2011 年累计受理新品种保护申请 9016 件、授权 3713 件,其中 2011 年度受理申请量位居世界第二。

2. 良种供应能力明显提高。"十五"以来,国家逐步加大农作物良种繁育基地建设力度。通过种子工程、农业综合开发等项目,在粮食主产区和西北、西南等制种优势区建设良种繁育基地 708 个,商品种子生产能力由"十五"初的 50 亿千克提高到目前的 80 亿千克,商品种子供应率由 40% 提高到 65% 以上,并全部经过精选加工、标牌销售。2012年杂交玉米、杂交水稻、冬小麦、棉花、大豆、冬油菜等作物供种量分别为 17.6 亿千克、3.4 亿千克、40 亿千克、2.16 亿千克、4.3 亿千克、0.18亿千克,种子供需平衡有余。种子储备制度不断完善,国家救灾备荒种子储备每年 5000 万千克,中央财政给予适当补助,湖南、广东、浙江、福建、湖北、河北等省份建立了省级种子储备制度,在抗灾减灾和品种调剂中发挥了重要作用,保障了供种安全。

3. 种子企业实力不断增强。随着《种子法》颁布实施,市场主体呈现多元化,一批民营、股份制企业迅速发展。截至 2011 年年底,全国持有种子经营许可证的企业 7144 家,其中育繁推一体化企业由 2001 年的 10 多家发展到 2012 年的 91 家,销售额累计 150 多亿元,有 9 家企业成功上市。种子市场集中度逐步提高,前 10 家企业销售额累计 89 亿元,前 50 家企业市场占有率由 10 年前的 10% 提高到 30% 以上。企业育种投入明显增加,育繁推一体化企业 2011 年研发投入占销售收入比重达 5% 以上,企业育种创新能力逐步增强。2011 年企业选育的国家级审定品种 48 个,占国家级审定品种的 34%,其中玉米和水稻品种的比重分别为 60% 和 38%,比 2002 年提高了 37 个百分点和 27 个百分点。在申请新品种保护方面,企业及个人申请量首次超过科研教学单位。目前我国种子市场价值 650 多亿元,成为世界第二大种子市场。

4. 种子市场监管能力不断提高。通过种子工程项目,分别建设了农作物品种试验站 338 个、种子质量检测(分)中心 180 个,初步健全了国家级品种试验网络,改善了试验条件;种子质量检测能力由 10 年前的 38 万份增加到目前的 60 万份,承检作物由“两杂”扩展到主要农作物及部分非主要农作物。农业部从 2010 年开始,连续三年开展种子执法年活动,组织春季市场检查和冬季企业督查,范围扩大到 24 个省、30 多种作物,建立了玉米品种 DNA 指纹图谱库,开展玉米和水稻品种真实性检测。2011 年杂交水稻和玉米种子质量合格率分别为 95% 以上和 96% 以上,均比 10 年前提高 5—6 个百分点。建立了部省联合督办机制,市场监管力度不断加大,严厉打击制售假劣、套牌侵权等违法行为。近两年来,共查处种子案件 6800 多件,依法吊销、注销或撤销许可证 500 多个,责成 700 多家问题企业限期整改,清理不合格企业 1200 多家。各地在市场监管上不断创新,形成了种子质量追溯、入户倒查、建立诚信档案和经营户备案等多种模式。

10 年来,我国种业取得快速发展,主要得益于党中央、国务院高度重视,从国家战略层面对种业发展作出的一系列重大部署;得益于各级农业部门认真贯彻落实中央决策部署,采取有力措施加快推进现代种业发展;得益于种业各界创新发展、共同努力,担负起振兴民族种业的历史重任。

第一,全面推进实施《种子法》。《种子法》自2000年12月施行,标志着我国种业进入法治化、规范化发展新阶段。2001年以来,农业部依据《种子法》制定颁布了配套规章20多个,涵盖种质资源、品种选育与审定、新品种保护和种子生产经营、使用、管理等各个领域,25个省(区、市)先后发布了地方性法规,初步构建了以《种子法》为核心的法律法规体系,推动了全国统一开放、竞争有序种子市场的形成。10多年来,通过实施《主要农作物品种审定管理办法》,国家和省级先后依法审定了优良品种1.4万个,依法退出不适宜品种7200多个,推出了一大批优良品种,保障了农业生产的品种需求和安全;实施《农作物种子生产经营许可证管理办法》,打破了种子市场条块分割、区域封锁、地方保护的局面,促进了种子生产经营主体的多元化,一批民营、股份制种子企业逐步发展成为种子市场的主导力量;实施《农作物种子标签管理办法》和《农作物种子质量监督管理办法》,加强了种子质量控制和监督管理,提升了生产用种质量水平。同时,种业界法治意识不断增强,依法治种理念深入人心,科研育种人员积极性显著提升,企业依法生产经营权益得到保障,管理部门依法行政能力不断提高,农民自主选用品种权利和利益受到法律保护,与社会主义市场经济相适应的种子产业体系逐步建立并呈快速发展的态势。

第二,深入推进种子管理体制改革。在我国种业由计划体制向市场体制转型的过程中,种子生产经营与管理政企不分、事企不分的状况较为普遍,一些种子企业制假售假、违法生产经营等坑农害农事件频繁发生,有关农业和种子管理部门监管执法乏力,甚至地方保护倾向明显,导致局部地区市场秩序混乱,不利于形成全国统一开放、竞争有序的种子市场环境,阻碍了种业健康发展。对此,国务院领导极为重视,明确提出要深化改革、理顺体制、明确职能、强化监管。2006年国务院办公厅印发了《关于推进种子管理体制改革强化市场监管的意见》，就深化种子管理体制改革，推进种子生产经营与管理政企分开进行了专门部署。各级农业行政主管部门认真贯彻落实国务院要求，坚持政府主导推动、制定实施方案、加强督导落实、严格标准验收，加快推进所属国有种子企业脱钩，着力强化种子市场监管。截至 2007 年，采取关闭注销、改制重组、剥离经营职能、移交国资部门等方式，全国 2300 多家国有种子企业全部实现政企脱钩，至此，除少数几家种子企业为国有外，其余全部为股份制民营企业，种业市场化进程进一步加快。同时，种子管理体系得到加强，所有省级、96% 以上涉农地市、90% 以上涉农县区建立了种子管理机构，依法履行种子行政许可、行政管理和行政处罚等各项管理职责，种子管理队伍和技术支撑体系进一步健全，市场监管能力显著提升，净化了市场主体和环境，市场秩序明显好转，促进了种业持续健康发展。

第三，加快推进现代种业发展。我国种业的快速发展，为促进农业稳定发展，保障粮食等主要农产品有效供给和农民持续增收提供了有力支撑，但总体上仍处于起步阶段。特别是种业科技创新能力不强、企业竞争能力不强、良种供应保障能力不强等深层次问题日益突出，难以适应现代农业加快发展的新形势新要求。同时，随着改革开放深入推进、生物科技日新月异和全球化进程加速，种业的国际化日趋明显，国内国际市场相互交织、竞争日益加剧，跨国种业公司及其品种先后进入并呈迅猛发展势头，市场份额快速增长，对民族种业发展构成了巨大压力和潜在威胁。党中央、国务院高度重视，将种业提升到国家战略性、基础性核心产业的高度，明确提出加快推进我国现代种业发展。2011年国务院下发《关于加快推进现代农作物种业发展的意见》，明确了现代种业的发展目标和任务，确立了种子企业的主体地位，在规划指导、机制创新、加大投入、税收减免、信贷支持、强化管理等方面出台了一系列扶持政策措施，加快培育一批具有自主知识产权和重大应用前景的突破性优良，打造一批具有国际竞争力和育繁推一体化的现代种业集团,构建我国现代农作物种业体系。按照中央的决策部署,各有关部门及时出台相关扶持政策,地方党委政府迅速行动,制定落实意见和配套措施,形成了合力推进种业发展的良好局面。种业骨干企业信心显著增强,进一步加大投入力度,加快兼并重组和研发创新,做大规模,做强实力,种子企业数量和结构布局逐步优化,现代种业发展有了良好开端,进入了前所未有的重要机遇期和历史新阶段。

三、努力保持种植业稳定发展好势头

(一)确保粮食基本自给

以保障国家粮食安全为首要目标,以提升粮食综合生产能力为核心,以实施国家粮食安全中长期规划、全国新增千亿斤粮食生产能力规划等重大战略工程为抓手,以严格保护耕地守住18亿亩红线为前提,以加快农业科技进步、提高单产、优化品种结构为主攻方向,不断加大强农惠农政策力度,充分调动地方政府重农抓粮和农民务农种粮的积极性,努力把粮食播种面积稳定在16亿亩以上,努力保持粮食年生产量在1万亿斤以上并逐步增加,确保粮食总体自给率在95%以上,力争三大粮食品种自给率达到100%。围绕这一目标,在坚持完善最低收购价政策、"四补贴"政策、重大技术推广补助、粮食主产区利益补偿等政策的基础上,大规模建设旱涝保收高标准农田,做大做强现代种业,大规模开展粮食高产创建,大规模开展病虫害专业化统防统治,大力开展农民职业培训和新型生产经营主体培育,大力提升农机装备水平,全面提高粮食综合生产能力、抗风险能力和市场竞争能力。

(二)力争食用植物油自给率稳定在40%

按照突出重点,多油并举的原则,大力发展油菜、花生,稳定发展特色油料(芝麻、胡麻、向日葵等),恢复发展大豆,积极发展油茶等木本油料,科学开发玉米油、米糠油等农副产品油源。挖掘资源潜力、优化区域布局、适当扩大面积,依靠科技、着力提高单产和品质。加大政策支持力度,加强基础设施建设,着力提高科技水平,科学引导消费等措施,力争到2015年油料产量达到3500万吨以上,扣除直接食用的折油产量830万吨。加上油茶、大豆、棉籽、玉米等油源,总油源可达到1200万吨,食用植物油自给率稳定在40%以上。

(三)力争棉糖基本满足国内消费需求

促进棉花和糖料生产稳定发展,满足国内需求,核心是提高效益,关键在降低成本,重点是推进科技进步。一是加快选育突破性品种。通过转基因工程重大专项,加强棉花种质资源创新,加快选育品质优、产量高、抗性强的棉花新品种,力争在抗(耐)黄萎病、品质改良等方面有明显突破。对现有引进最为成功,但出现性状退化的甘蔗品种进行提纯复壮,恢复和保持品种优良种性;对现有种质资源进行挖掘开发,通过现代育种技术,选育"高产高糖高抗"品种。二是加大轻简栽培技术的示范推广。因地制宜地推广一批较成熟的棉花和糖料的轻简栽培技术,如机械耕整、简化整枝、化学调控、膜下滴灌等,提高生产水平。重点加快棉花轻简育苗移栽技术和甘蔗生产全程机械化的示范推广,完善技术体系,创新推广模式,力争经过几年的努力,在轻简栽培技术应用方面取得突破。三是深入开展高产创建活动。以集成推广高产、轻简、高效的棉花、糖料生产技术模式为重点,努力实现"五个100%"的目标任务,切实加强组织领导,强化宣传引导和工作督导,充分发挥示范带动作用,确保创建活动取得显著成效,努力探索棉糖生产优质高产高效的发展之路。四是积极培育专业合作组织。通过合作组织将千家万户分散的棉农、糖农有效组织起来,实现规模经营,走规模增效的路子。积极争取政策,加大对棉、糖专业合作组织的扶持力度。引导懂技术、有能力、会经营的农民成立专业合作组织,树立一批典型,加大宣传,推广经验。

（四）力争园艺产品稳定供应

促进蔬菜生产发展方式由规模扩张向提高单产、提升质量效益转变，促进蔬菜生产稳定发展。稳定提高大中城市郊区"菜园子"供给能力，加快建设华南与长江中上游冬春蔬菜区、黄土高原与云贵高原夏秋蔬菜区、黄淮海与环渤海设施蔬菜区，重点加强海南和广西等南菜北运基地建设，保障蔬菜供需总量平衡和季节、区域、品种供应均衡。强化政策扶持，壮大一批育繁推一体化的蔬菜种子龙头企业和农民专业合作社，加强集约化育苗设施、菜田基础设施、温室大棚设施和冷链设施建设。促进园林水果生产稳定发展，力争面积稳定在1133.3万公顷左右，总产量稳定在1.5亿吨左右。大力推广园艺作物轻简栽培、优质高产高效栽培、采后商品化处理与贮运保鲜等一批关键技术，推进规模化种植、标准化生产、商品化处理、品牌化销售、产业化经营，建立健全标准园质量安全检测及追溯机制，提高农产品质量、生产组织化程度和产业化经营水平。积极推进利用西部、北部非耕地发展设施园艺作物生产。

（五）确保农作物种子有效供给

大力推进全国新增千亿斤粮食生产能力规划、种子工程、农业综合开发等项目实施，加快西北、西南、海南国家级优势制种基地和重点地区种子生产基地建设，改善种子生产加工基础设施条件，强化种子质量控制和管理，提高规模化、标准化、机械化和集约化水平，同时在制种主产区推动实施种子生产保险和制种大县奖励政策，提升良种综合生产能力。加快推动粮棉油糖生产大县品种引进示范场建设，逐步建立覆盖全国的大宗农作物品种试验展示和示范推广体系，加快优良新品种推广普及。加强种子市场供需形势调度，进一步完善国家救灾备荒种子储备制度，建立健全以国家级和省级为重点的种子储备体系，优化储备品种结构和布局，落实储备责任和补贴制度，满足农业救灾用种需求，保障种子市场余缺调剂和平稳运行。加强种子市场监管，加大质量监督抽查力度,持续保持严厉打击制售假劣种子等违法行为的高压态势,实行不适宜品种退出和不合格种子召回制度,确保农业生产用种有效供给和质量安全。

畜牧业和兽医事业蓬勃发展

党的十六大以来的 10 年,是畜牧业克服波动实现综合生产能力持续增强的 10 年,是畜禽养殖方式突破资源环境约束实现加快转型升级的 10 年,是饲料工业和现代奶业实现大发展的 10 年,是兽医工作奋发有为、突飞猛进的 10 年,也是草原牧区生产和生态协调发展机制实现重大突破的 10 年。目前,我国肉类、禽蛋和工业饲料产量位居世界第一,人均畜产品占有量不断提高,在资源有限的条件下做到了主要畜产品基本自给,在疫情复杂多变的情况下有力保障了畜产品质量安全,为满足城乡居民膳食需求和提高城乡居民生活水平作出了重要贡献。

一、畜牧业综合生产能力明显提升

(一)肉蛋奶产量不断增长

1. 主要畜产品产量保持增长。2011 年,全国肉类产量达 7957.8 万吨,禽蛋产量达 2811.4 万吨,奶类产量达 3810.7 万吨,分别比 2002 年增长 27.6%、24.1% 和 172.1%;其中,肉类和禽蛋产量稳居世界第一位,奶类产量居世界第三位。特色畜产品蓬勃发展,2011 年兔肉、羊绒、蜂蜜分别比 2002 年增长 72.6%、52.9% 和 62.7%。畜产品产量稳定增长,有效保障了市场的供给。

2. 畜产品人均占有量迅速增加。2011 年,全国人均肉、蛋、奶占有量分别为 59.1 公斤、20.9 公斤和 28.3 公斤,比 2002 年分别增加了

10.5公斤、3.2公斤和17.4公斤。目前,我国人均禽蛋消费已达到发达国家水平,肉类消费达到中等发达国家的水平。2011年,全国人均口粮消费124.6公斤,比2002年下降46.5公斤,而同期人均畜产品消费上升7.3公斤,对于改善国民营养水平和促进身体素质的提升起到了重要作用。

3. 畜产品结构不断优化。肉蛋奶产品产量结构中,肉类和禽蛋比重分别从2002年的63.0%和22.9%下降到2011年的54.6%和19.3%,奶类比重不断提高,由2002年的14.1%提高到2011年的26.1%。在肉类结构中,牛羊肉和禽肉的比重分别由2002年的12.9%和18.9%上升到2011年的13.1%和21.5%,猪肉比重则由66.1%下降到63.5%。畜产品结构的优化,种类不断丰富,满足了城乡居民膳食结构的多样化需求。

4. 畜牧业产值不断提高。2011年,全国畜牧业产值达到25770.7亿元;占农业总产值的比重由2002年的30.9%上升到2011年的31.7%。部分畜牧业发达省份畜牧业产值占据农业总产值的半壁江山,成为农民增收的重要来源,一些牧区省份牧民人均纯收入75%以上来自于畜牧业。畜牧业已成为我国农业和农村经济的支柱产业,成为现代农业建设的排头兵。

5. 畜产品进出口贸易量显著增加。2011年,我国畜产品贸易总额达到193.9亿美元,比2002年增长255.8%。出口产品包括生猪、家禽、牛产品、动物毛、羽绒和蜂产品等多门类产品;进口畜产品也由最初的种用畜禽和绵羊毛等发展到目前几乎包括所有产品,其中肉类和乳品进口额约占50%左右。进出口贸易增长,对优化畜牧业资源配置、提升畜牧业生产水平,起到了积极的促进作用。

(二)规模化、标准化、产业化和区域化进程加快

1. 畜禽标准化规模养殖稳步推进。农业部坚持把发展畜禽标准化规模养殖,作为现代畜牧业建设的重要抓手大力推进。一是通过现场会、出台文件和媒体宣传推动规模养殖发展。2009 年以来连续三年召开现场会,精心选择典型,广泛开展交流,指导各地加快推进标准化规模养殖。印发《农业部关于加快推进畜禽标准化规模养殖的意见》,确立了"畜禽良种化、养殖设施化、生产规范化、防疫制度化、粪污处理无害化和监管常态化"的工作目标。在中央电视台、《人民日报》等主流媒体上开展舆论宣传,引导地方发展标准化规模养殖。二是加大项目资金支持力度。2007 年以来,中央计划内投资分别安排 125 亿和 17 亿元扶持生猪和奶牛规模养殖场(小区)基础设施建设,累计支持 5 万多个养殖场户。中央财政资金共安排 16 亿元采取"以奖代补"形式扶持生猪、肉牛、肉羊、蛋鸡和肉鸡标准化规模养殖场建设。三是组织开展示范创建活动。2010 年起,农业部启动实施畜禽养殖标准化示范创建活动,制定了生猪、奶牛、肉牛、肉羊、蛋鸡和肉鸡一整套示范创建评分验收标准,截至 2011 年共创建了 2109 个国家级标准化示范场,在此基础上遴选 149 家示范场,编辑出版《百例畜禽养殖标准化示范场》,指导各地发展标准化生产。四是推进解决发展难题。针对标准化规模养殖"用地难、贷款难"等突出问题,联合国土部门印发《关于促进规模化畜禽养殖有关用地政策的通知》和《关于完善设施农用地管理有关问题的通知》,明确畜禽规模养殖用地政策。2012 年,与中国农业银行签署《支持畜牧业发展战略合作框架协议》,"十二五"期间,将为畜牧业提供 500 亿元意向性授信额度。

2011 年,全国年出栏 500 头以上生猪、存栏 500 只以上蛋鸡和存栏 100 头以上奶牛规模化养殖比重分别达到 37%、80% 和 33%,比 2002 年分别提高 27、27 和 21 个百分点。

2. 大力推进标准体系建设。现行有效的畜牧业标准达 719 项,其中国家标准 346 项,行业标准 373 项,基本覆盖了品种资源、营养需要、饲养管理、畜产品质量与安全、畜产品加工等畜牧业各环节;饲料工业标准达 520 项,其中国家标准 264 项,行业标准 256 项,涉及饲料产品安全卫生、质量安全检验检测方法等内容。在建立健全标准体系的同时,农业部加快推进标准化养殖示范推广,深入开展畜产品生产认证。

截至 2011 年年底,全国通过无公害认证的畜牧企业(个人、协会) 9474 个,无公害畜产品产地 11370 个,养殖规模达 42.7 亿头(只、羽、箱),认证的畜产品品种 55 种,产量达 2216 万吨,畜产品优质化率进一步提高。

3. 畜牧业生产区域化进程加快。农业部陆续制定发布了生猪、肉牛、肉羊、奶牛优势区域发展规划,逐步形成了以长江流域、中原和东北为中心的生猪产业带,以中原和东北为主的肉牛产业带,以中原、西北牧区、西南地区以及内蒙古中东部及河北北部为主的肉羊产业带,以东部省份为主的禽肉产业带和以山东、河北、河南等中原省份为主的禽蛋产业带,以东北、华北及京津沪等城市郊区为主的奶业产业带。2011 年生猪、肉羊、奶牛优势区域省份出栏量(产量)分别占全国的 92.1%、92.6% 和 87.4%,分别比 2002 年提高 0.7、1.7 和 7.9 个百分点。

4. 畜牧业产业化蓬勃发展。畜牧业已成为农业各产业中产业化程度最高的产业。2011 年,畜牧业产业化组织已达 12 万多个,约占全国农业产业化组织的 50% 以上,带动畜禽饲养量超过 150 亿头(只、羽);其中国家级畜牧业龙头企业达 355 个,占 1253 个农业产业化龙头企业的 28.3%。专业合作社及协会不断涌现,进一步提高了农民的组织化程度。目前,与畜牧业相关的合作社和协会占到全国总数的 1/3 以上。各地通过发展各类"生产基地"、"合作养殖"和"订单农业"等方式,使龙头企业与农民利益联结机制逐步从松散型向紧密型转变,初步形成了利益均沾、风险共担的利益共同体形式,涌现出了"温氏模式"等一批深受养殖户欢迎、产业化链条紧密、发展前景广阔的组织经营模式。

(三)畜禽良种繁育体系逐步健全

1. 良种繁育体系逐步完善。各级畜牧兽医部门积极贯彻"保种打基础、育种上水平、供种提质量、引种强监管"的方针,通过实施畜牧良种工程建设项目、农业综合开发地方优质畜禽品种开发专项,落实畜牧良种补贴政策,开展畜禽品种质量检验监测,初步建成了以原种场和资源场为核心,扩繁场和改良站为主体,种畜禽质量检测中心为保障的畜禽良种繁育体系。畜禽良种工程累计投入23.7亿元,建设良种场超过1400个。2011年,全国种畜禽场1.5万多个,比2002年增长近一倍,种畜禽场良种供应能力成倍增加,质量水平不断提高,畜禽遗传资源保护工作扎实开展,新品种培育能力显著增强,为我国畜牧业持续健康发展提供了种源保障。

2. 畜禽品种改良计划稳步推进。实施畜禽品种改良计划,是推进畜禽种业发展的主要抓手,是我国畜禽品种改良工作的基本路径。2008年开始,农业部相继启动实施了奶牛、生猪、肉牛遗传改良计划,并着手制定肉羊和蛋鸡遗传改良计划,全面推进畜禽品种改良。截至2011年,已形成了以37家核心育种场为主体的国家生猪联合育种机制,核心群基础母猪存栏达到6.4万头;已建成种公牛站37个,奶牛生产性能测定(DHI)中心22个,参加测定的奶牛场1054个,测定荷斯坦牛43.3万头。通过品种改良,主要畜禽品种生产性能逐步提高。据测算,畜产品增产的良种贡献率达到40%。

3. 畜牧良种补贴项目成效显著。2005年国家启动奶牛良种补贴项目以来,补贴畜种从奶牛扩大到生猪、肉牛、牦牛、绵山羊;补贴资金从最初的1500万元增加到2011年的11.9亿元,累计投入资金54亿多元;补贴范围从试点的10多个县扩增到全国600多个县,其中奶牛已实现全覆盖。为强化项目管理,每年召开项目管理工作会议,加强技术与管理培训,规范项目操作程序,严格项目资金管理,注重督导检查,强化项目效果评估,为项目有序开展、确保农户受益奠定了坚实的基础。为配合项目实施,还制定实施了《种公猪站建设技术规范》《生猪良种补贴项目管理工作指南》等操作规程。项目的实施,调动了广大养殖场户参与品种改良的积极性,目前每年项目受益农户超过600万户,累计改良奶牛已达4200多万头(次)、猪1.3亿胎次。项目带动家畜生产水平不断提高,成年母牛平均单产水平提高 10% 以上,生产良种商品猪超过 10 亿头。

4. 畜禽遗传资源得到有效保护与科学利用。为加强畜禽遗传资源保护工作,农业部建立了一整套科学规范的管理制度,实施了畜禽遗传资源保护项目,成立了国家畜禽遗传资源委员会,为全面加强畜禽遗传资源保护工作提供了有力支撑。一是完成了第二次全国性畜禽遗传资源调查。2004 年,我部启动了畜禽资源调查试点工作,2006 年全面展开,历时 5 年完成了全国性畜禽资源调查,摸清了近三十年来畜禽资源状况变化,目前已认定畜禽品种 901 个,其中地方品种 554 个。在资源调查的基础上,编纂出版了《中国畜禽遗传资源志》7 卷志书,其中《蜜蜂志》和《特种畜禽志》为首次出版。志书对产业发展、科学研究、人才培养具有重要指导意义。二是初步建立了畜禽遗传资源保护体系。2008 年以来农业部认定了国家级畜禽保种场 109 个、保护区 22 个和基因库 6 个,初步建立了以保种场保护区为主、基因库为辅的畜禽遗传资源保护体系,抢救了五指山猪、矮脚鸡等一批濒危畜禽品种,保存了大量珍贵育种素材。三是开发利用取得了新进展。以地方品种为基本素材,成功培育了 90 个新品种(配套系),促进了优质畜产品生产,部分畜禽资源实现了产业化开发利用,在一定程度上缓解了对国外引进品种的依赖。其中,在黄羽肉鸡育种中成功利用矮小基因,实现了父母代种鸡节粮 15%—20%。

(四)畜牧生产科技水平显著提升

畜牧业科技进步加快推进,科研与技术推广队伍不断发展,重大科技创新成果相继产生,科研成果和适用技术广泛推广应用,对提升我国畜牧业综合生产能力发挥了至关重要的作用。2011 年畜牧科技贡献率达到 55%,比 2002 年的 48% 提高 7 个百分点。

1. 畜牧业科研与技术推广队伍不断发展壮大。畜牧业发展取得的显著成就,与畜牧业科研和推广队伍密不可分。全国现有地市级以上(含地市级)畜牧业独立科研机构共有112个,占农业研究机构总数的10.1%,从事科技活动的人员为6726人,其中高级职称的科技人员为1711人,中级职称2115人,初级职称1720人,具有高级职称的科技人员比1987年增加了182.3%。各级政府相继成立了涵盖畜牧、兽医、草原三大领域的技术推广部门,逐步形成了一个从中央到地方的比较完整的技术推广体系。截至2011年年底,全国县级以上畜牧技术推广机构共有7161个,在编职工92046人。其中,畜牧推广站3848个,在编职工61536人;家畜繁育改良站1146个,在编职工11224人;饲料监察所901个,在编职工7836人;草原工作站1266个,在编职工11450人。另外,乡镇级畜牧技术推广服务机构也实现了全覆盖,全国乡镇畜牧兽医站33027个,在编职工150487人。

2. 畜牧业重大科技成果不断涌现。国家通过科技支撑计划、863计划、973计划、农业行业科研专项等科技项目,加强生产领域的基础研究和应用技术集成配套,有力地支撑了畜牧业发展。2007年起,国家启动实施了现代农业产业技术体系建设,目前已设立了生猪等11个畜牧产业技术体系,中央财政每年稳定支持3.2亿元研究经费,针对畜牧业发展中的重大关键技术问题,组织全国各级科研教学单位的科研力量,统筹部署,集中攻关,在畜禽和牧草品种选种选育、饲料生产及安全、主要畜禽营养及饲养管理、产品标准和检验方法、草原建设和生态保护等方面,取得了一系列重大创新成果。畜牧业领域共获得省部级以上科技成果奖励852项,其中国家级奖励成果36项,部级奖励成果181项,省级奖励成果635项。先后成功培育了中国西门塔尔牛、新吉细毛羊、"渝荣Ⅰ号"猪配套系、"京红Ⅰ号"和"京粉Ⅰ号"蛋鸡配套系、京星黄鸡100和102配套系等众多畜禽新品种(配套系),中国西门塔尔牛、鲁农Ⅰ号猪配套系和大通牦牛的培育获得了国家科技进步二等奖,夏南牛培育成功填补了我国肉牛专用品种领域的空白,国产蛋鸡品种的供应能力可保障国内种鸡市场需求量的50%以上。实现人工授精、胚胎移植、克隆等多项繁殖技术的突破。成功开发了饲料植酸酶、瘤胃微生物脲酶抑制剂等新型饲料添加剂生产应用技术以及蛋白质饲料资源的利用技术,确定了主要畜禽品种营养参数并开发了畜禽饲料配方新技术,开发了一系列主要畜禽的健康养殖配套技术和标准化养殖技术规程。加强了北方草地草畜平衡动态监测能力,提高了草地病虫害、鼠害综合防治技术水平。

3. 畜牧科技成果的广泛应用显著提升了生产技术水平。通过实施"跨越计划"、"丰收计划"、"科技入户"等推广项目,有力地推动了各项畜牧科技成果的转化和适用技术的推广。畜禽养殖业智能化养殖设施设备普及面和配合饲料推广使用面不断扩大,饲料转化效率加快提高,生产效率明显提升,生长周期进一步缩短,主要畜禽生产能力显著提高。依托相关技术,养殖粪污综合治理和资源化利用加快推进。奶牛平均单产水平由 2002 年的 3151 公斤提高到 2011 年的 5400 公斤;生猪出栏率由 2002 年的 129% 提高到 2011 年的 142.4%,商品猪出栏日龄提前 5—10 天;生猪和家禽畜禽配合饲料使用率达到了 50% 和 60% 以上,转化率提高了 15% —20%;畜禽舍环境智能化控制、自动供水供料系统等现代化设施设备广泛应用,饲养肉羊和肉鸡的劳动生产率均为 2002 年的 1.5 倍以上;大中型沼气工程等养殖粪污处理利用措施加快落实,农牧结合的循环发展理念得到广泛认同。畜牧业科技进步全面推动了畜产品产量和质量、资源利用效率、劳动生产率的提高,大大减少了对生态环境的影响。

二、饲料工业蓬勃发展

(一)产量跃居世界第一

2011 年工业饲料产量达到 18100 万吨,是 2002 年的 2.2 倍,年均增长 9%,占全球商品饲料总产量的 24.6%。饲料工业总产值达 6348 亿元,是 2002 年的 3.3 倍,年均增长 14.3%。2005 年饲料产量首次突破 1 亿吨,之后每年以千万吨级规模递增,到 2010 年饲料产量达到

16200万吨,首次超过美国成为世界第一大饲料生产国。

在产量持续快速增长的同时,饲料产品结构发生积极变化。2002年,工业饲料中配合饲料、浓缩饲料和添加剂预混合饲料的比重分别为75.0%、21.2%和3.8%;随着标准化规模养殖的推进和散养户的退出,配合饲料逐步替代传统农家饲料,2011年配合饲料比重达到82.6%,浓缩饲料的比重下降至14.1%。饲料工业的快速发展和结构调整,为养殖业的持续健康发展创造了必要条件,提供了坚实的物质基础。

(二)产品质量稳步提升

饲料质量安全是养殖产品质量安全和食品安全的基础保障和重要关口。各级畜牧饲料管理部门把保安全作为促发展的重要前提和保障,采取有效措施加大预警、监测、执法工作力度,取得了显著成效。2003年以来,工业饲料产品总体合格率一直稳定保持在90%以上。2011年,饲料产品总体合格率达到95.5%,比2002年提高7.3个百分点。饲料和养殖环节"瘦肉精"等违禁添加物检出率持续下降,从2002年的3.92%下降到2011年的0.08%。安全高品质的饲料产品已经成为市场主流。

针对饲料中违法添加"瘦肉精"造成的危害较大问题,农业部自2002年开始将"瘦肉精"纳入全国饲料质量安全监测计划,并以饲料生产经营企业和养殖场户为重点,连续10年组织开展专项整治行动,严厉打击生产、销售和使用"瘦肉精"的违法行为。通过持续开展风险监测和专项整治,2005年以来,商品饲料"瘦肉精"一直保持零检出。2011年河南"瘦肉精"案件发生后,国务院食品安全委员会办公室组织农业部、公安部、卫生部、商务部等8部委,开展了为期1年的"瘦肉精"专项整治,端掉了一批制售"瘦肉精"窝点,严厉打击非法使用"瘦肉精"行为,保障饲料质量安全的观念成为行业共识。

（三）行业竞争力明显增强

2011 年,年产 10 万吨以上的饲料企业数量达到 360 个,是 2002 年的 6 倍,平均每年增加 33 家企业。其中,年产量超过 50 万吨的大型饲料企业集团发展到 33 个,产量占全国总产量的 43%,新希望六和集团成为国内首个产量突破 1000 万吨的企业集团,集团饲料产量排名世界第 4 位。一大批饲料企业励精图治、勇于开拓,充分利用资金、技术、市场、人才优势,走上了集饲料加工、畜禽养殖、屠宰加工于一体的产业化发展道路,取得了巨大成绩,同时也积累了丰富的管理经验和资本,综合竞争力得到了巩固和提升,为登陆资本市场创造了必要条件。据统计,先后有 10 家饲料企业在上交所、深交所成功上市;一些饲料企业在开拓国内市场的同时,还将目光投向世界新兴市场,纷纷在海外投资建厂,布局国际市场。

（四）饲料添加剂工业取得长足发展

我国饲料添加剂工业发展迅速,品种大幅度增加,产量快速增长,彻底改变了依赖进口的局面,许多产品还进入国际市场。2011 年我国各类饲料添加剂产量达到 629.0 万吨,是 2002 年的 118 倍。我国已经实现了全部氨基酸类、维生素类饲料添加剂的国产化,其中赖氨酸、维生素类饲料添加剂主导国际市场,产量分别达到 71.6 万吨、72.2 万吨,赖氨酸占世界同类产品产量的 43.4%,维生素类(含氯化胆碱)出口量占总产量的 46.4%。

（五）饲料机械工业达到国际先进水平

2011 年,我国饲料机械工业产值达到 49 亿元。涌现出一批技术实力强、竞争优势明显的大型企业集团,独立研制和生产了几十个系列 200 多种饲料机械设备,技术水平跃居国际先进行列,国产成套饲料机械不仅能够满足国内市场,产品还远销新西兰、俄罗斯、东南亚和非洲地区。

（六）饲料资源开发成效显著

饲料资源是饲料工业发展的物质基础。近年来,随着饲料需求的增长,饲料原料供给压力增大。面对严峻的挑战,我国立足自身挖潜,各种饲料原料资源开发利用率不断提高,产量稳定增长。同时,饲料企业通过调整配方技术、开发使用食品加工副产品、增加小麦用量、低蛋白配方等方式不断扩展饲料资源来源。目前,除蛋白原料外,大部分产品基本上可以满足饲料工业的需要。2011 年,全国豆粕、棉粕、鱼粉的产量分别达到4050.1 万吨、550 万吨、59.5 万吨,分别是 2002 年的 2.6倍、1.4 倍、1.2 倍。

我国还不断加大非常规饲料资源开发力度,2002 年以来,中央财政累计投入专项资金6.5 亿元实施秸秆养畜项目,重点加强秸秆青贮、氨化基础设施建设,累计建设青贮氨化池 750 多万立方米。养殖户通过简单切碎压块等处理后直接饲喂的约 1.2 亿吨,每年用于反刍动物养殖的秸秆总量约为 2.33 亿吨。非常规饲料的开发利用,节约了大量粮食,有力地保障了牛羊等反刍动物粗饲料供给,推动了节粮型畜牧业的发展。

三、现代奶业基础格局初步形成

（一）奶业生产规模迅速壮大

1. 奶业是农产品中增长速度最快的产业。经过快速发展,我国从贫奶国一跃成为全球第三大产奶国,奶业正在成为畜牧业发展中最具活力和最有潜力的产业。2011 年,奶牛存栏达 1440.2 万头,比 2002 年增加 1.1 倍;奶类产量 3810.7 万吨,比 2002 年增加 1.7 倍,约占全球产量的 5.4%,比 2002 年提高 3 个百分点。其中,牛奶产量 3656 万吨,比 2002 年增加 1.8 倍。奶山羊、奶水牛等地方特色奶业迅速兴起,2011 年全国奶山羊达 500 多万只,羊奶产量突破 120 万吨;奶水牛存栏 43 万头,水牛奶产量达 10 万吨。

2. 乳制品加工业蓬勃发展。乳品加工业成为食品工业中发展最快的产业,乳制品实现从奢侈品到生活必需品的"华丽转身"。2011年,乳制品产量达2387.5万吨,比2002年增长4.3倍,其中液态奶产量2060.8万吨,比2002年增加4.8倍,干乳制品产量326.7万吨,比2002年增加2.5倍。全国乳品企业销售额达到2315亿元,比2002年增长了5.6倍。

3. 居民膳食营养结构改善。2011年,城乡居民肉蛋奶消费结构为2.1∶0.7∶1,比2002年的4.5∶1.6∶1更趋合理,人均奶类蛋白质每天摄入量2.3克,比2002年增长了1.4克,钙摄入量也明显增加,广大城乡居民,尤其是儿童、孕妇、老年人的膳食营养结构得以明显改善,我国新生人群的平均身高也有较大幅度提升,"一杯牛奶强壮一个民族"的梦想正在逐步实现。

(二)现代奶业产业体系逐步建立

1. 农民的组织化程度不断提高,与企业对接能力显著增强。我国奶业的产业一体化程度大幅提高,奶业合作组织数量稳步增加,目前全国共有8500个奶农专业生产合作社。在一些地区,合作社覆盖面广,专业化程度高,已成为奶业发展的重要推动力量。北京地区奶牛存栏15万头,其中合作社存栏13万头,占存栏总数的86.7%,已成为奶源供给的主体。内蒙古创建了"奶联社"模式,企业提供技术、管理、现代化设施设备和资金,吸纳奶农将现有奶牛入股,开展规模化、集约化和标准化饲养,奶农凭股分红,获取回报。奶农组织化程度的提高增强了与乳品企业对话的能力。

2. 龙头企业带动能力不断增强,利益联结机制日趋完善。乳品企业建设是我国奶业产业化的关键。2011年年底,我国共有716家乳品加工企业,带动奶农230万户,乳品企业与大部分奶农签订了长期稳定的生鲜乳购销合同。同时,企业奶源基地建设步伐加快,2011年全国主要乳品企业有自建牧场300多家,比2008年增加50%以上。各地还积极探索使产业链利益分配更加合理的新机制。黑龙江省建立了生鲜乳收购政府指导价,保证奶价处于合理的利益分配区间。上海市建立了生鲜乳第三方检测体系,为生鲜乳收购计价、质量监管、纠纷仲裁等提供依据,规避双方纠纷,维护双方利益。乳品企业和奶农签订购销合同,自建、收购、参股养殖场,政府推行政府指导价、开展第三方检测,奶业产加销一体化程度明显提高,企业和奶农风险共担、利益共享的机制日益完善。

3. 现代物质装备完善,科学养殖水平大幅提高。我国从 2008 年开始实施奶牛标准化规模养殖项目,中央累计投资 17 亿元,对 2474 个养殖场(小区)进行改扩建,重点补助水电路、粪污处理、防疫、挤奶设施建设,带动全国奶牛养殖物质装备水平大幅提高。特别是各地涌现了一批现代化大型牧场,这些牧场基础设施、防疫条件、挤奶设备和管理系统都达到了世界先进水平。针对奶农养殖水平低的问题,2008 年以来,农业部通过实施奶牛"金钥匙"工程、奶农培训计划、奶牛科技入户工程等项目,在全国举办了上千次培训活动,重点培训奶牛繁育、日粮制备、卫生防疫等养殖技术,发放培训资料 30 多万份,培训 20 多万人次,奶农科学养殖水平和质量安全意识明显增强。

(三)现代奶业监管体系加快完善

在 2008 年婴幼儿奶粉事件之后,国务院发布了《乳品质量安全监督管理条例》,建立了生鲜乳生产、收购、运输、加工和销售等环节的一系列质量安全制度,实现了奶业产业链的全程管理。农业部专门成立奶业管理办公室,加强生鲜乳质量安全监管。现代奶业监管体系加快完善,生鲜乳质量安全水平大幅提升。

农业部全面开展奶站清理整顿和生鲜乳违禁物质专项治理,生鲜乳生产收购运输市场秩序明显规范,奶站标准化管理水平显著提高。2011 年全国有 1.3 万个奶站,比 2008 年减少 6890 个,减幅达 34%,机械化挤奶收购站 11794 个,机械化挤奶率达到 87%,比清理整顿前提高 36 个百分点。奶站全部由乳制品生产企业、奶畜养殖场和奶农合作社三类合法主体开办,全部持证经营,纳入监管。全国近 8000 辆生鲜乳运输车也全部持证运输,规范运营。奶站的设施设备、卫生条件、检测手段等明显改善,经营管理水平大幅提高。

按照国务院要求,农业部从 2008 年开始实施生鲜乳质量安全监测计划,通过专项监测、飞行抽检、异地抽检、隐患排查等手段,以奶站和运输车为重点,逐年扩大抽检范围,提高抽检频次,坚决打击各种违法添加行为。目前已实现奶站监管和生鲜乳监测两个全覆盖,即监测计划覆盖全国所有奶站,覆盖国家公布的所有违禁添加物。截至 2011 年年底,累计抽检生鲜乳样品 5.6 万批次,三聚氰胺检测值全部符合国家管理限量值规定,未检出皮革水解蛋白、碱类物质等违禁添加物,生鲜乳质量安全水平处于历史最好时期。

四、草原保护建设全面推进

我国是世界上第二草原大国,拥有各类草原面积近 60 亿亩,约占国土面积的 41.7%。草原既是我国最大的陆地生态系统,又是牧区牧民群众最基础的生产生活资料。加强草原保护建设,对维护国家生态安全、促进牧区经济社会发展以及保障边疆和谐稳定等都具有重要作用。中央历来十分重视草原工作,出台了一系列扶持政策措施,扎实推进草原承包,深入实施草原保护建设工程项目,修复和保护草原生态环境,促进草原牧区经济社会又好又快发展。纵观新中国成立后草原牧区发展,最近 10 年出台的政策措施最多、力度最大,一些长期积累的矛盾和问题得到解决,生态、生产、生活协调发展的格局开始形成。

(一)草原承包经营扎实推进

草原承包政策是党在牧区各项政策的基石。落实好草原承包制,依法赋予广大牧民群众稳定而持久的承包经营权,是维护牧民基本权益、激发牧区生产活力的必然要求,也是落实和实施好各项草原工程项目、保护好草原生态环境的前提和基础。10 年来,国家修订颁布了《中华人民共和国草原法》,对草原的权属、草原承包的程序以及承包经营者的权利和义务等进行了法律规定;制定出台了关于加快推进草原承包的政策性文件,开展了草原承包规范化试点示范,分片区、分类型对推进草原承包工作进行了具体安排部署。通过制度设计、文件规范、宣传引导、监督检查和工程带动等措施,按照权属明确、管理规范、承包到户的要求和地块、面积、合同、证书"四到户"的原则,不断规范草原承包管理工作,稳步推进草原承包。截至 2011 年年底,全国累计承包草原面积达 36.4 亿亩,占全国可利用草原面积的 73%,牧区草原承包率超过 90%。

(二)草原生态补偿机制全面建立

2009 年,国家在西藏开展了草原生态补偿试点,在保护草原生态环境的同时,逐步转人、减畜,转变草原畜牧业发展方式,保障和促进牧民增收。2010 年 10 月 12 日,国务院第 128 次常务会议决定,建立草原生态保护补助奖励机制,促进牧民增收。2011 年,中央财政安排 136 亿元,正式启动了草原生态保护补助奖励机制政策,政策实施范围为西藏、内蒙古、新疆(含新疆生产建设兵团)、青海、四川、甘肃、宁夏和云南八省区牧区;政策内容包括草原禁牧补助、草畜平衡奖励、牧草良种补贴、畜牧品种改良补贴、牧民生产资料综合补贴等,同时中央财政根据各地绩效考评结果,对落实草原生态补助奖励机制政策较好的地方政府安排资金奖励。2012 年,草原生态保护补助奖励机制政策中央投资增加到 150 亿元,实施范围增加黑龙江、吉林、辽宁、河北和山西 5省,覆盖了全国所有的牧区半牧区县(旗、区、市)。截至 2011 年年底,各省区共实施草原禁牧面积 11.7 亿亩,推行草畜平衡面积 26 亿亩,落实享受牧民生产资料补贴牧户近 200 万户,中央财政补奖资金已全部拨付到省区,入户兑现率达到 90% 以上。草原生态保护补助奖励机制政策,是新中国成立以来我国草原生态保护方面投入资金规模最大、覆盖面最广、补贴内容最多的一项政策,实施以来得到了牧区广大干部群众的衷心拥护和支持,开启了草原牧区生态、生产、生活统筹和谐发展的新纪元。

(三)草原保护建设工程深入实施

20世纪中叶以来,我国90%草原出现不同程度退化,严重影响到国家的生态安全和农牧民群众的生产生活。针对这一情况,国务院印发了《国务院关于加强草原保护与建设的若干意见》,制定了基本草原保护、草原禁牧休牧和草畜平衡等草原管护基本制度,批准了《全国草原保护建设利用总体规划》,陆续启动实施了草原植被恢复与建设、京津风沙源草原治理、退牧还草、游牧民定居等一系列草原保护建设重大工程项目。中央财政累计投入超过600亿元资金,组织开展草原围栏封育和人工种草,实施严重退化草原补播改良,推行禁牧休牧和草畜平衡制度,保护和恢复草原生态环境,取得了显著成效。近10年来,全国累计建设草原围栏11亿亩,累计种草保留面积1.57亿亩,补播改良草原3亿多亩。经过持续治理,全国草原生态恶化的势头得到初步遏制,局部地区草原生态环境明显好转。据监测,2011年全国天然草原鲜草产量突破10亿吨,全国草原综合植被盖度达到51%;草原保护建设工程项目治理区与非工程区相比,植被盖度平均提高10个百分点,高度平均提高42.8%,鲜草产量平均提高49.9%。

(四)草原防灾减灾长效机制逐步形成

我国是世界上草原灾害较严重的国家之一,平均每年发生草原火灾数百起,草原鼠虫危害面积约9亿亩,每年因雪灾、旱灾死亡牲畜造成直接经济损失达数十亿元。此外,外来生物入侵、毒害草问题也日趋突出。针对这些问题,农业部确定了"以防为主,防治结合"的方针,制订完善了各类草原灾害防控预案,不断加大中央财政投入力度,加强草原防减灾基础设施建设,初步建立了较为完善的草原防灾减灾体系。2002年以来,中央财政草原防火补助经费由每年400万元增加到1900万元,草原防火基本建设中央投资由每年500万元增加到5000多万元;累计投入草原鼠害防治资金3亿元,草原虫害防治资金7.85亿元。目前,全国共建设草原防火指挥中心26个,防火物资储备库(站)132个,开设边境草原防火隔离带3亿公里。主要草原省区全部建立了草原鼠虫害预测预报中心(站),全国累计防治草原鼠害9.84亿亩次,草原虫害6.95亿亩次。2011年,全国草原火灾、鼠虫害发生面积和因灾损失均处于历史低位水平。草原外来入侵生物综合防治也取得积极进展,草原雪灾、旱灾应急减灾机制正在形成。草原灾害防控工作的有效开展,巩固了草原生态建设成果,保障了人民群众生命财产安全。

(五)草原执法监督成效显著

新草原法施行后,《草原防火条例》、《草原征占用审核审批管理办法》、《草畜平衡管理办法》、《草种管理办法》以及草原植被恢复费征收制度等规章制度陆续修订和出台,主要草原省区都制定出台了草原法实施条例或实施细则,为依法治草、依法兴草奠定了法制基础。2003年,农业部成立了草原监理中心,我国的草原执法监督机构从无到有、从弱到强不断发展壮大。目前,全国已成立县级以上草原执法监督机构816个,草原执法人员9518人。主要草原省区已初步形成了较为完善的省、市、县三级草原执法监督体系,内蒙古、新疆、青海设立草原监理机构的县(旗)已占全省(区)的90%以上。草原执法监督方式不断创新,积极推行草原执法督察制、大案要案曝光制及信访案件督办制,将草原执法关口前移,变被动执法为主动执法;积极与纪检、监察、公安及国土、林业等有关部门联合开展执法行动,形成草原执法的高压态势。2003—2011年,全国共依法查处开垦草原、非法征占用草原、非法采集草原野生植物等草原违法案件10万余起,案件办结率保持在90%以上,有力打击了各种破坏草原的违法行为,维护了农牧民群众的合法权益。

五、畜牧业发展支撑保障体系加快建立

(一)畜牧业扶持政策体系框架初步形成

党的十六大以来,党中央、国务院高度重视畜牧业持续健康发展,我国畜牧业扶持政策不断完善,政策框架初步形成,投入力度持续加大,政策覆盖面广、针对性强、含金量高,是以往畜牧业扶持政策体系中前所未有的。中央财政投入畜牧业的扶持资金逐年加大,2003—2011年累计投入913亿元用于扶持畜牧业生产发展。其中,2011年投入为311亿元,相当于2002年6.65亿元的近50倍,为我国畜牧业持续健康发展起到了保驾护航的作用。

畜牧生产方面,实施生猪调出大县奖励政策,支持地方发展生猪生产。实施畜牧良种补贴政策,对奶牛、生猪、肉牛、羊和牦牛的良种推广予以补贴。实施祖代蛋种鸡补贴政策,加强对蛋鸡生产能力的保护。开展畜禽良种工程项目建设,不断完善畜禽良种繁育体系,加快推进现代畜禽种业发展,推进畜牧生产的良种化进程,保障良种供种能力。实施菜篮子产品生产扶持项目和生猪奶牛标准化规模养殖场(小区)建设项目,加快提升畜禽养殖生产的标准化水平。实施能繁母猪补贴、生猪和奶牛政策性保险等政策,保障产业健康发展水平。

饲料工业方面,实施系列税收优惠政策,对单一大宗饲料、添加剂预混料、配合饲料、浓缩饲料实行免征增值税政策,对部分饲料产品实行进口环节优惠税收政策。设立专项资金强化饲料和畜产品安全监管,保障畜牧养殖环节和投入品的质量安全。实施秸秆养畜示范项目,开发利用秸秆饲料资源,发展农村循环经济。

草原保护建设方面,出台《国务院关于促进牧区又好又快发展的若干意见》,实现草原牧区发展政策的重大突破,在全国主要牧区全面建立草原生态保护补助奖励机制。实施天然草原退牧还草工程,开展草原围栏封育和补播改良,推行草原禁牧休牧轮牧制度。实施游牧民定居工程、京津风沙源治理工程、岩溶地区石漠化综合治理等重大工程项目,加快草原生态环境治理。

(二)畜产品预案调控机制实现创新突破

生猪价格预案调控机制的建立,是在市场资源配置的基础上政府实施产业宏观调控的创新,开创了农产品预案调控机制的先河。为稳定生猪生产和价格,保障猪肉市场供应,2009 年,国家发展改革委、财政部、农业部、商务部、工商总局、质检总局 6 部门联合发布《防止生猪价格过度下跌调控预案(暂行)》,2012 年修订发布了《缓解生猪市场价格周期性波动调控预案》,逐步建立了国务院统一领导下的各部门联合会商、共同发布信息、按照职责分工协作的联动机制,建立健全分级负责、以属地管理为主的生猪市场调控管理体系。预案实施以来,已3 次启动冻肉收储等三级响应措施,为防止生猪价格过度下跌起到了积极作用,有效地保护了养殖场户的生产积极性。目前,农业部已经建立部、省、市、县四级生猪监测预警网络,密切监测形势变化,开展专项督导,准确把握生产和市场走势,适时引导养殖场户调整生产结构,为宏观调控提供坚实支撑。

(三)全面建立畜牧业法律法规保障体系

畜牧业各领域的法律法规相继制定出台,畜牧业法律体系基本建立。2003 年《中华人民共和国草原法》完成修订并颁布施行,以实现草原保护建设的科学规划、全面保护、重点建设、合理利用和畜牧业的可持续发展为目标,进一步健全和完善了草原相关法律制度。2006 年颁布施行的《中华人民共和国畜牧法》,是我国第一部全面规范畜牧业生产经营行为的法律,明确了畜禽遗传资源保护制度,确立了种畜禽生产经营许可制度,强化了种畜禽质量监督管理,对畜禽养殖、畜禽交易与运输、质量安全保障等进行了规范。此外,畜牧法将蜂蚕纳入畜牧法管理范畴,填补了立法空白。根据《畜牧法》的规定,还配套出台了《中华人民共和国畜禽遗传资源进出境和对外合作研究利用审批办法》、《畜禽遗传资源保种场保护区和基因库管理办法》、《畜禽新品种配套系审定和畜禽遗传资源鉴定办法》、《优良种畜登记规则》、《国家级畜禽遗传资源保护名录》、《畜禽标识和养殖档案管理办法》和《家畜遗传材料生产许可办法》等法规规章,进一步完善了畜牧业法律法规体系。此外,为指导养蜂业发展,还专门制定发布了《养蜂业管理办法》。2008年《乳品质量安全监督管理条例》和《草原防火条例》发布施行。2012年《饲料和饲料添加剂管理条例》修订后发布施行。

为加大对畜牧业发展的扶持力度,党的十六大以来的中央1号文件都对畜牧业发展提出明确要求,国务院先后下发了一系列指导性意见,极大地推动了畜牧业发展。2005年,国务院办公厅下发了《关于扶持家禽业发展的若干意见》;2007年,国务院连续下发了《关于促进畜牧业持续健康发展的意见》、《关于促进生猪生产发展稳定市场供应的意见》和《关于促进奶业持续健康发展的意见》三个具有重要指导意义的文件;2008年,为加快奶业恢复和发展,国务院办公厅下发了《奶业整顿和振兴规划纲要》;2011年,为加快推进草原牧区健康可持续发展,国务院下发了《关于促进牧区又好又快发展的若干意见》。

我国畜牧业法律法规体系的建立健全,有效规范了畜禽养殖业生产经营行为,保障了肉、蛋、奶产品质量安全,保护了草原生态环境,使畜牧行业的管理工作逐步走上有法可依、有章可循的法制化轨道,为促进畜牧业健康持续发展提供了重要保障。

六、动物疫病防控成效斐然

(一)重大动物疫病防控取得明显进展

2004年,全国16个省连续发生50起家禽高致病性禽流感疫情。在党中央、国务院的统一部署下,各地各级农业部门迅速行动,边防控边探索,制定防控措施,建立防控机制,在短短的49天内成功遏制了高致病性禽流感疫情扩散蔓延势头。2006年,我国南方多省突发不明猪高热病并迅速蔓延到21个省、市。针对突发疫情,农业部立即组织有关单位专家分析疫情,联合开展攻关研究,在很短时间内确诊为高致病性猪蓝耳病,快速研制出针对性疫苗,为及时控制疫情赢得了主动,避免了对生猪产业的毁灭性打击。

通过一系列重大动物疫病防控实践,不断积累防控经验,逐渐形成了一套科学有效的防控策略和技术路线。成功消灭了牛瘟、牛肺疫,基本消灭了马鼻疽、马传贫。家畜血吸虫病疫情降至新中国成立以来最低。全国高致病性禽流感、口蹄疫和高致病性猪蓝耳病等重大动物疫病得到有效控制,动物疫病流行强度逐年下降,突发重大动物疫情起数持续降低,发病动物数量明显减少,疫情范围显著缩小。成功将疯牛病、非洲猪瘟等外来动物疫病堵截于国门之外,小反刍兽疫得到有效控制。2011年,我国仅发生1起高致病性禽流感疫情、7起O型口蹄疫疫情、2起高致病性猪蓝耳病疫情,没有发生亚洲I型和A型口蹄疫疫情。重大动物疫病的有效防控保障了我国畜牧业持续稳定增长,有力地促进了农民增收。

(二)动物疫病防控政策和措施不断完善

我国对重大动物疫病实行强制免疫与扑杀相结合的综合性防控措施,对动物疫病实行区域化管理。国家陆续出台动物防疫强制免疫补助、强制扑杀补贴、无害化处理补贴、基层动物防疫工作补助等政策,截至2011年年底,中央财政累计投入经费242.3亿元,动物防疫经费支持力度前所未有。一是中央财政投入强制免疫疫苗经费180多亿元,先后对牲畜口蹄疫、禽流感、高致病性猪蓝耳病、猪瘟和小反刍兽疫进行强制免疫,构筑有效免疫屏障。二是中央财政投入强制扑杀补助经费近13.7亿元,对高致病性禽流感、口蹄疫、高致病性猪蓝耳病、小反刍兽疫发病及同群畜禽和布病、结核病检测阳性奶牛实施强制扑杀,减少养殖户损失,调动防疫积极性。三是中央财政投入基层动物防疫经费补助35.1亿元,保证了畜禽强制免疫、标识佩戴、动物疫病监测等工作的顺利开展。四是加强无规定动物疫病区建设。重点在四川、重庆、吉林、山东、辽宁和海南六省(市)建设四川盆地、松辽平原、胶东半岛、辽东半岛和海南岛5片无规定动物疫病区示范区。先后建成海南岛免疫无口蹄疫区、广州从化无规定马属动物疫病区,并分别通过国家评估和国际认证。

(三)全国疫情监测预警体系基本建立

全国已建立健全了中央、省、地(市)、县、乡五级全国动物疫情监测体系。一方面,建立了从乡镇畜牧兽医站到国家的层级报告网络体系。另一方面,按照科学布局的原则,建立了由304个国家动物疫情测报站和146个边境动物疫情监测站组成的疫情直报体系,初步形成了逐级报告和直报相结合的动物疫情监测预警体系,实现全国2860多个县市动物疫情监测网络全覆盖,确保了信息的准确性、时效性,为及时发现和处置动物疫情提供了保障。

(四)突发疫情应急处置能力不断增强

我国不断总结重大动物疫病防控实践经验,加强应急预案、法制、体制、机制等"一案三制"建设,各级应急管理体系逐步建立健全,突发疫情应急处置工作更加规范有序。一是应急预案逐步完善。国务院先后颁布实施《重大动物疫情应急条例》《国家突发重大动物疫情应急预案》。农业部和各地制定了禽流感、口蹄疫等多个重大动物疫病防控应急预案和防治技术规范,规范了突发疫情应急处置工作。二是应急指挥系统不断健全。国务院办公厅设立了国务院应急管理办公室,农业部成立突发重大动物疫情应急指挥中心,各省也成立相应机构,负责辖区内突发重大动物疫情应急处置工作,进一步建立健全了突发重大动物疫情应急指挥体系。三是应急处置实战能力持续提升。农业部和各地连续举办突发重大动物疫情应急培训和演练,提高疫情处置能力,不断完善应急预案,加强应急物资储备,建立健全应急处置长效机制。10年来,打赢了2004年禽流感防控阻击战,成功扑灭猪链球菌病疫情,有效防控了亚洲I型口蹄疫,成功处置了黑山禽流感等多起突发重大动物疫情,及时彻底地拔除疫点,有效防止了疫情扩散蔓延。

(五)防灾减灾和灾后防疫能力稳步提升

我国自然灾害高发频发,先后经历了南方低温雨雪冰冻灾害、四川汶川特大地震、青海玉树强烈地震、甘肃舟曲特大泥石流等重大自然灾害。每一次灾害发生后,农业部迅速行动,第一时间派出工作组赶赴现场,第一时间调拨防疫物资,第一时间组织开展灾后动物防疫工作,防止灾区重大动物疫病和人畜共患疫病发生流行,确保了"大灾之后无大疫"。

2008年四川汶川地震发生后,农业部立即组成抗震救灾工作组赶赴现场,指导灾区开展灾后动物防疫工作。组织成立防疫小分队和应急预备队,开展消毒和死亡畜禽无害化处理。对人口密集区和灾民安置点附近牲畜进行狂犬病、乙型脑炎、链球菌II型等重要人畜共患病紧急免疫,防止人畜共患病暴发流行。利用互联网、电视、宣传挂图等多种媒体手段,宣传人畜共患病防控知识和地震灾后防疫技术。抗震救灾期间,农业部累计向地震灾区调运消毒剂1204吨,喷雾器、防护服、帐篷等各种防疫物资220多万件,人畜共患病疫苗和重大动物疫病疫苗数千万头份,累计无害化处理死亡动物3327多万头(只、羽);四川省40个重灾县发放紧急免疫狂犬病、猪乙型脑炎、猪II型链球菌病、炭疽疫苗共1256万头份。

(六)动物疫病防治中长期目标任务更加明确

2012年5月2日,国务院第201次常务会议审议通过《国家中长期动物疫病防治规划(2012—2020年)》(以下简称《规划》)。这是新中国成立以来国务院发布的第一个指导全国动物疫病防治工作的综合性规划,明确提出了 2012—2020 年我国动物疫病防治工作的指导思想、发展目标、主要任务和相应对策,是今后一个时期指导动物疫病防治工作的纲领性文件。《规划》与《兽医事业发展十二五规划》、《动物防疫体系建设规划》等密切衔接,突出工作的科学性、全局性、指导性。

《规划》明确提出分病种、分区域、分阶段控制和消灭重点疫病,最终实现免疫无疫和非免疫无疫。《规划》在综合评估经济影响、公共卫生影响、疫病传播能力,以及防疫技术、经济和社会可行性等各方面因素基础上,明确了未来 10 年口蹄疫、高致病性禽流感等 16 种优先防治的国内动物疫病和重点防范的 13 种外来动物疫病。提出了通过实施重大动物疫病和重点人畜共患病计划防治、畜禽健康促进、外来动物疫病风险防范等三大策略,努力实现重点疫病从有效控制到净化消灭。同时,《规划》提出国家对动物疫病实行区域化管理。针对不同区域,提出了"一带三区"的总体布局,对国家优势畜牧业产业带、人畜共患病重点流行区域、外来动物疫病传入高风险区以及动物疫病防治优势区域各有侧重,围绕重大动物疫病、人畜共患病、种畜禽重点疫病净化、外来动物疫病防范和消灭马鼻疽和马传染性贫血等五大任务目标,做好重点动物疫病防控工作。

七、动物产品安全监管水平逐步提高

(一)兽药残留监控工作有序开展

农业部不断强化兽药监管,建立完善兽药残留标准和残留检测方法,加强兽药残留监控,严厉打击制售假劣兽药和使用违禁药物行为。发布动物性食品中兽药最高残留限量标准,涉及 250 余种药物,近 1000 个参数;发布 145 个检测方法标准,可检测药物 150 余种;发布 202 种兽药休药期规定,为开展残留检测提供技术支持。深入实施动物源性产品兽药残留监控计划,逐年扩大检测范围,增加检测数量,实施阳性样品溯源制度,提高兽药残留检测效能。加强兽药使用监管,实施兽用抗菌药专项整治,严厉打击使用禁用药物、不执行休药期、超范围使用药物等违法行为。

(二)屠宰环节"瘦肉精"监管工作稳步开展

农业部切实履行监管职责,定期开展拉网式排查,对发现的违法添加使用"瘦肉精"等行为予以严厉打击,建立起了日常监管和突击排查相结合的监管机制。2011年快速检测"瘦肉精"样品近30万份。

(三)动物及动物产品检疫工作深入开展

动物检疫是防止动物疫病传播,保障动物及动物产品安全的重要措施。各地积极探索动物检疫工作新模式。关口前移,推行畜禽养殖全程监管;区域联动,建立区域间信息沟通机制,实现监管信息共享;官方派驻,对所有屠宰场均派驻官方兽医人员实施检疫;落实责任,完善动物检疫责任制和责任追究制;规范操作,确保产地检疫和屠宰检疫质量。每年产地检疫畜禽约80亿头(只),屠宰检疫畜禽约50亿头(只)。扎实有效地开展动物检疫工作,努力确保出栏动物和上市动物产品卫生安全,有力保障了北京奥运会、上海世博会等重大活动的动物产品安全。

(四)动物卫生监督执法工作扎实开展

监督执法是规范动物检疫秩序,打击违法行为的重要手段。农业部坚持监督执法理念大胆创新,强化日常监管,狠抓经营、运输、仓储、加工等关键环节监督执法;加强违法违纪案件查处,有力打击逃避检疫、非法加工病死动物等违法行为。全国每年在交易市场监督检查畜禽3亿头(只),检查运输车辆约200万辆,在仓储环节检查动物产品约300万吨,在加工环节检查动物产品约360万吨。

（五）动物标识及动物产品追溯体系基本建立

建立动物标识及动物产品追溯体系，是有效防控动物疫病、保障动物源性食品安全的先进技术手段。中央1号文件两次提出要加快动物标识及动物产品追溯体系建设。2005年，北京、上海、重庆、四川率先开展动物标识及动物产品追溯体系建设试点工作，2007年，追溯体系建设工作在全国范围内全面铺开。经过几年的不断探索和建设，基本形成了以国家和省两级数据库为平台，以动物标识申购与发放管理、动物生命周期各环节全程监管、动物产品质量安全追溯三大系统为核心的追溯体系，实现了从耳标生产、配发，到动物饲养、流通，再到动物屠宰、动物产品销售全过程监管。

八、兽药行业健康发展

（一）兽药产业发展进入新阶段

我国兽药生产能力和水平不断提高，产业规模不断扩大，产业效益不断提升。兽药品种和剂型逐步丰富，动物专用药物取得长足发展，兽药产品使用对象也由畜禽扩展到水产、宠物和蜂蚕等其他动物。兽药产业实现了由小到大、从弱到强的转变，已逐步形成门类较为齐全、品种相对多样、技术较为先进、产业链较为完整，并具有一定国际竞争力的产业体系。目前，我国兽药生产企业约1800家，经营企业10万多家，兽药总产值约350亿元，出口额22亿多元。兽药产业已经迈上新台阶，进入新的发展阶段。

（二）兽药行业管理体系基本建立

我国兽药行业管理建立了以《兽药管理条例》为核心的兽药管理法规体系，形成了以《中国兽药典》为核心的兽药技术标准体系。确立了兽药注册评审、监督检验、生产经营许可、监督执法等一系列管理制度，初步建立了行政管理、评审检验和执法监督的管理体制。建立了国家、省级兽药残留检验检测体系和部分地市级兽药检验机构,成立了全国兽药典委员会、兽药评审专家委员会、兽药残留专家委员会和兽药GMP工作委员会等专业工作委员会,为做好兽药监管工作提供了强有力的技术支撑。

(三)兽药行业管理水平不断提高

在审批环节,农业部建立了"地方主管部门初审、农业部综合办公统一受理、实验室技术检验、专家技术评审、行政审批"5个环节各负其责、相互监督的兽药行政审批管理机制,保证兽药行政审批公平、公正、公开。在生产环节,全面实施兽药生产质量管理规范(兽药GMP),兽药生产条件和管理水平大幅提高。经营环节,推进实施兽药经营质量管理规范(兽药GSP),守法、诚信、规范经营的新秩序初步建立。使用环节,全面实施兽药残留监控计划,逐步建立兽药休药期制度、禁用药物制度、养殖用药记录等制度,兽药使用逐步规范,兽药残留危害得到有效控制。在监督环节,实施兽药质量监督检验、批签发、飞行检查、驻厂监督、检打联动及兽药市场专项整治等监管措施,检验检测工作的预警和技术支撑作用进一步增强,连续9年开展专项整治,兽药市场秩序得到有效规范,兽药质量稳步提高,为努力确保不发生重大农产品质量安全事件提供了重要保障。兽药产品质量抽检合格率连续6年提高,畜禽产品兽药残留抽检合格率连续五年保持在99%以上。

(四)兽药管理支撑能力进一步增强

农业部建立健全了兽药注册专家评审及回避制度,制订了相关技术指导原则和技术规范,保证兽药注册评审工作"依法、科学、规范、公正"。建立健全了兽药GMP技术规范、检查验收标准体系和工作程序,严格执行验收标准,保证兽药GMP落到实处。修订完善了兽药质量标准及兽药残留标准。通过10年来的不懈努力,我国兽药技术法规和技术规范得到进一步建立健全,技术支撑能力和水平得到明显提升。

九、兽医科技和国际交流取得新突破

我国兽医科学技术能力和水平迅速提高,高水平的实验室网络体系不断健全,高水平的科研人才队伍不断壮大,高水平的重大科技成果不断涌现,为兽医事业发展提供了坚实有力的技术保障。同时,我国大力加强兽医领域国际合作,深化多边、双边交流,影响力不断增强,国际话语权不断提升,国际地位不断提高。

(一)兽医科技体系进一步完善

我国已形成以3个国家兽医参考实验室、中央级兽医科研机构为核心,以省级农(林、牧)科院兽医研究所、近40所高等农业院校为主体的科技研究体系,以及国家、省、地(市)、县四级动物疫病控制机构为主体的技术支撑体系,全面开展兽医基础研究、兽药和兽用生物制品研制、动物疫病诊断试剂研发、成果推广和动物疫病监测诊断等工作。兽药行业研发体系初步建立,研发投入不断增加,专业研发人员队伍不断壮大,科研成果转化力度不断加大。兽药的科技创新主体已经开始向企业转移,一些兽药生产企业相继成立了不同形式的兽药研发中心,新产品对企业效益的贡献率显著提高。

(二)兽医科技人才作用彰显

国家培养了一批具有强烈创新意识、探索精神和较强协调合作能力的领军人才,带动科研团队,求真务实,潜心钻研,勇于创新,有力推动我国兽医科研水平不断提高。通过全国动物防疫专家委员会、全国动物防疫标准化委员会、全国动物卫生风险评估委员会、兽药典委员会和全国兽药残留专家委员会等,兽医专家积极参与国家兽医事业发展规划和重大动物疫病防控政策制定,对国际畜产品贸易技术壁垒争端建言献策,提供研究评估报告和技术咨询,为兽医工作决策科学化提供了有力技术保障。

（三）兽医科技硕果累累

党的十六大以来，国家累计投入资金近6亿元，在强化兽医应用技术研究、推进成果转化和综合技术示范，以及扶持企业研发等方面取得一系列重大成果和显著成效。全国共取得新兽药证书470个、发明专利154项，研制出兽药标准物质53个，发布动物防疫行业标准84项，获得国家级科技奖励6项。其中，中国农科院哈尔滨兽医研究所等单位承担的H5亚型禽流感灭活疫苗的研制及应用项目获得国家科技进步一等奖。兽医药品、疫苗、诊断试剂新技术、新工艺不断研发成功，为成功实施动物疫病防控策略、有效落实各项防控措施奠定了坚实的技术基础。研制成功的禽流感、口蹄疫、高致病性猪蓝耳病和小反刍兽疫等疫苗，在重大动物疫病防控过程中发挥了极其重要的作用。新型禽流感疫苗等研发技术处于世界先进水平。

（四）与国际组织合作取得丰硕成果

2007年5月，我国成功恢复在世界动物卫生组织（OIE）的合法权利和地位，标志着我国全面融入世界动物卫生体系。2012年在OIE第80届国际大会上，我国驻OIE代表当选OIE亚太区委员会主席，2名专家当选OIE专业委员会副主席。成功承办OIE亚太区委员会第26届会议和OIE东南亚—中国口蹄疫控制行动委员会第18次会议等重要国际会议。国家禽流感参考实验室等9家兽医实验室被指定为OIE参考实验室，中国农科院哈尔滨兽医研究所被指定为OIE亚太区人畜共患病协作中心。加入OIE东南亚—中国口蹄疫控制行动，积极参与亚太经合组织、中亚、大湄公河次区域等防疫合作，实施跨境动物疫病联防联控。与联合国粮农组织（FAO）联合实施高致病性禽流感监测与应对能力项目、中国兽医现场流行病学培训项目等，与世界银行联合实施高致病性禽流感和人流感大流行防控能力建设项目。积极参与世界贸易组织（WTO）、国际食品法典委员会(CAC)等国际组织的重大活动。目前,我国已成为世界尤其是亚太地区参与国际兽医事务的一支重要力量,在国际动物卫生领域的话语权明显增强,有力维护了国家利益。

(五)双边交流合作成效显著

我国已与16个国家签署政府间动物检疫协定,为动物产品国际贸易奠定法律基础。与蒙古、越南、老挝签署兽医合作备忘录,建立完善跨境动物疫病联防联控机制,明确了全面及时通报动物卫生状况,在边境地区联合控制动物疫病,加强兽医科研合作,强化兽药和兽用生物制品研发使用交流等合作事项。与周边国家开展联防联控,加强兽医技术合作,为我国加强边境动物疫病防控,推动兽医相关产业"走出去"创造良好平台。为越南、缅甸、埃及等国家提供物质和技术援助,展现我国负责任的大国形象。

(六)动物卫生状况国际认可取得新成果

我国无牛瘟、无牛肺疫状况得到 OIE 认可。2008 年,成功促使欧盟封关六年后恢复进口我国熟制禽肉。2010 年,WTO 裁定美国国会727 拨款法案违反 WTO 规则,为我方推动美方加快进口我国熟制禽肉的进程赢得了国际支持。2010 年,广州从化无马病区获得国际认可,实现了我国无规定动物疫病区国际认证零的突破,为国外马匹均顺利来华参赛提供了基础条件,为保障广州亚运会马术比赛成功举办做出了重要贡献。

十、兽医事业发展保障条件不断加强

(一)科学发展政策和策略日臻完善

党中央深刻把握动物疫病发生发展的基本规律,深入推进兽医事业理念创新、制度创新和实践创新。明确动物疫病防治工作关系国家食物安全和公共卫生安全,关系社会和谐稳定,是政府社会管理和公共服务的重要职责,是农业农村工作的重要内容。坚持"预防为主"和"加强领导、密切配合,依靠科学、依法防控,群防群控、果断处置"的方针,确立免疫与扑杀相结合的综合防控措施。基本方针的不动摇,是10年来兽医工作取得显著成绩的基石。贯彻落实"动物疫病防治工作政府负总责,政府主要领导是第一责任人"制度,确立"属地管理"和"早、快、严、小"的疫情处置原则,明确"政府主导、社会参与,立足国情、适度超前,因地制宜、分类指导,突出重点、统筹推进"的中长期动物疫病防治工作原则。这些原则是10年来兽医工作的行动指南,必须毫不动摇地长期坚持。统筹动物疫病防治、现代畜牧业和兽医公共卫生事业全面发展,积极探索中国特色的动物疫病防治路径,着力破解制约动物疫病防治的关键性问题,建立健全长效机制,强化条件保障,制定实施计划防治、健康促进和风险防范策略,努力实现重点疫病从有效控制到净化消灭。

兽医工作理念更加注重以人为本,不再局限于动物疫病防控,逐步向提高养殖效益、保障动物产品质量安全、保护生态环境、改善动物福利、维护公共卫生安全等多个领域渗透。"同一世界,同一健康"、"同一世界,同一医学","良好兽医服务"等新理念得到广泛认同,兽医工作范围、任务、内容、中心和定位大大超出传统认知范围。维护养殖业生产安全、动物产品质量安全、公共卫生安全已成为我国兽医工作的根本出发点和落脚点。我国兽医服务体系建设坚持公共服务和社会化服务同步推进,服务机构逐步健全,服务能力明显提升。积极引导、鼓励和支持动物诊疗机构多元化发展,不断完善动物诊疗机构管理模式,开展动物诊疗机构标准化建设。强化兽医队伍培训,成立兽医协会。充分调动社会各方面力量,着力构建具有中国特色的兽医服务体系。

(二)兽医法律法规体系逐步完善

国家先后颁布了《动物防疫法》、《重大动物疫情应急条例》、《病原微生物实验室生物安全管理条例》、《进出境动植物检疫法实施条例》、《兽药管理条例》等9部兽医方面的法律法规。出台了《动物防疫条件审查办法》、《动物检疫管理办法》、《执业兽医管理办法》、《乡村兽医管理办法》等20件配套规章,初步建立起以《动物防疫法》为核心、适应兽医工作发展需要的兽医法律体系框架,兽医工作基本步入法制化、制度化和规范化管理轨道。各地结合实际深入推进兽医立法工作,制定《动物防疫条例》、《养犬管理条例》等地方性法规。全国自上而下基本建立了比较完善的兽医法律法规体系,实现了动物疫病防治向法制化、制度化和规范化转变。

(三)兽医管理体制改革不断深化

2005年5月,国务院印发《关于推进兽医管理体制改革的若干意见》,要求建立健全兽医行政管理、动物卫生监督执法、动物防疫技术支撑三类兽医工作机构,加强基层动物防疫机构和队伍建设,完善动物防疫公共财政保障机制。2008年党的十七届三中全会提出要加强农业公共服务能力建设,力争3年内在全国普遍健全乡镇或区域性动物疫病防控公共服务机构,逐步建立村级服务站点。截至2011年年底,各级兽医管理体制改革工作基本到位,基层动物防疫公共服务机构普遍健全。经过改革,我国兽医管理体制发生了深刻变革,兽医公共财政保障机制基本建立,兽医工作机构间关系逐步理顺,兽医工作能力得到明显提升,兽医事业发展整体迈上一个新台阶。

(四)兽医队伍建设成效显著

近年来,各级畜牧兽医行政管理部门以深化兽医管理体制改革为契机,全面加强官方兽医、执业兽医、乡村兽医和村级动物防疫员队伍建设,为做好动物疫病防控工作提供了坚强的人才保障。目前,全国部、省、地、县四级兽医工作机构在岗人员11万人,乡镇兽医站人员14万人,乡村兽医26.7万人。同时,通过购买劳务的形式,在村一级聘请村级动物防疫员64.5万人。农业部出台执业兽医制度建设意见,开展执业兽医资格考试。目前,全国共有43837人获得执业兽医资格。2009年10月中国兽医协会成立以来,各地兽医协会等行业自律组织发展迅速。

(五)发展投入不断加大

国家不断加大动物防疫基础设施投入力度,特别是2004年阻击高致病性禽流感以来,制定并实施了《全国动物防疫体系建设规划》,累计投资124.32亿元,其中中央投资91.78亿元,地方投资26.27亿元,企业自筹6.27亿元,通过基础设施建设,国家动物疫病预防控制系统、动物卫生监督系统、兽药监察和残留监控系统以及动物防疫技术支撑系统等四个方面的基础保障能力得到进一步提高,极大地改善了全国动物防疫基础设施条件,基本形成了中央、省、县、乡四级动物疫病防控网络,全国动物防疫体系建设取得显著成效。

在动物疫病预防控制系统方面,完成了2个国家级动物疫病防控信息化项目,建设28个省级动物疫病预防控制中心、2685个县级动物防疫站、34172个乡镇兽医站。动物疫病主动监测的频次和数量逐年加大,免疫和监测工作的质量和效率明显改善,各级应急预备队和应急物资储备建设不断加强,动物疫情监测预警、应急反应以及基层动物免疫工作能力不断提高。出台实施强制免疫补贴、扑杀补贴、无害化处理补贴、基层动物防疫工作补助和动物防疫体系建设的"四补一建"政策,动物防疫公共财政保障机制基本建立。

在动物卫生监督系统方面,建设了26个省级动物卫生监督所、8个省际间动物卫生监督检查站、30个地市级动物防疫检疫站、2521个县级动物卫生监督所和1个边境动物隔离设施。动物卫生监督系统检疫检验能力和监督执法办案水平显著增强,动物标识及疫病可追溯体系软硬件装备水平不断提高。

在兽药监察和残留监控系统方面,建设了5个国家级兽药残留基准实验室、8个国家级兽药安全评价实验室和28个省级兽药监察所，扶持了19个重大动物疫病疫苗生产企业。兽药审批管理工作不断规范，质量监管力度逐步加大，残留危害逐步控制。兽药产业持续发展，结构日趋合理，兽药经营秩序明显改善。

在动物防疫技术支撑系统方面，建设了国家动物疫病预防控制中心、国家兽医微生物中心、国家动物疫病防控生物安全四级实验室、国家口蹄疫参考实验室以及8个动物疫病研究实验室、1个禽流感抗原储备库和1个农业部畜禽产品质量安全监督检验中心。我国动物防疫技术支撑体系初步形成，重大动物疫病和人畜共患病诊断及流行病学基础性研究能力得到提高。

十一、进一步推进畜牧业和兽医事业加快发展

未来一个时期是我国畜牧业发展方式转变的关键时期。全面建设小康社会进程加快，对畜牧业和兽医事业发展提出了更高的要求，也提供了更为广阔的空间。畜牧业在农业农村经济中的地位逐步提升，肉蛋奶等菜篮子产品的市场应受到多方面的关注和重视，中央对畜牧业的政策扶持力度不断加大，为现代畜牧业建设注入了新的活力，也为兽医事业发展提供了强大动力，畜牧兽医工作进入了大有作为的战略机遇期。畜牧业是我国农业领域市场化起步较早的产业之一，也是资金投入较为密集、科技贡献水平较高的产业，只要牢牢抓住这个战略机遇，畜牧业有条件也有可能在农业农村经济中率先实现现代化。

但是，也要看到，新时期畜牧业和兽医事业发展的目标要求更高、制约因素更多、外部环境更复杂，一些长期积累的矛盾和问题更加尖锐，一些新的矛盾和问题不断出现。从畜牧业发展看，肉蛋奶生产进入资源和环境约束"双紧"时期，畜禽养殖进入高成本高风险的"双高"时期，畜产品质量安全进入高度敏感时期，"三牧"（牧民、牧区、牧业）工作进入关键转折时期，困难和挑战前所未有，养殖方式总体落后、生产

波动大、技术推广和服务体系建设滞后、环保压力加大、牛羊肉供给出现季节性区域性短缺、畜产品质量安全监管体系薄弱等问题还有待于进一步解决。从兽医工作看，还存在"三个不会根本改变"和"三个不相适应"：活畜禽长途调运的流通方式不会根本改变、动物产品需求刚性增长的趋势不会根本改变、动物和动物产品国际竞争更加激烈的形势不会根本改变；动物卫生监管能力与提升动物产品质量安全水平要求不相适应、动物疫病防控经费投入与防控任务不相适应、科技支撑能力与防控工作需求不相适应。

今后一个时期，畜牧业发展要深入贯彻落实科学发展观，以加快畜牧业科技进步为重点，以加快畜牧业发展方式转变为主线，紧紧围绕保障畜产品有效供给、保障畜产品质量安全、保障草原生态环境改善三项基本任务，全面推进现代畜牧业建设，完善政策，狠抓落实，强化科技，着力推进畜禽标准化规模养殖，着力强化监测预警调控，着力加强饲料和生鲜乳质量安全监管，着力加强草原生态保护建设，促进畜牧业持续健康发展，为农业农村经济发展作出新贡献。在畜牧业发展过程中，要大力推进兽医事业进步，以维护"三个安全"为出发点和落脚点，实施分病种、分区域、分阶段的动物疫病防治策略，强化兽医卫生监督执法，全面提升兽医公共服务和社会化服务水平，有计划地控制、净化和消灭严重危害畜牧业生产和人民群众健康安全的动物疫病，为全面建设小康社会、构建社会主义和谐社会提供有力支持和保障。

渔业发展实现新辉煌

渔业是农业农村经济的重要组成部分,在保障食品安全、保护生态环境、维护国家海洋权益等方面都发挥着重要作用。全国渔业系统以科学发展观为指导,紧紧围绕渔业增效、渔民增收、渔村繁荣和"三渔"可持续发展的战略任务目标,积极推进科技进步,加快产业经济结构调整和优化升级,着力构建现代渔业产业体系和强化现代渔业支撑保障体系,着力提高可持续发展能力,成功应对了国际海洋制度变革和我国加入WTO带来的挑战,有效克服了石油大幅涨价、非典疫情突发、国际金融危机以及自然灾害频发等国内外经济和自然环境的不利影响,巩固了世界渔业大国地位,确保了水产品安全供给和渔(农)民持续增收,促进了渔业可持续发展和农村渔区社会和谐发展,为国民经济发展作出了重大贡献,积累了宝贵的发展经验。

一、科学发展　成就辉煌

经过十六大以来10年的发展,我国渔业在经济产出、产业结构、产业素质、资源养护、国际合作和管理水平等各方面都取得了显著成就。水产品产量稳居世界第一位,水产品出口额连续10年稳居世界第一位。渔业在保障食品安全、增加农民收入、促进生态文明、维护海洋权益、建设社会主义新农村等方面做出了重要贡献,在探索和实践中国特色农业现代化发展道路中发挥了积极作用。

（一）渔业经济较快发展，繁荣了农业农村经济

1. 水产品产量迅速增长。10 年来，我国渔业生产经受住了水产病害、自然灾害等严峻考验，保持了水产品产量稳定较快增长。2011 年全国水产品总产量 5603.21 万吨，比 2002 年增长了 1648.35 万吨，年均增长 4.17%（如图 6-1 所示）。2011 年水产品人均占有 41.59 公斤，比 2002 年提高了 10.36 公斤（如图 6-2 所示）。水产蛋白消费已经占我国动物蛋白消费的 1/3，有效改善了居民的饮食结构和营养结构。水产品市场供给充足，价格基本平稳，为丰富城乡居民"菜篮子"、稳定农产品价格做出了重要贡献。

2. 渔业产值大幅提高。10 年来，我国渔业经济保持了平稳较快发展，成为农业经济的重要增长点。2011 年渔业经济总产值 15005.01 亿元，比 2002 年增长了 3.8 倍，其中渔业产值 7568 亿元，占农林牧渔业总产值的 9.3%。渔业在农业各产业中比较优势明显，比较效益高，优化了农业经济结构，有力地支撑了农村经济发展，是繁荣农村经济的重要力量。

（单位：万吨）

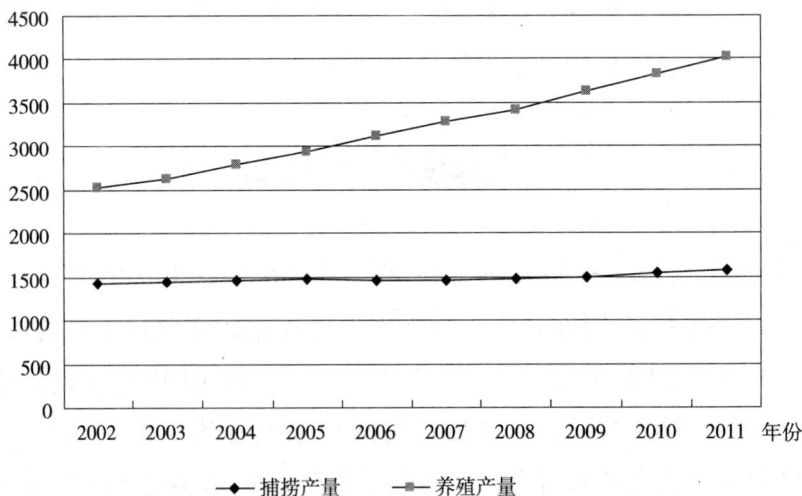

图 6-1　全国水产品总产量、养殖产量、捕捞产量变化

（单位：千克）

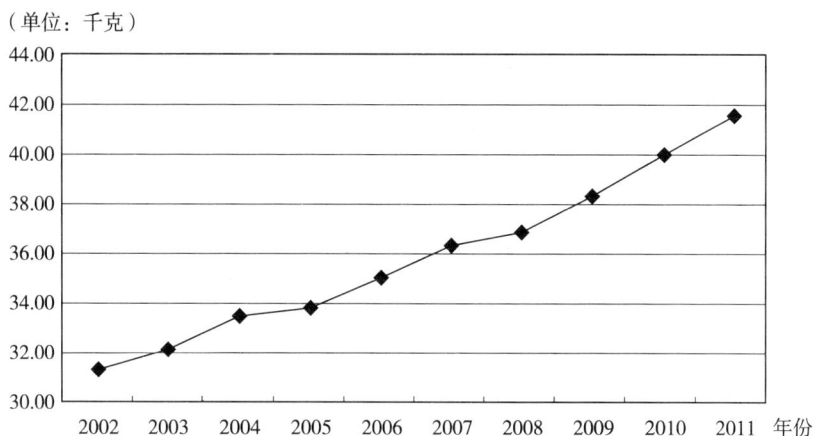

图6-2 全国水产品人均占有量变化

3. 渔民生活水平显著改善。10年间，我国渔业从业人员以年均1.10%的速度持续增长，2011年达到1458.50万人，比2002年增加了145.70万人。现有渔业从业人员中，专业从业人员798.38万人，兼业从业人员510.55万人，临时从业人员149.67万人。全国8617个渔业村中共有渔业人口2060.69万人。渔业从业人员抚养系数逐年减小，负担有所减轻。渔业从业人员人均纯收入显著提高（如图6-3所示），2011年，渔民人均纯收入10011.65元，比2002年增加4960.65元，年均增加496.06元，平均增速9.82%，渔业从业人员生活水平大幅改善。

（单位：元）

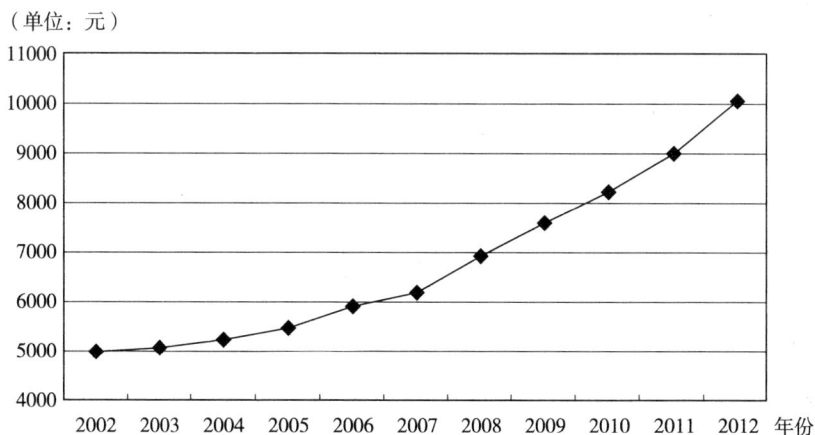

图6-3 我国渔民人均纯收入变化

（二）产业结构调整优化，提高了综合发展水平

10年间，渔业各产业发展势头良好，养殖、捕捞、加工流通、休闲渔业全面发展，产业结构进一步优化。产业结构升级有效推动了渔业经济的快速发展，其中第三产业产值增长快于第二产业，日益成为渔业经济发展最具活力的增长点。（如图6-4所示）

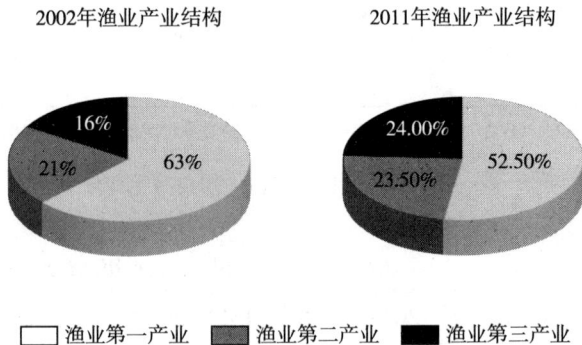

2002年渔业产业结构　　　　　　2011年渔业产业结构

16%　　63%　　21%　　　　　　24.00%　　52.50%　　23.50%

□渔业第一产业　　▨渔业第二产业　　■渔业第三产业

图6-4　2002年和2011年渔业产业结构

1. 传统捕捞业历经调整和改造。从2002年开始，各地稳步推进捕捞渔民转产转业，10年累计淘汰报废老旧渔船近3万艘。船网工具指标管理进一步加强，研发建设了全国海洋渔船动态管理系统，整合了渔政、渔港监督和渔船船检管理数据，初步实现了船网工具指标、渔船检验、渔船登记、捕捞许可证发放等管理环节的相互衔接，为建立全国统一的渔船管理数据库奠定了基础。严格实施海洋捕捞渔船双控制度，有效控制了捕捞渔船盲目增长的势头。渔船装备得到改善，2011年生产机动渔船平均单船功率数为29.50千瓦，是2002年的2.06倍。海洋捕捞生产结构不断调整，拖网、帆张网等对资源影响较大的作业方式不断减少，海洋生物资源开发合理有序进行。捕捞业执法监督力度加大，组织开展打击非法生产、非法造船、清理整顿"三无"船舶和船名船号整治等执法行动，维护了捕捞生产和渔船渔港管理秩序。10年来，我国国内捕捞产量基本稳定在1500万吨左右。

2. 水产健康养殖全面推进。10年来，我国坚持"以养为主"的发

展方针,依靠科技进步,积极调整品种结构和生产方式,大力推进生态健康养殖,促进了水产养殖的标准化、集约化。目前已经形成湖泊水库、稻田河沟、浅海滩涂等多种国土资源开发利用,池塘养殖、稻田养殖、大水面养殖、集约化养殖等多种养殖模式并存的多元化发展态势。截至 2011 年年底,创建了标准化健康养殖示范场(区)1700 多个,工厂化循环水养殖、深水抗风浪网箱养殖等集约化养殖方式迅速发展;以"两带一区"为代表的优势水产品养殖区域布局基本形成。水产养殖面积实现了大幅增加(如表 6-1 所示),养捕比例由 2002 年的 63∶37 提高到 2011 年的 72∶28,我国水产养殖产量占国内水产品总产量和世界水产养殖总产量均达到了 70%。

表 6-1　2002 年与 2011 年我国水产养殖发展情况　(单位:千公顷)

全国水产养殖面积	2002 年	2011 年	2011 年比 2002 年增加
合计	6814.64	7834.95	1020.31
海水养殖面积	1344.75	2106.38	761.63
淡水养殖面积	5469.80	5728.57	258.77

3. 远洋渔业进一步发展壮大。远洋渔业实现了从单一拖网到拖、钓、围等多种形式转变,从小型渔船向大型现代化船队转变;大洋性渔业得到了跨越式的发展,其所占比重增加到 58%。积极引进金枪鱼围网等渔船,大型渔船数量迅速增加,船舶类型更加齐全。公海作业海域进一步拓展,东南太平洋渔场得到了开发,南极磷虾开发取得了实质性进展,捕捞对象从传统底层鱼类资源拓展到鲣鱼、竹荚鱼等三大洋 10 多个重要远洋渔业种类。作业海域分布进一步扩展,分布在 37 个国家的专属经济区和太平洋、大西洋、印度洋公海和南极海域。2011 年,获得远洋渔业资格的企业共 116 家,经批准作业渔船 2227 艘,总产量、总产值分别为 114.80 万吨、125.90 亿元,分别比 2002 年增长 20.86% 和 1 倍,对公海渔业资源的占有份额提高到了 10%。

4. 水产加工业快速发展。在市场需求拉动下,尤其是在出口贸易的带动下,依靠引进生产线和技术,造就了一大批集生产、加工、运销、服务为一体的综合性水产龙头企业,大幅提升了水产加工能力,增强了渔业经济效益和市场竞争力,增加了渔民收入。我国水产品加工呈现出综合性、高值化、多品种的态势,形成了以小包装、便利化、冷冻冷藏为主,调味休闲食品、鱼糜制品、生物材料、功能保健食品、海洋药物和工艺品等十多个门类为辅的水产品加工生产体系。现有各类水产加工企业近9600家,年加工能力达到2400万吨以上,水产品加工率比2002年提高近10个百分点,形成了以山东半岛、辽东半岛、雷州半岛为主的水产品加工基地(如表6-2所示)。

表6-2　2011年我国水产加工业发展情况

水产加工业		2002年	2011年	2011年比2002年增加
水产品加工总量	合计	610.28万吨	1783万吨	1172.72万吨
	淡水产品	—	305万吨	—
	海水产品	—	1478万吨	—
水产冷库		5607座	9173座	3566座
水产品加工企业		8140家	9611家	1471家

5. 新兴产业蓬勃发展。渔业的文化功能得到越来越多的发挥。休闲垂钓、旅游餐饮促进了城乡交融,观赏鱼游进了千家万户,各种形式的以渔会友、以渔招商红红火火。经国务院批准,农业部发起并成立中国休闲垂钓协会,得到了社会广泛的关注和积极参与。近10年来,积极鼓励并逐步发展了休闲垂钓、观光旅游、观赏渔业、渔文化保护与开发等多种形式的休闲渔业。这些休闲渔业日益显示其高效益,为渔业和渔区经济发展带来了新的生机和活力。休闲渔业产值保持了平稳快速增长,年均增幅达30%,休闲渔业在渔业第三产业以及渔业经济总产值中的比重逐年增加(如表6-3所示)。据不完全统计,目前我国建成了40000个左右的休闲渔业基地、企业、网点等。部分地区的休闲渔业收入占渔业总产值的比重达到20%。近年来,增殖渔业已被列

为我国现代渔业五大产业之一,近海及内陆大水面放流型增殖渔业、人
工渔礁型增殖渔业、特色产品原产地保护型增殖渔业、移植驯化型增殖
渔业等如火如荼地在全国各地开展起来。一些地方政府已经把发展增
殖渔业纳入政府生态建设规划和部门的产业规划;随着鼓励增殖渔业
发展的相关政策的宣传深入开展,增殖渔业发展的社会氛围得到很大
改观。

表6-3　2003—2011年我国休闲渔业产值情况

年份	渔业经济总产值A(亿元)	渔业流通和服务业B(亿元)	休闲渔业C(亿元)	C/A*100	C/B*100
2003	5778.83	1193.57	54.11	0.94	4.53
2004	6702.38	1415.58	76.42	1.14	5.40
2005	7619.07	1722.67	81.92	1.08	4.76
2006	8578.29	1969.78	101.64	1.18	5.16
2007	9539.13	2247.85	153.52	1.61	6.83
2008	10397.50	2315.42	174.48	1.68	7.54
2009	11445.13	2828.11	215.78	1.89	7.63
2010	12929.48	3088.88	211.25	1.63	6.84
2011	15005.01	3594.34	256.01	1.71	7.12

资料来源:《中国渔业年鉴》(2006—2010),《中国渔业统计年鉴》(2003—2004,2011—2012)。

(三)产业素质显著提高,增强了支撑保障能力

1. 渔业基础设施和生产条件明显改善。大力推进了鱼池标准化
改造。截至2011年年底,全国共改造养殖池塘1500万亩,池塘改造带
来了先进的发展理念和经营模式,增加了现代渔业示范基地的数量,树
立了发展榜样,对渔民产生巨大的示范效应。渔港等基础设施建设明
显加快(如表6-4所示)。近海安全救助通信网已覆盖全国沿海,全
国渔政指挥系统已经投入使用,渔业信息化程度大大提高。建立起了
完善的水产原种良种体系,提高了渔业养殖品种的良种覆盖率及养殖
产品的质量和数量。目前,全国原良种场达到16000多家,淡水鱼苗产

量11197亿尾,海水鱼苗产量45.4万尾。设施渔业开发迈上了新台阶,养殖现代化水平不断提高,工厂化养殖、抗风浪网箱等装备技术快速发展,有力促进了渔民转产转业,拓展了海水养殖业发展空间。

表6-4　全国渔业基础设施和生产条件发展情况

渔业基础设施和生产条件		数量
沿海渔港	合计	1527个
	一级渔港	90个
	二级渔港	165个
	三级渔港	205个
原良种场		16000多家
工厂化养殖水体		3597.9万 m³
深水网箱养殖水体		723.6万 m³

2. 渔业组织化程度有所提高。以企业为龙头,产加销、贸工农一体化的产业化组织不断壮大,辐射带动能力不断增强;"一条鱼工程"深入发展,如鳗鱼、罗非鱼、对虾、河蟹等品种已经形成"一条鱼一个产业、带动一方发展"的格局。自2006年《农民专业合作社法》颁布以来,我国渔业合作社数量不断增加。目前,全国经工商登记成为专业合作社法人的渔民专业合作社近2万家。渔民专业合作社的建立和规范化建设,实现了千家万户"低、小、散"的渔民与千家万户大市场的有效衔接,大大提高了渔民进入市场的组织化程度。渔业中介组织(社会中介组织和市场中介组织)呈现多层次、宽领域的发展态势,组织渔民进行大规模生产,实现了渔业的规模效益,降低了渔民交易费用。渔业专业合作经济组织发展迅速,规模不断扩大,发展了专业养殖协会、饲料协会、加工协会和运销协会等多种形式协会。通过实现标准化生产,统一生产标准,实施品牌战略,推进了渔业生产新技术、生态养殖新模式的有效实施,促进了渔业产业形成区域化布局、专业化生产、规模化经营,对提升渔业产业发展水平、增加渔业效益、提高渔民收入起到了

积极作用。

3. 渔业科技支撑能力大幅提升。我国渔业已经建立了一支从基础研究、应用开发到技术推广的科技创新推广队伍。全国现有渔业科研机构117个，直接从事科研的人员6800多人；有推广机构1.3万多个，从业人员3.8万人。从水产育种到健康养殖、标准化养殖，技术含量得到显著提升。每年渔业科技成果数百项，大部分都得到了推广应用，取得了较好的效果。培育了"浦江1号团头鲂"、"黄海1号中国对虾"、"大连1号杂色鲍"、"东方2号杂交海带"、"新吉富罗非鱼"、"蓬莱红扇贝"等一批新优良品种；大黄鱼、大菱鲆、南美白对虾、牙鲆、舌鳎、海参、海蜇等一大批名优种类的育苗和养殖技术相继取得成功。2011年我国渔业科技进步贡献率已超过55%，高于农业平均水平。

（四）资源养护扎实推进，维护了水域生态安全

各级渔业部门认真践行科学发展观，对渔业资源的利用坚持保护与开发并举，注重渔业资源的保护和渔业水域生态的修复，对渔业资源养护的支持力度不断加大，增殖放流资金投入持续增多。

1. 增殖放流社会参与度显著提高。农业部先后出台了《水生生物增殖放流管理规定》、《全国水生生物增殖放流总体规划（2011—2015年）》、《全国珍稀濒危水生动物增殖放流规划（2011—2015）》、《水生生物增殖放流操作技术规程》，强化了增殖放流科学化、规范化管理。农业部先后与21个省（区、市）人民政府联合举办了近50次增殖放流活动，各地举办形式多样的增殖放流活动6100多场次，百万人参加，放流水域遍及我国重要江河、湖泊、水库和近海海域。10年来，全国共投入资金30多亿元，累计增殖各类水生生物苗种1900亿尾。增殖放流活动由区域性、小规模发展到全国性、大规模的资源养护行动，形成了政府主导、各界支持、群众参与的良好氛围，促进了渔业种群资源恢复，改善了水域生态环境，促进了濒危物种与生物多样性保护，增加了渔业效益和渔民收入，增强了社会各界资源环境保护意识。

2. 休渔禁渔成效明显。10 年来,在继续严格执行海洋伏季休渔制度的基础上不断进行完善,先后于 2009 年、2011 年和 2012 年对海洋伏季休渔进行了调整,延长休渔时间,扩大休渔范围。2002 年我国在长江中下游试行春季禁渔,2003 年起我国全面实施长江禁渔期制度,涉及长江流域 10 个省(市)、400 个县,涉及捕捞渔船约 3 万艘,渔民近 20 万人。2011 年,又实行珠江禁渔期制度,使休渔禁渔制度得到进一步完善。目前我国每年休渔禁渔渔船达 20 余万艘、渔民上百万人。休渔禁渔制度的广泛实施,给渔业资源提供了休养生息的机会,一定程度上缓解了渔业资源衰退的趋势,渔获物种类数量有所增加,部分种类数量趋于稳定,生物多样性状况保持良好;局部水域重新出现渔汛,中华鲟、江豚以及洄游性鱼类出现增多。休渔禁渔制度有效养护了水生生物资源和生态,取得了良好的经济、社会和生态效益,赢得良好的国际反响。

3. 渔业水域保护能力逐步增强。渔业水域污染事故调查处理能力逐步增强。全国渔业生态环境监测网入网单位已达 47 个,渔业生态环境监测站点分布在全国大部分重要省市,监测水域涉及渤海、黄海、东海、南海、黑龙江流域、黄河流域、长江流域、珠江流域及其他重点区域等 130 片重要渔业水域,监测总面积近 1800 万公顷,初步形成了覆盖我国近海海湾、岛礁、滩涂、自然保护区、种质资源保护区及增养殖水域等重要海洋渔业水域的环境监测网络体系。积极开展专项检测和应急检测,承担水产品养殖污染源普查任务,共获得全国水产养殖产污系数 96 组,排污系数 909 组,以此为基础测算了我国水产养殖业主要污染物排放量,初步掌握我国水产养殖对环境影响的重要基础数据和真实情况(化学需氧量、总磷、总氮等主要指标仅占全国的 1%—3%),为明确水产养殖业的发展方向,促进渔业的可持续发展发挥了重要作用。此外,农业部和各级渔业主管部门积极应对渔业水域污染事故。据不完全统计,"十一五"期间,共组织指导调查处理渔业水域污染事故 6000 余起。在 2011 年蓬莱 19-3 溢油事故调查处理中,渔业获得经济损失赔偿 13.5 亿元,充分维护了渔业和渔民的利益。

4. 涉渔工程生态补偿取得实质性进展。按照"谁开发谁保护、谁受益谁补偿、谁损害谁修复"的原则,积极协调环评主管部门和业主单位,加强涉渔工程环境影响评价审查,取得显著成效。截至 2011 年底,共参与审查 400 多项海上石油、港口航道、道路桥梁、化工电力等涉渔工程的环境影响评价,争取到近 50 亿元渔业资源及生态补偿资金纳入环保投资,有力地维护了渔民利益和渔业权益,促进工程建设与水生生物资源养护相协调。2007 年发布了《建设项目对海洋生物资源影响评价技术规程》(SC/T9110—2007),首次从工作程序、评价范围、现状调查、损害评估、经价值计算和保护措施等方面对涉渔工程海洋生物资源影响评价提出了规范性要求。目前,该《技术规程》已逐渐得到环评主管部门、业主单位和环评单位的认可,为逐步规范工程建设渔业资源损害评价工作创造了有利条件。

5. 水产种质资源保护区数量增长迅速。2007 年起开始划定和公布水产种质资源保护区,对保护水产种质资源、防止重要渔业水域的不合理占用、促进渔业可持续发展以及维护广大渔民权益具有重要现实意义。目前,农业部已划定和公布了五批 282 个国家级水产种质资源保护区(如表 6 - 5 所示),分布于长江、黄河、黑龙江、珠江等水系的163 条(段)江河、75 个湖库,以及渤海、黄海、东海和南海的 40 个海湾、岛礁、滩涂等水域生态系统,初步构建了覆盖各海区和内陆主要江河湖泊的水产种质资源保护区网络。

表 6 - 5　各地国家级水产种质资源保护区

省区	河北	山西	内蒙古	辽宁	吉林	黑龙江
个数	12	2	5	2	13	15
省区	江苏	浙江	安徽	福建	江西	山东
个数	20	4	16	5	12	24
省区	河南	湖北	湖南	广东	广西	海南
个数	12	23	12	13	3	2

省区	重庆	四川	贵州	云南	西藏	陕西
个数	2	24	3	12	1	9
省区	甘肃	青海	宁夏	新疆	部直属	合计
个数	13	7	3	6	7	282

（五）国际合作广泛开展,提升了渔业国际地位

1. 水产品进出口贸易实现新跨越。我国已经成为世界水产品来(进)料加工贸易的主要基地,在国际市场分工中占据重要地位。从2002年开始,我国水产品出口额居世界首位,10年累计实现贸易顺差507.4亿美元。2011年,我国水产品进出口总量816.12万吨,较2002年增长78%,进出口总额258.09亿美元,较2002年增长了2.7倍(如图6-5所示)。其中出口额177.9亿美元,贸易顺差97.8亿美元。

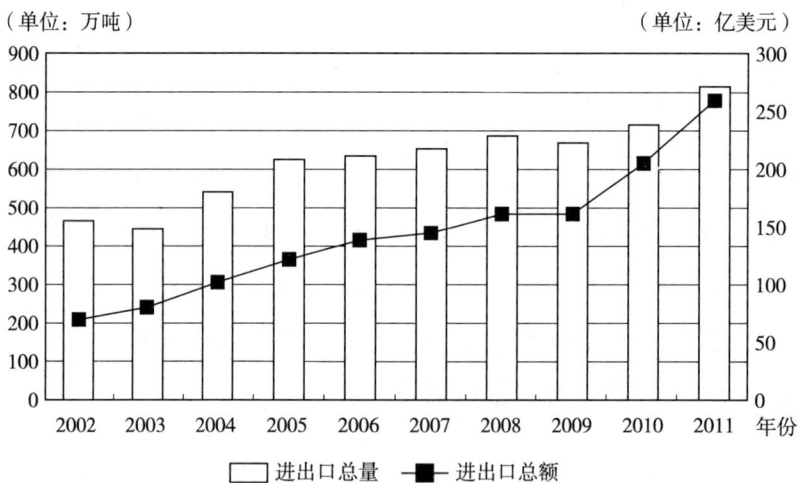

图6-5　水产品进出口贸易变化情况

2. 国际渔业事务影响力显著提升。我国积极参与国际渔业管理规则的制定,争取国际渔业管理话语权,确保我国在公海的渔业利益。10年来,我国参与制定了相关地区性渔业养护公约,参加区域渔业管理组织召开的年会和重要的分委会会议,监督执行国际组织

通过的各项决议,定期提交相应的统计数据和国家报告,履行我国相应国际义务。作为政府履行国际公约的职责之一,我国自2010年开始向欧盟出具合法证明文件,保障了我国远洋捕捞和加工产品的顺利出口。

3. 国际渔业合作取得显著成效。我国政府与有关国家签署了14个双边政府间渔业合作协定、7个部门间渔业合作协议(备忘录)。目前根据相关协定和协议规定成立的渔业双边联合委员会共有18个,加入了8个政府间国际渔业组织,参与的与周边8个国家的会谈机制超过30个,同时还参与了12个多边国际组织有关渔业的活动。自2000年以来,我国与日本、韩国、越南、俄罗斯、蒙古国签署的双边渔业协定相继生效实施。近年来,我国还先后与美国、俄罗斯、韩国、越南在北太平洋公海、黑龙江和乌苏里江边境水域、中韩过渡水域、中越共同渔区开展联合执法,有效维护了区域渔业生产秩序,促进了区域渔业管理,树立了我国负责任渔业大国形象。

(六)管理能力显著加强,营造了安全和谐环境

1. 渔业立法硕果累累。2000年《渔业法》修订实施后,渔业立法着重加强了配套法规规章的制修订(如表6-6所示),在国家层面先后出台了《渔业船舶检验条例》、《渔业捕捞许可管理规定》、《远洋渔业管理规定》、《水产养殖质量安全管理规定》、《水域滩涂养殖发证登记办法》等法规、规章,各地也出台了一系列地方性法规、规章,渔业法律体系和管理制度进一步完善。据统计,目前全国共颁布出台涉及渔业的法律法规、规章和规范性文件600多部,覆盖了渔业领域各个方面,渔业经济活动与管理基本实现了有法可依。尤其是2007年《物权法》在"用益物权篇"规定了"使用水域、滩涂从事养殖和捕捞的权利",这是我国民事基本法律首次明确渔业养殖权和捕捞权为用益物权,对我国渔业的持续、健康发展和渔业生产者权益保护将起到深远的影响。2008年修订的《水污染防治法》进一步强化了渔业

主管部门的职责。

表6-6　十六大以来出台的渔业重要法律规章

时间	法律法规名称	批准印发单位
2003 年 8 月	渔业船舶检验条例	国务院
2002 年 5 月	渔业捕捞许可管理规定	农业部
2003 年 4 月	《远洋渔业管理规定》	农业部
2003 年 7 月	水产养殖质量安全管理规定	农业部
2004 年 2 月	渤海生物资源养护规定	农业部
2006 年 3 月	中华人民共和国海洋渔业船员发证规定	农业部
2008 年 4 月	渔业航标管理办法	农业部
2009 年 3 月	水生生物增殖放流管理规定	农业部
2010 年 5 月	水域滩涂养殖发证登记办法	农业部
2010 年 12 月	水产种质资源保护区管理暂行规定	农业部

2. 渔政队伍发展壮大。全国渔政队伍的综合素质、执法能力和装备水平有了较大改善,渔政管理的信息化、自动化水平得到显著提高,"中国渔政"的国际声望日益提升,成为我国海洋和内陆水域一支重要的行政执法力量(如表6-7所示)。渔政管理指挥系统初步建成并使用,涵盖渔船管理、捕捞许可管理、养殖证管理、柴油补贴管理等各项工作,涉及从中央到地方的各级渔业部门,系统用户已达到2.3万个。海洋渔船动态管理系统自启用以来,推广应用取得了良好效果,为规范渔船管理程序、提高渔政部门服务质量和效率发挥了重要作用。"四网合一"的海洋渔业安全通信网有效整合,为渔船搭建了安全屏障,赢得了渔民群众的广泛赞誉,被称为渔民海上安全的"守护神"。中国渔政常年驻守南沙,锻造了"特别能吃苦、特别能战斗、特别能奉献、特别有作为"的南沙精神,成为全国农业系统三面旗帜之一。

表6-7　渔政队伍建设情况

渔政队伍		数量
执法机构	合计	2593 个
	行政单位	410 个
	事业单位	1551 个
渔政综合执法机构		2836 个
渔政从业人员		35912 人
海洋渔政船		548 艘

3. 维权护渔能力得到强化。专属经济区巡航执法力量以三个海区渔政局的 18 艘渔政船为骨干,沿海地方性能较好的中型渔政船为补充,每年组织 50—60 艘大中型渔政船定期开展专巡执法行动。巡航区域包括我国颁布的拖网禁渔区线外的管辖海域以及北太平洋公海,重点是涉朝韩敏感海域,钓鱼岛和黄岩岛周边海域,南沙、西沙、北部湾我方管辖海域,重点加强南沙伴航护渔、钓鱼岛常态化巡航、北部湾与西沙及黄岩岛管控、涉朝韩敏感水域制止越界捕捞。为执行好三个渔业协定,与日本、韩国、越南三国对应部门建立了执法合作机制;根据联大决议和中美谅解备忘录,每年派遣渔政执法人员参加中美北太公海联合执法,组织黄渤海和东海区渔政船编队赴北太公海巡航,对我国北太鱿鱼钓作业进行管理。海难救助成效显著,2002—2011 年,全国各级渔业主管部门及其渔政渔港监督管理机构共组织救助渔业海难事故 7450 起,调度渔业行政执法船艇 4941 艘次,组织渔船 14836 艘次,成功救起渔民 44197 人、渔船 9054 艘;实际投入救助费用 2.61 亿元,挽回经济损失约 27.9 亿元。

4. 水产品质量安全监管稳步推进。"十一五"时期,全国渔业系统连续三年开展了水产品质量安全专项整治,重点整治水产品中药物及有毒有害物质残留。针对奥运会、世博会、亚运会和建国 60 周年庆典等重大活动,扎实开展水产品质量安全特殊监管,建立完善突发事件应急预案和舆情监测制度。妥善应对多宝鱼、小龙虾等质量安全突发事件以及贸易进口国以质量安全为由制造的贸易摩擦和争端。妥善应对日本福岛核泄漏事故影响,及时加强敏感区域、远洋捕捞重点产品监测,及时发布信息,消除了消费者的疑虑。在完成以上任务的同时,还在打基础、建机制等方面开展了大量工作,建立了产地水产品(苗种)生产单位数据库、摸查了风险隐患、制定了水产品质量安全监督抽查工作办法,加强了检验检测体系管理和舆情检测、推进了检打联动。各级渔业部门加强水产品质量安全管理工作,采取了一系列有效措施,从抓药残检测和监控,到建立出口企业注册登记制度等等。积极推广以"危害分析与关键控制点"(HACCP)为核心的科学质量管理规范,加强水产品质量检测,切实抓好"从鱼塘到餐桌"的全过程质量管理,为国内和国际市场提供更加丰富、优质的水产品。10 年来,水产品质量安全水平总体趋势稳定向好,产地水产品抽检合格率连续 8 年保持在96%以上,市场监测合格率稳步提高。困扰产业多年的氯霉素、孔雀石绿和硝基呋喃类代谢物的非法使用问题得到有效遏制,水产品质量安全水平总体稳定向好,产地水产品抽检合格率在 2011 年达到了98.3%。

二、开拓奋进　经验宝贵

党的十六大以来的 10 年,是中国渔业勇于创新、奋力开拓的 10 年,是中国渔业不断探索、迭创辉煌的 10 年,成就永载史册,经验弥足珍贵。

(一)坚持走中国特色的渔业现代化道路不动摇

我国是一个传统的渔业大国,水产品在居民的日常膳食结构中扮演着重要角色。党的十六大以来,国民经济快速发展、居民生活水平大幅提高,对渔业发展提出了更高的要求。水产品的种类、数量和质量必须上升到更高的水平,渔民增收和渔业可持续发展的能力必须上升到更高的层次,供居民放松、体验的休闲渔业必须拥有更高的服务能力和水平。面对日益增长变化的需求、要应对捕捞资源衰退、捕捞作业区域和养殖水面面积不断受到挤压的挑战,我国走出了一条有中国特色的"以养为主、以安为先、多能并举、修复生态"的跨越式发展的渔业现代化道路。

(二)坚持市场化改革与对外开放取向不动摇

党的十六大以来,我国注重发挥市场在渔业资源配置中的主导作用,不断深化市场化改革,建设和改造了一批水产品批发龙头市场,加强水产品市场信息服务体系建设,培育了一批水产品行销大户和企业;大力发展"农超对接"、"农校对接"、"农企对接",初步形成了多渠道、全方位、信息灵的水产品现代物流体系。渔业市场化程度不断提高,渔业价值投资洼地不断呈现,市场参与主体的积极性和创造性得到了有效调动和发挥,渔业发展充满了活力,实现了又好又快的发展。

同时,我国渔业发展坚持"引进来"与"走出去"相结合,进一步加大渔业对外开放的力度。积极引进消化吸收国外养殖、加工、生物制药等先进技术和资源、水产品质量管理的经验,带动了产业结构调整升级。不断提高远洋渔业"走出去"的水平和质量,积极探索养殖、加工等多领域境外合作方式,在发展外向型经济与扩大内需的平衡中实现渔业经济的高质量发展。围绕发达国家的水产品市场需求,培育主导出口水产品,发展具有自主知识产权的自主品牌的水产加工产业,按国际标准组织生产与管理,完善养殖、加工、出口的产业链条。探索建立水产品质量安全的长效管理机制,努力提高应对各类贸易壁垒的能力。积极参与国际贸易谈判和国际贸易公约的制定,争取了国际贸易的主动权。渔业发展空间得到了拓展,发展能力得到了提升。实践证明,市场化和对外开放是加快渔业现代化建设的重要助推器。

(三)坚持统筹水生生物资源养护和利用不动摇

统筹水生生物资源养护和利用是渔业行业特殊要求。党的十六大以来,国家采取了一系列举措,推动水生生物资源养护工作。2006年国务院批准并印发了《中国水生生物资源养护行动纲要》,将水生生物资源养护工作纳入国家生态安全建设的总体部署。2008年,党的十七届三中全会《决定》明确要求"加强水生生物资源养护、加大增殖放流力度"。目前,水生生物资源养护工作基础扎实,海洋伏季休渔和长江、珠江禁渔有序进行、影响广泛,增殖放流不断扩大、效益显著,水产种质资源保护区成批新建,涉渔工程生态补偿取得实质进展,渔业水域污染事故调查处理能力大幅增强,多角度保障了渔业可持续发展。同时,在坚持"双控"制度(海洋捕捞渔船数量和功率总量控制制度)下,推动渔船标准化改造,鼓励发展远洋渔业,规模化改造养殖鱼塘,鼓励发展稻田养殖、高效立体养殖、盐碱地开发等资源综合利用、环境改良型养殖模式,合理利用了水生生物资源。我国渔业又好又快的发展实践表明,坚持水生生物资源养护和利用并重不仅不冲突,而且相互促进,水生生物资源养护和利用相互依存、相互促进,必须统筹推进。

(四)坚持以人为本大渔业安全管理理念不动摇

我国渔业发展始终坚持以人为本,采取了一系列措施,统筹考虑保障五大安全(即水产品供给安全、质量安全,渔业生产安全、生态安全和维护国家海洋主权的涉外安全),逐步明确了以人为本的大渔业安全管理理念。注重强化生产、保障了供给安全;探索建立和逐步完善渔业质量安全可追溯体系建设,保障了产品质量安全;鼓励支持渔业安全生产装备升级改造,加强重点监控和执法检查,排查事故隐患,充分发挥应急救援和渔业互助保险的作用,保障了生产安全;大力推进水生生物资源养护,保障了生态安全;加强护渔巡航和涉外渔业安全管理,保障了涉外安全。今后渔业的稳步、健康和持续发展,五大安全一个都不能少,一个都不能弱,必须统筹管理。

（五）坚持科技兴渔强化科技支撑着力点不动摇

我国渔业经济发展每上一个台阶,都离不开重大科技创新的推动。党的十六大以来,随着水产养殖技术的集成创新,海洋抗风浪深水网箱养殖技术试验与推广,生态健康养殖技术的推广,我国渔业发展进入到生态、安全、高效的新阶段。随着科技推广的日渐深入,大量先进适用技术为广大渔农民掌握和采用,每一次技术上的突破都能够较快转变为生产力。渔业科技工作紧紧围绕现代渔业建设,以提升渔业科技创新能力为核心,以品种培育、健康养殖、质量安全控制等重大关键技术为重点的科技攻关取得了新的成绩,以主导品种、主推技术为重点的渔业科技入户工程深入开展,一大批科技成果得到推广应用,产生了良好的经济、社会和生态效益。目前,我国渔业科技进步贡献率已达到55%,为实现"两确保、两促进"渔业发展目标提供了强有力的科技支撑。

实践证明,建设渔业现代化,实现渔业持续快速发展,必须牢牢把握"科技兴渔"不放松,加快科技创新步伐,提高重点领域的自主创新能力,加快渔业科技创新体系建设,加速渔业科技成果的转化与推广,积极稳妥推进水产技术推广体系改革,强化推广机制的公益性职能,将渔业的发展转移到依靠科技进步和提高劳动者素质上来。

（六）坚持政策科学引导与加大资金投入不动摇

政策的科学引导和国家的大力投入有力地促进了渔业快速发展。党的十六大以来的这10年,渔业各项投入、补贴明显增加,全国渔业基础设施和综合生产能力建设步伐加快,对提高渔业综合生产能力和推进现代渔业建设发挥了重要作用。实践表明,政策引导打开了渔业发展局面,拓宽了渔业发展空间,坚定了渔业正确发展方向,实现了渔业的可持续发展。政府投入支持撬动了产业效益,巩固了渔业发展基础,增强了渔业发展信心,激发了渔业市场主体的活力。建设渔业现代化必须牢牢坚持政策引导和政府投入。

三、调整提升　持续发展

今后,渔业发展既面临难得的机遇,又面临严峻的挑战。要紧紧抓住国家强渔惠渔力度不断加大、渔业政策法规不断完善、渔业科技创新能力不断增强、渔业产业组织不断壮大所带来的发展机遇,同时也要清醒认识和积极应对资源与环境约束日益加大、质量和安全问题日益突出、国际和周边的渔业形势更加复杂、渔民增产增收和转产转业难度日益增大所带来的挑战。必须站在全局的高度,充分认识渔业发展在国家粮食安全、农民增收、生态环境、海洋权益等方面重大不可替代的作用,把加快推进现代渔业建设作为我国渔业发展的主攻方向。坚持"以养为主,以安为先",坚定不移地保安全、调结构、转方式、促发展、增收入,更加注重产业发展的安全保障,更加注重水产品质量安全和生态安全,更加注重资源节约和环境友好,更加注重渔民民生,更加注重科技创新和推广应用,更加注重渔业功能和空间的拓展,更加注重国际竞争力提升,科学谋划、群策群力,全面加快推进现代渔业建设。

(一)着力构建现代渔业产业体系

1. 大力发展生态健康的水产养殖业。按照生态化、标准化、无公害要求,加快推进节约、低碳、高效、环保的标准和健康养殖模式;强化水产原良种繁育,发展现代水产苗种产业,提高水产良种覆盖率和遗传改良率,不断调整优化养殖品种结构和区域布局;加快水生动物疫病防控体系建设,加强重大水生动物疫病监控和水产苗种产地检疫,积极推广安全高效的人工配合饲料,加强投入品质量监管。

2. 统筹发展可持续的捕捞业。完善渔船管理和捕捞许可制度,继续实施海洋捕捞渔船数量、功率"双控"制度,加快建立内陆水域捕捞渔船控制制度;推进限额捕捞、渔民渔船准入、渔具渔法控制,推广负责任选择性捕捞技术,严格控制捕捞强度,积极推动和试点建立捕捞配额制度,推进负责任渔业资源管理,继续完善和落实沿海捕捞渔民转产转业政策。

3. 着力发展先进的水产品加工流通业。以自主创新和品牌建设为核心,积极推动水产品精深加工向海洋药物、功能食品、保健品和海洋化工等领域延伸,培育一批具有国际竞争力的龙头企业,推进水产品加工园区建设;加快水产品批发市场和冷链系统建设,强化水产品市场信息服务,积极培育大型水产网络交易平台,引导开展水产品电子商务,推进水产品现代流通体系建设。

4. 积极发展环境友好的增殖渔业。进一步加大增殖放流的投入力度,加强对"一江五湖"及生态荒漠化严重水域的生态修复;加快建设人工鱼礁和海洋牧场示范区,因地制宜开展增养殖礁、生态礁、资源保护礁和游钓休闲礁等多种类型人工鱼礁建设,建立健全海洋牧场的建设和管护制度,促进海洋牧场建设与增殖放流等资源养护措施紧密结合。

5. 鼓励发展文化多元的休闲渔业。积极拓展渔业的休闲娱乐功能,围绕城乡一体化进程和新农村建设,立足各地独特的文化传统,因地制宜,加大休闲渔业资源整合力度,丰富休闲渔业发展模式;以市场为导向,加强知名休闲渔业品牌创建,打造生产标准化、服务集约化、功能多样化的现代休闲渔业产业集群,扩大休闲渔业产业规模。

(二)重点强化现代渔业支撑体系

1. 完善现代渔业科技支撑体系。加大科技资源投入,建立渔业科技创新平台,加强省部级以上科研院所的科技创新能力,发挥市县渔业科研机构在科技推广和成果转化中的积极作用,深入推进科技创新及成果转化;提升技术推广服务,建立渔业科技培训基地,加大新型渔民培训和科技入户力度,深入推进水产推广体系改革,构建以国家水产技术推广机构为主体、产学研广泛参与的"一主多元"的水产技术推广服务体系。

2. 加强渔业基础设施与信息服务体系。加快推进池塘标准化改造，加强设施渔业装备建设，加快渔船、渔机和渔具标准化建设，提高一级以上渔港建设标准，启动二级渔港、避风锚地建设，提高渔港现代化水平和安全保障能力；完善渔政管理指挥系统和全国海洋渔船动态管理系统，大力建设以门户网站、信息数据库、规划与评估系统、决策支持系统、防灾减灾系统为主要内容的渔业信息平台，积极推进以物联网为基础的"智能渔业"建设。

3. 构建渔业资源与环境保护管理体系。把渔业资源与环境保护放在现代渔业建设特别突出的位置，全面贯彻实施《中国水生生物资源养护行动纲要》，坚持并不断完善海洋伏季休渔、长江禁渔期制度，启动实施珠江禁渔期制度，努力构建全面的海洋和内陆水域休渔禁渔制度体系；加快建立水生生物自然保护区和水产种质资源保护区，加强水生生物物种保护，建立渔业生态补偿机制。

4. 推进渔业安全保障体系。提高渔港渔船管理现代化水平，强化渔船检验和渔港监督，深入开展平安渔业创建活动；探索构建渔业保险巨灾风险防范体系，推动建立政策性渔业互助保险制度；建立并完善与气象、海洋和交通等部门的渔业防灾减灾协调合作机制，提高应急处置能力和灾害预警预报、事故险情救助能力。

5. 强化现代渔政执法保障体系。推动渔政队伍规范化、专业化建设，提高执法人员能力素质，提升渔政装备现代化水平；加强渔政执法和维权护渔，切实加强 200 海里专属经济区和界江界湖渔政管理工作，积极拓展公海渔业执法，加大对敏感水域常态化渔政巡航和维权护渔力度，加强与外交、公安边防、海军等涉海部门合作，完善部门间协调配合机制和重点水域渔业联合执法机制。

（三）稳定拓展现代渔业发展空间

1. 切实稳定渔业水域滩涂。建立健全渔业基本水域保护制度和渔业水域滩涂占用补偿制度，积极推动制定出台水域滩涂征占用补偿标准和实施办法,科学编制渔业养殖水域滩涂利用规划,严格限制各种工程建设占用渔业水域滩涂。

2. 积极拓展渔业养殖空间。合理控制、科学规划近海、江河、湖泊、水库等大中型水域养殖结构和容量,加大低洼盐碱地、稻田等宜渔资源开发力度;加强渔业水域污染防治,大力修复受污染渔业生产水域;积极开展深水养殖、网箱养殖、工厂化循环水低碳养殖、池塘生态养殖示范。

3. 着力发展远洋渔业。提升远洋渔业装备和企业管理水平,培育一批具有国际竞争力的远洋渔业企业和现代化远洋渔业船队;进一步巩固和发展南海"三沙"渔业,大力发展过洋性渔业,加快开拓大洋性渔业,加强新资源新渔场的探捕和开发利用;积极建设海外远洋渔业基地,增强加工、贸易和服务保障能力。

4. 探索发展渔业新兴产业。积极发展以技术服务、信息服务、物流服务、保险服务、培训服务为主要内容的现代渔业服务业;充分发挥渔业的碳汇功能,大力推动规模化的海洋森林工程建设,尽快建立我国渔业碳汇计量和监测体系,科学评价渔业碳汇及其开发潜力,探索发展碳汇渔业,促进渔业绿色低碳化发展。

(四)持续完善渔业基本经营制度

1. 建设中国特色的渔业养殖权和捕捞权制度。稳定和完善养殖证和捕捞许可证制度,坚持公开、公平、公正原则,确保证件发放合法、合理,逐步建立健全发放登记、公示制度和档案制度;加大对未依法取得养殖证、超越养殖证范围养殖、未依法取得捕捞许可证捕捞等非法行为的监管力度,保护合法生产者的权益。

2. 健全渔民社会保障制度。积极采取措施,加大财政投入力度,推行社会统筹和个人账户相结合制度,按照"个人缴一点、集体补一点、政府公共财政贴一点"的办法,加快建立以养老保险、医疗保险、失业保险、工伤保险和最低生活保障为主要内容的渔民社会保障制度。

3. 完善渔业生产要素市场化配置机制。积极推进渔业水域承包经营权流转,按照依法自愿有偿的原则,允许渔民以转包、出租、互换、转让、股份合作等多种形式流转水域承包经营权,建立健全养殖水域、滩涂承包经营权合法合理流转机制和流转平台;推进渔船交易市场体制机制建设,开展渔业小额贷款和渔船、养殖证抵押贷款试点,探索渔船捕捞配额制度和渔业信用担保制度。

4. 创新渔业产业化经营体制机制。大力发展渔业专业合作经济组织,推广"龙头企业+合作社+农户"发展模式,引导"低、小、散"的家庭承包经营向统分结合的双层经营体制转变,发展适度规模经营;鼓励中小企业以兼并重组、参股控股、合资合作等方式进行整合,提升综合实力,鼓励更多有条件的渔业龙头企业完善公司治理结构,上市发展。

(五)大力提升现代渔业国际地位

1. 大力拓展国际水产品市场。充分利用国外资源,努力把我国打造成国际水产品加工出口基地,进一步扩大水产品对外贸易规模,提升水产品贸易结构;通过大力实施渔业品牌战略,强化品牌意识和国际市场意识,加大支持发展地理标志保护产品,培育国际认可的水产品知名品牌,打开国际市场销路,提升国际市场份额。

2. 严格水产品质量安全管理。加快建立高效、有序的水产品质量安全协同监管机制,坚持水产品质量安全专项整治和长效机制建设两手抓,推动建立水产品质量安全可追溯、产地准出和市场准入制度,探索开展水产品质量安全风险评估,督促企业建立更加严格的质量安全管理制度,不断强化质量安全监管。

3. 积极参与国际渔业管理。积极参加国际渔业管理组织,参与制定国际渔业管理制度,争取在确定总允许捕捞量(TAC)问题上的相应权力,确保我国公海渔业利益;积极参与国际贸易谈判和国际贸易公约的制定,WTO渔业谈判及自贸区谈判,争取水产品国际贸易的主动权,提高应对各类贸易壁垒的能力。

4. 不断加强双边、多边国际渔业合作。坚持"走出去",不断扩大对外开放,加强与有关国际组织和国家的双边、多边合作,建立双边、多边国际渔业合作协调机制,与有关国家积极探索在双边渔业合作协定基础上的新型渔业合作模式;增加政府投入,加强内陆边境水域涉外渔业合作,提高内陆边境水域涉外渔业管理能力。

乡镇企业转型提升进入新阶段

党的十六大以来,乡镇企业坚持以邓小平理论和"三个代表"重要思想为指导,全面落实科学发展观,以促进农民就业增收为目标,以转变经济发展方式为重点,加快体制机制和技术创新,大力发展农产品加工业和休闲农业,大力促进农民创业,大力推进区域间产业转移与承接,结构布局进一步优化,产业层次进一步提升,特色优势进一步增强,自身素质得到全面增强,乡镇企业转型提升和创新发展的格局加快形成。

一、取得了新成就,作出了新贡献

党中央、国务院高度重视乡镇企业发展,2004 年以来中央出台的 9 个 1 号文件,都提出了具体要求。2004 年,胡锦涛总书记在视察山东、河南乡镇企业时指出:"发展乡镇企业是实现农村现代化的必由之路。乡镇企业促进了农村各种资源的优化配置,改变了农村的产业结构和就业结构。"这为乡镇企业发展提供了强大的动力。2011 年乡镇企业实现增加值超过 13 万亿元,比 2002 年增加了近 2 倍,年均增长率达到 12.8%;规模以上农产品加工业总产值达到 15.07 万亿元,比 2002 年增长了 4 倍多,年均增长 20% 以上,为我国农村经济社会稳定发展作出了重要贡献。(如图 7-1 所示)

（单位：亿元）

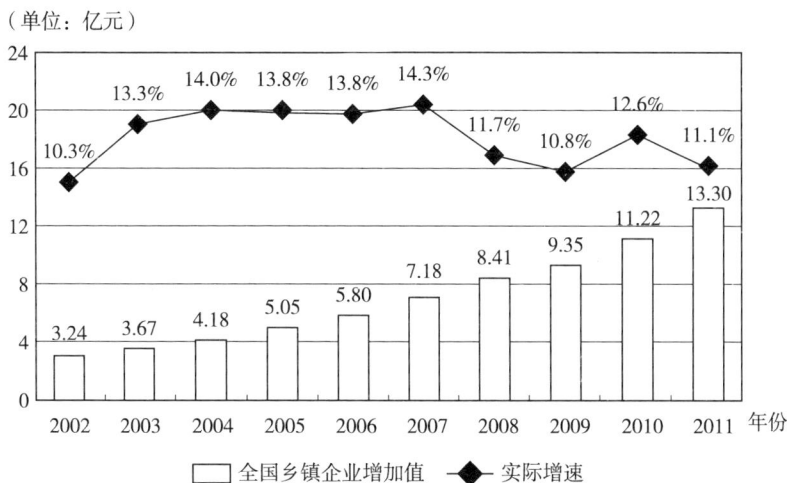

图 7 - 1　2002—2011 年乡镇企业增加值增长情况

注：数据来自《中国乡镇企业年鉴》

（一）农民就业增收的重要渠道

2011 年年末，乡镇企业吸纳农村转移劳动力 1.62 亿人，比 2002 年增加 2900 万人，占农村就业人数的比重从 27.6% 提高到 40.0%；全年支付劳动者报酬 2.6 万亿元，是 2002 年的 2.33 倍，年均增长近 10%；2011 年农村居民人均从乡镇企业获得收入 2471 元，比 2002 年增加 1611 元，比重达到 35.4%，比 2002 年提高 0.7 个百分点。（如图 7 - 2 所示）2011 年，规模以上农产品加工企业 7.95 万家，从业人员 1926.44 万人。

（二）工业反哺农业的重要力量

作为脱胎于"三农"的乡镇企业一直致力于支农建农及补助农村社会性支出。10 年来乡镇企业支农支出总计达到 2415 亿元，2011 年投入 401 亿元，是 2002 年的 2.24 倍。农产品加工企业努力加大资金和技术投入，加强农产品原料基地和市场营销体系建设，延长农业产业链条，增加农业综合效益。全国农产品加工业产值与农业产值比从

（单位：元/人）

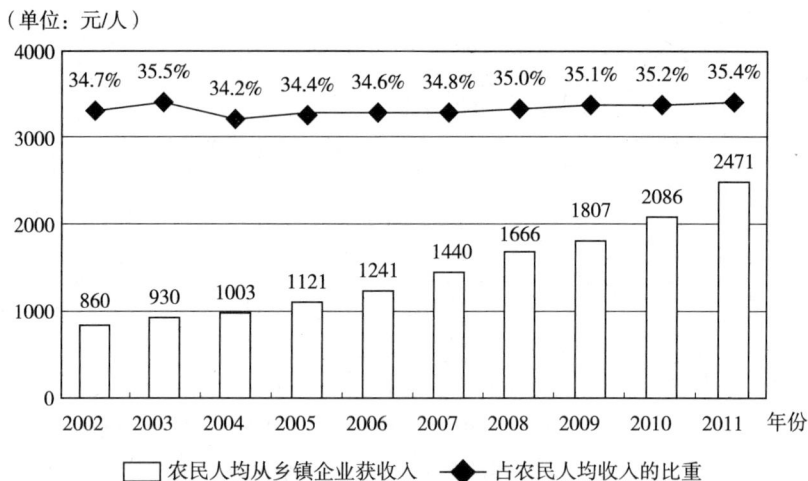

图7-2　2002—2011年乡镇企业对农民增收贡献情况

注：数据来自《中国乡镇企业年鉴》

0.6∶1提高到1.8∶1,等于10年再造了一个中国农业。

（三）壮大县域经济的重要支柱

2006年中央1号文件提出"鼓励和支持符合产业政策的乡镇企业发展。发展壮大县域经济。"目前,在东部发达地区,乡镇企业对县域经济发展的贡献率在40%—60%之间。如山东省寿光市2011年乡镇企业增加值占全县总量的56.4%。在中西部和东北地区,部分市县乡镇企业的贡献超过70%以上,如四川省隆昌县的占比达到72.1%,辽宁省岫岩满族自治县占比达到77.1%。可以说凡是乡镇企业发展好的地方,县域经济就逐步壮大。

（四）新农村和小城镇建设的重要产业

乡镇企业、农产品加工业发达,新农村和小城镇建设就能互动互促,小城镇就能形成了产业发展、市场发育、要素聚集、人气提升的发展格局,带动了新农村的建设。东部地区的江苏省江阴市的华西村、浙江省奉化市的藤头村,中西部地区的吉林四平的红嘴子村、黑龙江齐齐哈尔市的兴十四村、新疆塔城的三湾村等都探索出了一条发展乡镇企业,促进新农村和小城镇建设的可行路子。

二、形成了新亮点,积累了新经验

党的十六大以来,我国乡镇企业遵循经济社会发展的客观要求,顺应农民就业增收的新期待,加快结构调整,开展科技创新,提升综合素质,努力克服国际金融危机的影响,实现了平稳较快发展。

(一)乡镇企业转型升级取得新成效

一是产业结构调整和布局优化成效显著。乡镇企业在转变发展方式过程中,主动淘汰落后产能,限制高污染、高耗能制造业发展,引导清洁产业、高新技术产业发展,产业结构不断优化升级。2011 年,全国乡镇工业企业完成增加值 9.16 亿元,约为 2002 年现价增加值的 4 倍;第三产业实现增加值 31615 亿元,是 2002 年的 4.5 倍,占全部乡镇企业增加值的比重由 2002 年末的 21.6% 上升到 23.8%。乡镇企业二次、三次产业结构由 2002 年的 77.4∶21.6 调整为 75.0∶23.8,三产比重提高 2.2 个百分点。(如图 7-3 所示)规模乡镇工业企业中的农产品加工业比重不断提高,2011 年达到 32.5%,接近 1/3,比 2002 年高 5.6 个百分点。乡镇工业企业园区化、配套化发展,集聚度不断提高,各类乡镇企业园区超过 1 万个,园区企业完成总增加值占乡镇企业增加值比重达到 28%,比 2002 年提高 12 个百分点。

二是企业自主创新能力增强。2011 年全国乡镇企业拥有技术创新中心和研发机构 6.77 万个,比 2002 年增长 50%,为创新发展夯实了基础。2011 年乡镇企业中专及技校以上文化程度从业者达到 3600 万人,是 2002 年的 2.8 倍,比重由 2002 年的 10% 提高到 24%,从业人员整体素质不断提升,为创新发展提供了智力支撑。

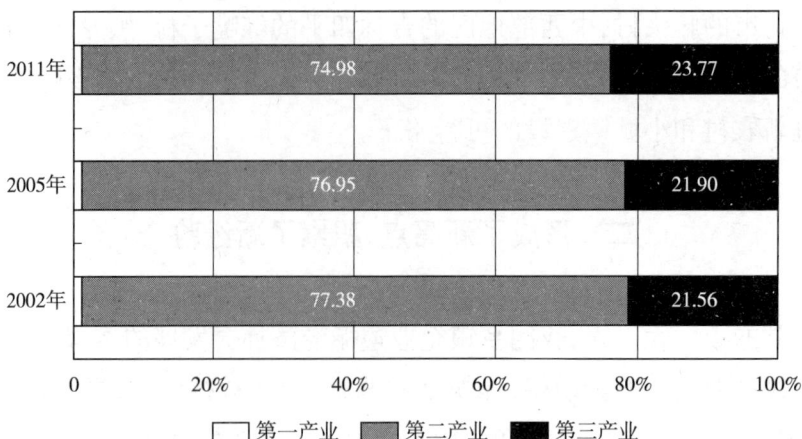

图 7-3 2002—2011 年乡镇企业产业结构变化情况

注:数据来自《中国乡镇企业年鉴》

三是区域经济发展协调性进一步增强。各地积极采取搭平台、引转移、结对子等措施,推动区域经济协调发展。广东省实施"腾笼换鸟"战略,将传统劳动密集产业向东西两翼和北部地区转移;江苏省通过引导苏南、苏北 1000 多个村企开展对接行动,带动相对滞后的苏北地区乡镇企业高速增长。中西部地区则不断加大承接产业转移的力度。2011 年东部、中部、西部和东北地区乡镇企业总产值比例为 57.9:20.4:12.1:9.6,东部地区下降 3.6 个百分点,中部、西部和东北地区分别提高 2.1、0.9 和 0.6 个百分点,地区之间发展更加协调。(如图 7-4 所示)

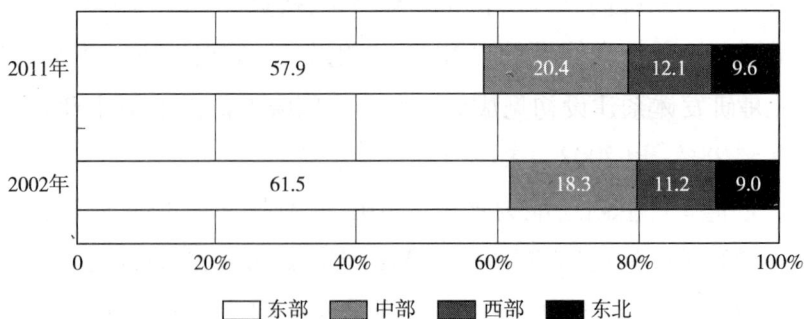

图 7-4 2002—2011 年乡镇企业地区结构变化情况

注:数据来自《中国乡镇企业年鉴》

(二)农产品加工业创新发展开创新局面

中央高度重视农产品加工业。2004年中央1号文件明确提出,引导农产品加工业合理布局,扶持主产区发展以粮食为主要原料的农产品加工业。2007年中央1号文件明确要求,通过贴息补助、投资参股和税收优惠等政策,支持农产品加工业发展。2012年中央1号文件强调,要重点对农民专业合作社建设初加工和贮藏设施予以补助。这些政策在促进农产品加工业发展方面具有里程碑意义。中央编办和农业部分别于2005年11月份和2006年8月份批准农业部乡镇企业局加挂农业部农产品加工局牌子。在强有力的政策推动、市场拉动和科技驱动下,乡镇企业、农民专业合作社和其他市场主体遵循经济社会发展的客观规律,适应农业进入新阶段的要求,大力发展农产品加工业,加快结构调整、产业集聚、技术创新和专用原料基地建设,促进农产品加工业快速成长,使之成为国民经济中最具成长活力的产业之一。

一是产业规模迅速扩大。2003—2010年8年间,我国农产品加工业总产值从2.75万亿元增加到12.27万亿元,年均增长近24%;食品加工业产值在农产品加工业中的比重从40%提高到50%。

二是产业集聚趋势明显。各地根据资源和区域优势加快发展产业集聚区,在粮食生产核心区,引导粮食加工企业集聚;在非粮大宗农产品优势区,引导畜产品、果蔬产品和水产品加工企业集聚;在沿海发达地区,引导外向型企业集聚;在大城市郊区,引导果蔬物流龙头企业集聚。同时积极引导和推进农产品加工业的梯度转移。

三是研发体系建设初见成效。由1个国家农产品加工技术研发中心和261个专业分中心组成的国家农产品加工技术研发体系,涵盖了农产品加工领域国家和省部级重点实验室,凝聚了加工行业中大多数领军企业,承担了行业科技项目和重大技术推广项目。目前,研发体系建设正在由"建平台"向"用平台"转变,逐步打造成资源整合、信息共享、联合攻关、专业化发展、创新应用的大平台。

(三)休闲农业成为农民就业增收的新亮点

党的十六大以来,随着城镇化步伐的加快和生活水平的不断提高,城乡居民休闲消费需求快速增长,乡镇企业、广大农民、农民专业合作社和各类市场主体大量进入休闲农业,休闲农业成为贯穿农村一、二、三产业,融合生产、生活和生态功能,紧密连结农业、农产品加工业、服务业的新型产业形态和新型消费业态。

一是产业规模日趋壮大。截至 2011 年年底,全国休闲农业与乡村旅游年经营收入达到 1500 亿元,年接待休闲旅游人员超过 7 亿人次,农家乐达 150 万家,休闲农业与乡村旅游产业园区超过 2 万家,带动了1500 万农民就业。

二是产业类型丰富多样。各地根据自然特色、区位优势、文化底蕴、生态环境和经济发展水平,不断创新发展模式,丰富发展内涵,挖掘乡土文化,注重文化创意,先后形成了农家乐、休闲农庄、休闲农业园区和民俗村等形式多样、功能多元、特色各异的模式和类型。

三是发展方式逐步转变。发展方式已从农民自发发展向各级政府规划引导转变,经营规模已从零星分布、分散经营向集群分布、集约经营转变,功能定位已从单一功能向休闲教育体验等多产业一体化经营转变,空间布局已从景区周边和城市郊区向更多的适宜发展区域转变,经营主体已从农户经营为主向农民合作组织和社会资本共同投资经营发展转变。

四是品牌建设不断推进。各地围绕高、特、优、新、奇,努力打造休闲农业知名品牌,发展形成了成都的"五朵金花",江西婺源和广西罗平的油菜花节,北京大兴的西瓜节,浙江余姚的杨梅节和张家界的荷花节,内蒙新疆等地的草原度假和贵州的村寨游,上海的崇明岛前卫村和安徽的棠樾牌坊村,北京小汤山特菜大观园,陕西杨凌农业高新技术产业示范区和辽宁庄河的歇马山庄等一大批知名品牌。

发展休闲农业为农民增收、农业增效和农村发展作出了重要贡献。一是促进了农业提质增效。不少农民在保持耕地原有属性的基础上,大力发展休闲观光、农事体验、科普示范,拓展农业的文化传承功能。据调查显示,全国 13.5 万家休闲农业经营主体的土地产值率为 11997 元/亩,是全国农业用地产值率的 6.2 倍。江苏省句容市依托 10 万亩葡萄,以葡萄采摘为龙头,融合发展农家休闲等多产业,形成了当地的一大风景。二是带动了农民就业增收。按照"产区变景区、劳动变运动、打工变创业"的思路,大力拓展增收空间。调查显示,从事休闲农业的人员人均产值 5.41 万元,是同期全国农业劳动力劳均产值的 2.75 倍。休闲农业每增加 1 个就业机会,就能带动整个产业链增加 5 个就业机会。四川省发展休闲农业的乡镇,农民人均纯收入比纯农业乡镇要高 15% 以上,星级农家乐农民年均收入更是超过 10 万元。陕西省西乡县城关镇莲花村依托 1.2 万亩樱桃发展休闲农业,目前已建成休闲农家接待户 86 户,解决了 400 余名村民就业,间接带动 2000 多名村民,农民人均年纯收入 3 万元。三是推动了社会主义新农村建设。以发展休闲农业专业村为核心,建成了一批集种养、加工、休闲为一体,生态环境优美,集约化程度高,休闲功能完备的社会主义新农村。悠久的农耕文明,浓郁醇厚的乡村文化,多姿多彩的民俗风情,都得到开发、保护、传承和集聚,形成了支撑和服务新农村建设的主导产业。陕西省礼泉县袁家村以发展关中农耕民俗村为核心,按照"修旧如旧"的思路,保护开发了古茶楼和老作坊 100 多个,开发了关中特色系列美食和民间工艺品,创立了文化公司,成为周边城乡居民周末、假日休闲度假的首选地。四是培育了消费需求的新热点。休闲农业与乡村旅游具有大众型消费、重复消费和最终消费的特点,市场覆盖面广,消费需求旺盛。我国农村地区集聚了 70% 的旅游资源,是市民回归自然、认识农业、怡情生活、休闲度假的新天地和消费的新热点。2007 年以来,北京市休闲农业和乡村旅游年接待人次一直保持在 1000 万人次以上,2011 年达到 1669 万人次。

(四)农民创业成为乡镇企业发展的新增长点

中央和各地高度重视农民创业,在政策扶持、行政引导、教育培训、平台建设和提供服务等方面为农民创业提供了积极的服务、营造了良好的氛围。到 2011 年年底,全国已累计约有 520 万农民工利用在外学到的技术、积累的经验和资金,回到农村发展现代农业、开办工商企业,平均每个创业者能带动 3.8 人就业,兴办的企业总数,已占到全国乡镇企业总数的 1/5。农民创业主要有以下特点:一是创业主体大都是打工从事技术及管理方面的人员和农村从事过手工业、会计、营销等方面的人员。二是创业行业主要是规模种养业和一般工商业,以小型微型企业为主,以劳动密集型和手工操作为主,资金主要依靠自有资金或民间借贷。三是创办方式主要依靠能人带动、产业集群带动和专业市场带动。四是创业目的 60.9% 是为了增加收入,18.1% 是为了实现人生价值、13% 是为了发挥一技之长、8% 是为了提升家庭地位。五是创业机会主要来源于当地产业特色、打工经验积累、外来企业的诱导、政府鼓励与扶持。六是创业类型包括家庭经营型、经商回归型、打工转化型、集群带动型、企业裂变型、亲友帮扶型。七是多数创业者成立了新组织。近半数创业农民创立了独立于家庭的企业或公司。东部地区农民创业产业大多数集中于工商业,一般都成立独立公司。而中西部地区经营规模较小以及经营方式较灵活的创业者,主要依托家庭创业。

10 年转型升级,10 年创新发展,10 年贴近"三农",10 年集聚发展,乡镇企业及其特色优势产业农产品加工业和休闲农业把蕴藏在亿万农民中的生产积极性和分布于广大农村中的各种资源要素结合起来,得到了政府重视、农民拥戴和社会好评,也积累了丰富的经验。

一是构建特色产业体系,促进农民就业创业和增收。围绕农字做文章,重点发展农业延伸产业、为农服务的产业、劳动密集型产业;重点发展农村公益事业,扶持农村能人和外出务工回乡人员创办企业,以就业带创业,以创业促进就业。

二是加快技术创新和设备工艺改造,促进产业优化升级。注重科技进步,坚持走自主创新的道路,加强产学研结合,开展集成创新和消化吸收再创新,形成企业的核心技术和自主知识产权。通过多种形式、多种渠道培养造就一支高素质的企业家队伍、科技人才队伍和具有良好职业技能的职工队伍。积极改变传统农民的思维方式,培养农民的市场主体意识,提高农民的整体素质。

三是积极发展产业集群,促进特色区域经济发展。农村二三产业的规模化、区域经济的一体化、产业发展的特色化已经成为必然趋势;小城镇产业发展、人口聚集、市场扩张的良性互动格局开始形成,很多专精新特优的产业和企业主动融合到产业链的各个环节中去,在融合中提升,在分工中增效,在协作中双赢;通过优势产业的培育和专业市场的拉动,形成以市场兴产业,以产业促市场,市场和产业互动发展的新局面。

四是走循环经济的路子,促进节能减排。贯彻国家产业政策,按照减量化、再利用、资源化的原则,以提高能源资源利用效率为中心,开展清洁生产、兴办循环利用资源产业,推动产业循环式组合、企业循环式生产、资源循环式利用。

五是注重质量标准和品牌建设,提升社会形象和市场竞争能力。按照国际国内先进标准,提升质量安全和科技水平,培育一批优质、高效、安全、生态名牌产品,打造一批驰名、著名商标和名牌产品,提升产品的价值水平。

三、采取了新举措,实现了新突破

党的十六大以来,各级行政管理部门开拓创新,辛勤工作,采取了很多新的举措,实现了发展新突破。

(一)以"转型提升"为核心,推进乡镇企业速度质量效益稳步增长

通过调整优化结构、推进区域合作、培育产业集群、构建服务体系、强化技能培训、促进农民创业等工作,推动了乡镇企业持续健康发展。

一是促进乡镇企业结构优化升级。河北、山西、陕西、甘肃、内蒙古等地加快由资源经济向产业经济转变,产业和产品结构得到明显改善。江苏、浙江、上海、天津、广东、福建等地努力促进产业结构升级,先进制造、新能源、新材料、新医药产业得到较快发展。山东、辽宁、湖北、湖南、贵州、江西、安徽等地制定激励政策,培育园区经济,引导企业集群化发展,推动上下游产业衔接和企业分工协作。

二是着力加强公共服务平台建设。天津、安徽、陕西、重庆等地积极实施蓝色证书培训工程,加强职业技能开发,并把促进农民创业作为一项重大的民生工程,在政策支持、项目推介、基地建设、创业辅导、公共服务等方面做了许多成效显著的工作。江苏、山东、浙江、河北等地注重培育区域性担保机构,加大小企业贷款风险补偿力度,缓解了企业资金紧张状况。

三是着力促进区域间产业有序转移。上海、江苏、浙江、山东等地与河南、甘肃、吉林、黑龙江、贵州、新疆、青海、西藏等地建立产业对接平台,推进东西合作,加强了技术、资金、人才、劳务、信息等方面的合作与交流,促进了区域间双向共赢的良性互动发展。

四是切实加强人才培养和职业技能鉴定。为满足乡镇企业人才储备需求,2002年农业部印发《关于进一步开展乡镇企业职业技能培训与考核鉴定工作的通知》,先后建立一个国家级乡镇企业职业技能鉴定指导站、32个省级鉴定站和572个工作站。2002年以来,先后有260万乡镇企业职工参加各类培训,其中85.7万人通过考核鉴定取得国家职业资格证书,有47.7万人通过农业行业取得国家职业资格证书,取得农业行业证书的达到47.7万人;仅2010年鉴定人数就达到10万人,是2005年鉴定人数的6倍多。

(二)以"优化布局、创新发展"为核心,做大做强农产品加工业

通过引导产业集聚、完善创新体系、加强技术推广、建设原料基地、健全标准体系和强化行业指导等工作,促进了农产品加工业的快速

发展。

一是构建技术研发体系。按照"边搭平台、边出成果"的建设思路,依托有实力的科研院所、高校和骨干企业,在全国范围内建立了农产品加工业技术研发体系。

二是加强农产品加工监测预警。为保障产业安全、引导行业健康发展,初步建立起了以国家统计局统计资料为主、以行业协会和监测点有关数据为辅的信息采集渠道,定期监测农产品加工业经济运行情况;组建了以行业专家为业务骨干的农产品加工重点行业监测分析队伍,对谷物磨制、食用植物油加工等7个行业热点焦点问题及突发事件开展跟踪监测,适时发布预警信息;建立了8个国际农产品加工标准跟踪渠道,对 CAC、ISO 等国际标准组织和美国、欧盟、日本、澳新等主要贸易国的标准变动情况进行跟踪反映,在应对技术贸易壁垒、服务企业出口、提供政府科学决策等方面取得了一定成效。

三是进一步完善农产品质量标准体系。目前我国现行有效的农产品加工国家标准 2618 项,农产品加工行业标准 2349 项,农产品从"田头到餐桌"的质量标准体系正在形成。

四是启动实施农产品产地初加工惠民工程。为切实解决我国农产品产后损失严重的问题,实现减损增供、均衡上市、稳定价格、提高质量、促进增收的目标,农业部与财政部从 2012 年起,启动实施农产品产地初加工补助项目。按照不超过单个设施平均建设造价 30% 的定额补助标准,采取"先建后补"的方式,扶持农户和农民专业合作社建设农产品储藏、保鲜、制干等初加工设施,中央财政安排资金 5 亿元,重点奖补 12 个省区新建的马铃薯贮藏窖、果蔬贮藏库和烘干等三类共 18 种规格的设施。

五是努力搭建农产品加工业的公共平台。山东、河南、吉林、内蒙古、河北、湖北、湖南、陕西等地依托农业资源,选准农产品加工业主攻方向。山东通过大力发展果蔬、水产品和肉类等加工业,已经成为我国第一农产品加工大省;吉林农产品加工业产值超过了汽车和石化工业产值,位居各行业第一位;河南、河北大力发展小麦加工,培育了一大批骨干企业;内蒙古大力发展乳品加工,努力打造"中国乳品之都"。北京、山西、海南、贵州、新疆等地搭建特色农产品加工推介平台,扩大了产品的知名度和市场占有率。辽宁、河南、湖南、宁夏等地通过举办农产品加工技术对接活动,有效满足了企业的技术需求,帮助企业与科研院所和高校建立了长期合作关系。

(三)以"引导、规范、服务"为核心,突出打造休闲农业新亮点

一是切实加强宏观指导,着力增强政策引导力。2010年,国土资源部和农业部联合就完善设施农用地管理有关问题下发通知,规范了休闲农业的用地政策。组织制定了《全国休闲农业发展"十二五"规划》。组织开展休闲农业标准体系研究,形成了标准体系框架,逐步推进管理规范化和服务标准化。

二是主动强化公共服务,全面提升产业竞争力。农业部于2011年启动了全国休闲农业公共服务"进城入户"工程。通过建立全国休闲农业服务信息中央数据库,建设"魅力城乡"网站,建立手机短彩信服务平台,开通4000365960全国休闲农业信息服务热线等途径,努力实现"365日生活天天精彩、960万国土处处美好"的目标。目前,全国已有12万家休闲农业经营主体发布了信息,每天查询浏览过10万次。

三是持续开展示范创建,牢固树立典型带动力。农业部和国家旅游局连续3年组织开展全国休闲农业与乡村旅游示范县、示范点创建活动。指导中国休闲农业与乡村旅游分会组织开展星级认定。农业部连续3年组织开展了中国最有魅力休闲乡村推荐活动,在全国寻找一批休闲农业特色突出,文化内涵丰富,品牌知名度高,具有很强的示范辐射作用的休闲乡村。

四是积极加强业务指导,不断扩大行业影响力。农业部和国家旅游局多次联合召开全国休闲农业与乡村旅游会议,对全国休闲农业经营主体进行了普查,组织开展了《国内外有关国家地区的休闲农业发

展情况》研究。目前休闲农业的发展氛围越来越好,北京、江苏、湖南、浙江、四川、海南、江西、上海、湖北、福建、安徽、广西等地因地制宜,突出地域、环境、农业及民俗文化特色,出台了有针对性的扶持政策,制定了休闲农业发展规划。

(四)以"政策扶持、典型示范、公共服务"为核心,全面推动农民创业成为新增长点

一是政策扶持激发农民创业。随着农民工返乡创业热潮的兴起,中央及时发出政策信号,落实农民工返乡创业扶持政策,在贷款发放、税费减免、工商登记、信息咨询等方面提供支持。在政策支持、行政审批、公共服务等方面为农民创业营造了良好的环境。针对创业理念落后和职业技能不高等问题,2010年中央1号文件提出,要建立覆盖城乡的公共就业服务体系,积极开展农业生产技术和农民务工技能培训,整合培训资源,规范培训工作,增强农民科学种田和就业创业能力。完善促进创业带动就业的政策措施,将农民工返乡创业和农民就地就近创业纳入政策扶持范围。这标志着国家把农民创业提升到全民创业的全局工作来谋划和考虑。2012年中央1号文件提出,对符合条件的农村青年务农创业和农民工返乡创业项目给予补助和贷款支持,表明国家对农民创业的支持已经落实到了具体项目,从财政资金和贷款上保证了创业的需求。近几年,各地在促进农民创业方面也制定了一系列政策和措施,进一步优化了农民创业的政策环境。

二是组织带动引领农民创业。依靠产业带动。充分发挥特色产业优势,鼓励龙头企业延伸产业链,实行专业化生产和社会化协作,通过推行订单生产、产品中间环节分包等途径,引导农民参与到行业分工和协作配套中来,开辟农民创业门路。依靠合作组织带动。充分发挥农村经济合作组织的聚合作用,着力加大对各类行业协会的扶持力度,力争达到"组建一个协会、带动一个产业、繁荣一方经济、富裕一方百姓"的效果。山东省部分地区对农民专业合作社及其新创办的加工企业生

产经营所实现的增值税和所得税地方留成部分,给予等额扶持。依靠典型带动。发挥致富能手带头作用,利用其信息灵、门路广、经验多的特点,带动农村同业者参与创业;发挥农业科技人员的科技特长,推动农技成果转化,带动农民创业;发挥党员干部的带头作用,以小额无息贷款方式支持创业。

三是公共服务保障农民创业。加强创业服务,优化创业环境。按照"政府提供平台、平台整合资源、资源服务企业"的工作思路,筹建小企业创业服务中心,为农民创业提供"一站式"的创业辅导和政务服务,降低农民创业的门槛。江苏省鼓励各类服务和培训机构为返乡创业者开展法律法规、经营管理、科学技术等方面的知识和技能的培训,提高农民的创业能力和经营管理水平。青岛市采取"政府支持中介、中介服务企业"模式,打造小企业一站式、综合性服务平台,设置了信息服务、融资担保、电子商务、创业指导、人力资源、法律服务、技术支持、政务服务和国际交流合作等"8+1"服务功能,引入社会中介机构和专业化服务组织,采取市场化运作与政府补贴相结合的运营方式为农民创业提供服务。

四是创业培训提升农民创业。由政府牵头组织,合理配置设施设备、打捆使用培训资金,整合各部门培训资源,构筑覆盖城乡的教育培训体系,对广大农民开展针对性、实用性、分层次的教育培训和创业指导,提高农民创业能力。认定并建立一批农民培训基地,组织实施阳光培训、雨露计划、星火培训等技能提升培训计划;建立健全以高级技校为龙头,以职业技术学校和就业训练中心为主阵地,以民办职业培训机构为补充的"大培训网络",开展多形式、多层次、多渠道的职业技能培训;发挥职业院校师资设备优势和农村社区学院贴近"三农"优势,建立农村劳动力转移培训中心,对有就业愿望的农民和返乡农民工在家门口培训。

五是创业基地助推农民创业。一方面为创业者和入驻企业提供良好的生产经营场所,提供满足创业的基础设施。另一方面是为创业者提供政务代理等各方面的扶持服务。各地建设创业基地主要有四种方式：由民营企业出资，在城乡规划的工业区或科技园区内建立创业辅导基地；由财政出资，一个或几个政府部门的事业单位作为法人，在城乡规划的工业区或科技园区内建立创业辅导基地；由政府出地，组建一个事业单位筹资，在城乡规划的工业区或科技园区内建立创业辅导基地；将破产企业的厂房和闲置的楼宇、仓库等稍加改造，分割出租，提供服务，扶持创业，为创业者提供一站式服务。比如，重庆市积极鼓励返乡创业农民工通过租赁、承包等合法方式利用闲置土地、闲置厂房、镇村边角地、农村撤并的中小学校舍、荒山、荒滩等场地进行创业。

四、面临新挑战，确立新目标

当前，我国进入工业化中期阶段，工业化、城镇化、市场化、国际化进程加快，我国农业农村发展进入战略机遇，乡镇企业、农产品加工业和休闲农业面临的环境发生了深刻变化，自身内涵也发生了深刻变化，面临着新的挑战，承担着新的要求和任务。

"十二五"时期和未来一个时期，经济全球化深入发展，国际产业分工进一步细化，科技创新孕育新的突破，我国经济社会发展呈现新的阶段性特征。乡镇企业、农产品加工业和休闲农业要坚持以科学发展为主题，以加快转变经济发展方式为主线，把结构战略性调整作为主攻方向，把科技进步和创新作为重要支撑，把服务"三农"作为出发点和落脚点，把体制机制创新和对外开放作为强大动力，不断探索科学发展新路子。

（一）乡镇企业要坚持在促进农民就地就近转移上找出路，力争以年均10%的速度增长

未来一个时期，乡镇企业要下大力气推动产业结构向特色优势型和"三农"关联型转变，空间布局向产业集群和区域协调方向转变，增

长方式向集约内涵型和创新驱动型转变,发展模式向资源节约型和环境友好型转变,为农民就地就近就业开拓更多更广的渠道,为农民就业增收、农业农村经济持续健康发展做出更大贡献。争取实现乡镇企业年均增长速度达到10%左右。

（二）农产品加工业要坚持在提高农产品附加值上下功夫,力争与农业的产值比年均增加0.1个点

"十二五"期间和今后一个时期,农产品加工业要加转变发展方式,加快自主创新,加大产业结构调整力度,提高质量安全水平,降低资源能源消耗,力争加工业产值与农业产值比年均增加0.1个点,2015年达到2.2∶1。发展一批产业链条长、科技含量高、品牌影响力强、年销售收入超过百亿元的大型企业集团,2015年规模以上企业比重达到30%左右。在优势区域培育一批产值过百亿元的产业集群,到2015年优势区域的粮油加工、果蔬加工、畜禽屠宰与肉品加工、乳及乳制品加工、水产品加工业产值分别占全国的85%、70%、50%、80%和80%以上。农产品加工水平有较大提升,到2015年我国主要农产品加工率达到65%以上,其中粮食达到80%,水果超过20%,蔬菜达到10%,肉类达到20%,水产品超过40%;主要农产品精深加工比例达到45%以上,农产品加工副产物综合利用率明显提高。规模以上企业基本建立全程质量管理体系,质量安全与溯源体系基本形成,到2015年通过ISO等体系认证的规模以上农产品加工企业超过65%,农产品质量安全得到有效保障。节能减排取得明显成效,到2015年农产品加工业单位生产总值综合能耗比"十一五"期末下降10%左右;规模以上企业能耗、物耗低于国际平均水平,工业废水排放达标率达到100%。

（三）休闲农业要坚持在拓展农业功能上做文章,力争接待人数和经营收入年均增长15%以上

立足"富裕农民、改造农业、建设农村",按照"转变方式、提升地位、引领发展"的思路,全面推进休闲农业持续快速发展。一要围绕农业生产过程、农民劳动生活和农村风情风貌,以城市和景区周边、山水牧特色区、少数民族地区和传统农区为重点,分类规划,因地制宜,创新模式,突出特色,整合资源,大力培育功能各异、特色突出、优势明显的休闲农业产业带、产业群,满足个性化、多元化消费需求。二要加强部门合作,在休闲农业公共基础设施、服务设施、安全设施、环保设施建设和从业人员培训方面形成工作合力。三要借鉴相关行业管理经验,遵循产业发展规律,结合各地发展实际和模式特点,制定休闲农业发展标准,规范硬件建设和软件服务,提升服务能力,增强发展后劲。四要深入开展示范创建和公共服务平台建设,提升从业人员素质和社会影响力。力争经过 5 年的努力,通过休闲农业这一新型业态,把农业改造成快乐的产业,把农村建设成幸福的家园,把农民变成富裕而有尊严的群体。

(四)农民创业在拓宽领域上趟路子,努力形成支持创业的好氛围

从过去主要引导农民在二三产业领域创业,向在一二三产业各个领域全面创业转变,把扶持农民创业作为"十二五"的重要任务之一,加以谋划推进。一要积极争取政策支持,主动协调各级财政加大对农民创业的支持力度,发挥公共财政的引导作用,化解农民创业资金短缺的难题,还要推动有关部门在企业登记、金融贷款、税收管理、规费标准、市场准入、部门服务等方面降低门槛。二要抓好创业基地建设,采取政府引导扶持、鼓励多方投资的方式,充分利用城乡各类园区、规模较大的闲置厂房和场地、专业化市场等适合农民聚集创业的场所,建设具有滚动孵化功能的农民创业基地,为创业者提供场所,为创业服务打造载体。三要抓好创业服务,借鉴城市创业服务和高科技企业孵化器的经验和做法,从创业项目推介、创业辅导、技能培训,政策、法律、管理咨询,场地设施提供、证照办理、金融信贷,到产品检测、市场开拓等方

面提供全方位服务。四要抓好典型引路,认真总结不同层面和类型的典型经验,进行示范推广,辐射带动农民创业向深度、广度发展。五要抓好规范提高,除在创业初期加强扶持外,还要注意帮助创办起来的企业解决生产、经营中的技术难题和管理难题,增强抵御化解市场风险的能力,提高创业成功率。

"十二五"时期和今后一个时期是全面建设小康社会的关键时期,是深化改革开放、加快转变经济发展方式的攻坚时期,要求各级行政管理部门加强自身体系和队伍建设,建立领导支持、部门配合、协调一致的管理服务机制。配合落实好国家有关政策,深入实际,总结各地推进转型发展的经验做法。通过各种新闻媒体、举办重大活动、典型示范等方式,加大宣传引导力度,创造良好发展环境,促进乡镇企业、农产品加工业、休闲农业和农民创业大发展大提升,为我国经济社会发展作出新的贡献!

推动农垦现代农业科学发展

农垦是我国农业农村经济的重要组成部分,是国有经济的重要力量。党的十六大以来的 10 年,是农垦发展史上又一个辉煌的 10 年。这10 年,农垦从低谷中崛起,在艰难中前进,扭转此前连续多年亏损、经济增长低速徘徊的局面,实现经济又好又快发展和职工收入显著提高;这10 年,农垦高举现代农业大旗,全面推进农业现代化,粮食等主要农产品供给保障能力和现代农业示范带动能力显著增强;这 10 年,农垦大力加强公益性基础设施建设,加快发展各项社会事业,垦区民生得到显著改善,并为国家建设、发展和稳定作出巨大贡献。这是党中央、国务院和地方各级党委政府正确领导、大力支持的结果,是农垦广大干部职工艰苦奋斗、勇于开拓的结果,是深入贯彻落实科学发展观的伟大胜利。

一、在科学发展观指引下,农垦经济
社会发展取得辉煌成就

党的十六大以来,全国农垦以科学发展观为指导,积极应对国内外各种风险和挑战,经受了来自各个方面的严峻考验,以加快转变经济发展方式为主线,全面推进各项工作,经济社会发展取得了辉煌成就。

(一)农垦经济快速增长,企业效益明显提高

1. 经济总量迅速扩大。2002—2011 年,全国农垦生产总值由

883.5 亿元增加到 4212.5 亿元,增长 3.8 倍,年均增长 12.9% ,比前 10
年的年均增长速度提高了 4.7 个百分点(见图 8-1)。

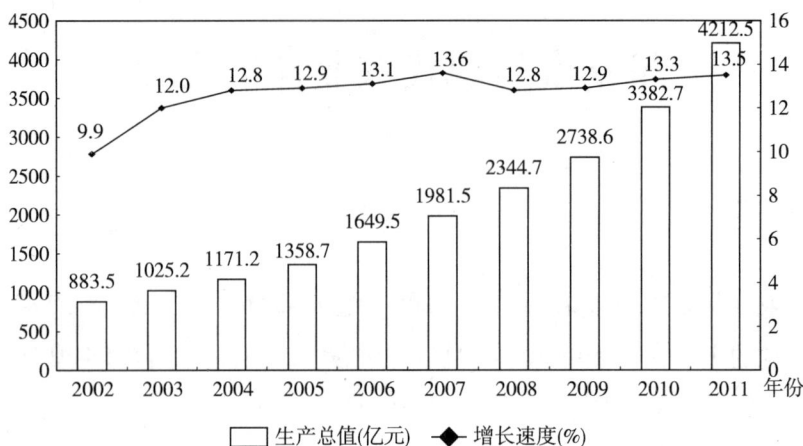

图 8-1　2002—2011 年农垦生产总值及增长速度

2. 经济结构不断优化。2002—2011 年,农垦一、二、三产业增加值
由 358.4 亿元、271.2 亿元、254.0 亿元分别增加到 1395.0 亿元、
1748.6 亿元、1068.9 亿元,分别增长 2.9 倍、5.5 倍、3.2 倍;三次产业
在生产总值中的比重从 40.6%、30.7%、28.7% 调整到 33.1%、
41.5%、25.4% ,二、三产业比重提高 7.5 个百分点(见图 8-2)。

非国有经济生产总值从 272.5 亿元增加到 1934.3 亿元,增长 6.1
倍,在农垦生产总值中的比重从 30.7% 上升到 45.9% ,增加了 15 个百
分点。非国有经济成为农垦经济发展的重要力量(见图 8-3)。

3. 企业效益显著增加。2002 年,农垦企业一举扭转连续 5 年全系
统亏损局面,实现利润 21.1 亿元。2011 年,农垦企业实现利润 173.1
亿元,比 2002 年增长 7.2 倍,年均增长 23.4% ;上缴税金 275.82 亿元,
增长 5.8 倍,年均增长 21% 。十年间累计实现利润 785.9 亿元,为国家
贡献税收 1268.2 亿元。农垦企业资产总额从 2002 年的 2610 亿元增
加到 2011 年的 7504 亿元,增长 1.9 倍,资产结构明显优化,资产负债
率保持合理水平(见图 8-4)。

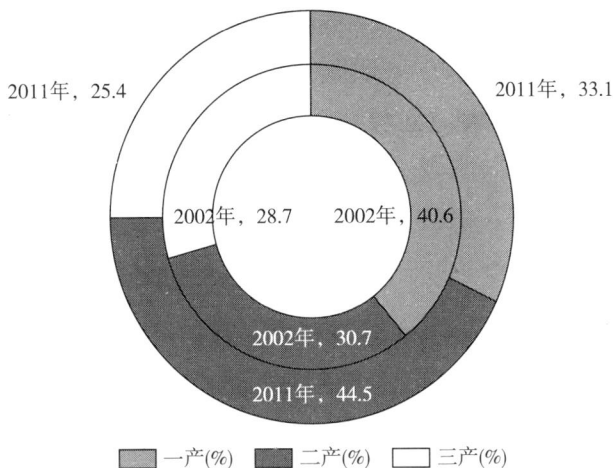

图 8-2　2002—2011 年三次产业结构对比

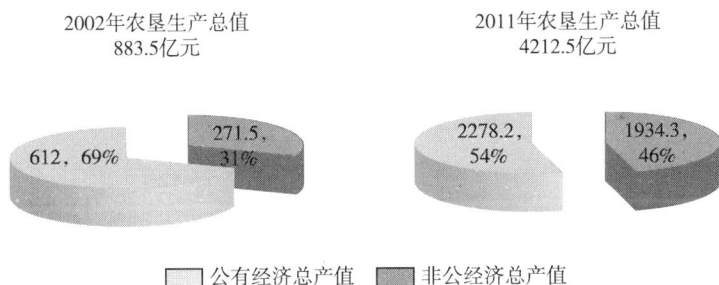

图 8-3　2002 年与 2011 年非公经济占农垦比重对比

(二)现代农业快速发展,产业优势明显增强

1. 主要农产品大幅增产。2002—2011 年,农垦粮食总产从 1498.9 万吨增加到 3198.7 万吨,翻了一番多,占同期全国粮食增量的 14.9%,10 年间连续跨越了 300 亿斤、400 亿斤、500 亿斤和 600 亿斤四个台阶。2011 年农垦粮食每公顷产量达 6933 千克,比 2002 年增加 2057 千克,高于全国平均水平 1767 千克;棉花总产 163.8 万吨,增长 65.5%;肉类总产 278.9 万吨,增长 188.1%;牛奶总产 405.9 万吨,增长 155%;全国天然橡胶总产 75.1 万吨,增长 42.4%,10 年累计总产

资产总额　　　　　　　　　　　　　　　　　　　利润税金

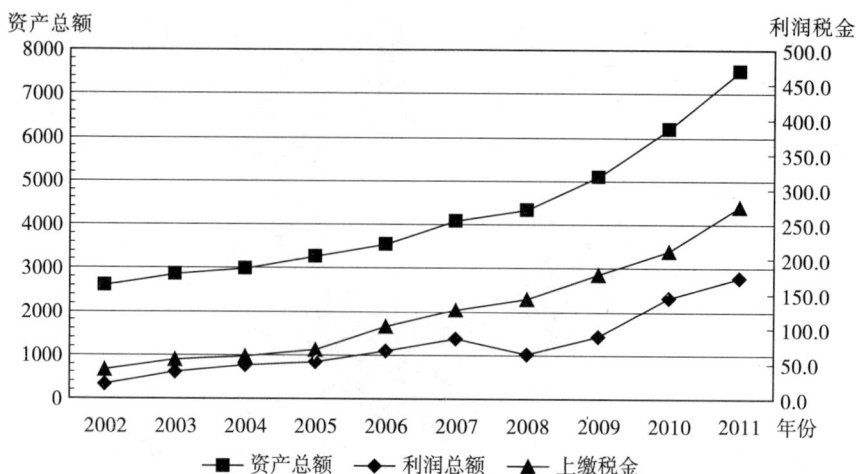

图 8-4 2002—2011 年农垦企业资产、利润、税金增长情况

592 万吨,植胶面积和产量稳居世界第三和第六位;热作种植总面积 892 万公顷、总产 1.8 亿吨,分别增长 18.4% 和 27.8%(见图 8-5)。

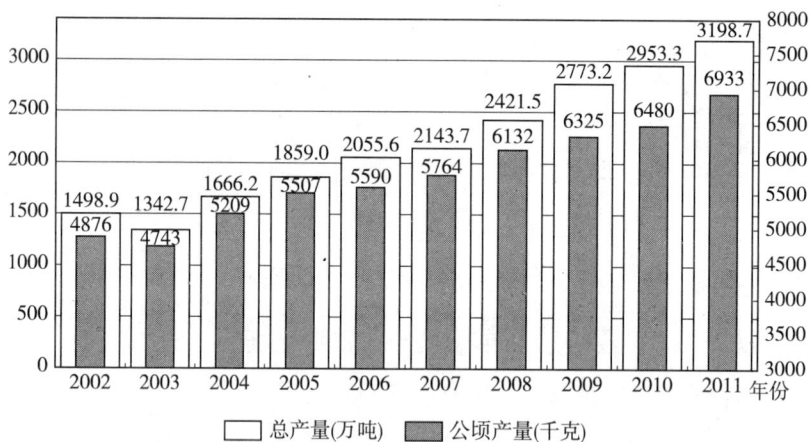

图 8-5 2002—2011 年农垦粮食总产及单产情况

2. 农业机械化和水利化全国领先。2002—2011 年,农垦农机总动力从 1244.5 万千瓦增加到 2283.9 万千瓦,年均增长 7.0%;大马力、高性能、多功能、复式作业的农业机械快速增长,部分垦区主要农机装备达到国内或世界先进水平,农业综合机械化程度从 65.1% 提高到

85%,增加 19.9 个百分点,比全国平均水平高 30.5 个百分点,其中小麦和大豆生产基本实现全程机械化、水稻生产机械化率达 91%;农田有效灌溉率从 51.2% 提高到 61.7%,增加 10.5 个百分点,比全国平均水平高 15.4 个百分点。

3. 农业科技和标准化水平全面提升。2002—2011 年,农垦农业科技贡献率从 50% 提高到 56%,优良品种率从 85% 提高到 98%,大批农业先进技术和优良品种得到广泛应用。农业标准化生产、模式化栽培快速推进。黑龙江、江苏等垦区主要作物实现全程标准化生产。奶牛规模饲养率 64.4%,生猪规模饲养率 76.7%,分别比全国平均水平高 17.4 和 10.7 个百分点。建成国家级农业标准化示范场 99 个,无公害农产品、绿色食品、有机食品等"三品"品牌认证 1866 个。以标准化生产和管理为基础的农产品质量追溯体系率先在垦区 160 多家企业实施,其中种植业可追溯农产品达 370 多万亩、养殖业达到 3649 万头(只),追溯产品抽样检测合格率达 99.5%。

4. 农业规模化和产业化加快发展。全国农垦种植业从业人员人均经营耕地 2 公顷,其中黑龙江垦区 35% 的规模家庭农场经营了垦区 80% 以上的耕地,旱田户均经营规模约 30 公顷,水田户均经营规模约 15 公顷。国有农场普遍实行统一种植规划、统一供种、统一农资采购、统一技术服务、统一病虫害防治、统一机械作业的生产经营方式。各类农业产业化经营组织发展到 4085 个,实现销售收入 3399.8 亿元,实现净利润 132.8 亿元,上缴税金 266.7 亿元,带动农场职工户和农村农户 861.7 万户,增收 221.9 亿元。其中,国家农业产业化重点龙头企业发展到 70 家,农业专业合作组织发展到 3854 家,比《农民专业合作社法》实施前增长了 6 倍多,入社成员 28.8 万人,经营领域和规模不断扩大,促进了农业专业化、标准化生产,提高了农垦职工收入水平。

随着现代农业的不断发展,农垦培育出以粮食、棉花、天然橡胶、糖业、奶业、种业等为主的一批优势产业,其经营规模、质量效益、管理水平、市场竞争力和行业影响力都处于全国先进行列,在若干重点产业领域基本形成大基地、大企业、大产业的发展格局。以奶业为例,农垦培育出北京三元、上海光明、黑龙江完达山等大企业和全国知名品牌,并在其他一些大中城市培育出一批区域性龙头企业和地方品牌,成为我国奶业发展的骨干力量。这些企业在2008年"三聚氰胺"重大恶性事件中,不仅经受住严峻考验,而且在其后的几年间继续保持又好又快发展势头。这既是国有农垦企业责任和担当的具体体现,又是农垦企业科学管理及其背后大基地、大产业支撑的必然结果。

(三)重大改革不断突破,对外开放明显扩大

1. 农业经营体制实现重大创新。全国农垦在坚持土地长期承包的基础上,以提高农业职工和家庭农场的规模化、市场化、集约化、组织化水平为重点,放开土地承包管理方式,允许农业职工及家庭农场依法有序流转承包地;放开产品价格、改革流通体制,允许农业职工尤其是家庭农场和专业大户自主上市交易农产品;放开用工制度,允许农业职工及家庭农场自主使用外来短期工、季节工。同时,鼓励和引导农业职工和家庭农场发展自己的专业协会、生产者协会和合作社,扶持规模化家庭农场从兼业型转为专业型;鼓励和引导各垦区结合国有农场税费改革和生产力发展需要,创新农业经营模式,发展"两田制"、模拟股份制、联合体承包和公司制等经营方式。到2011年年底,全国农垦92.8%的耕地已由职工家庭或个人承包经营,83.7%的土地实现6年以上长期承包经营,97%的农机具归个人所有,分别比2002年提高13.61和19个百分点;职工家庭农场生产费、生活费"两费自理"率稳定提高,分别达到89%和94%;农业股份合作经营组织和有限责任公司发展到1.3万家。2006年后,又在全国农垦大力推进国有农场税费改革,建立并完善减轻农工负担的长效机制,到2011年,国有农场税费改革累计减轻农场和农工负担368.2亿元,农业职工亩均土地承包费比税改前平均降低38.8元,下降31.2%。

2. 垦区管理体制实现根本性转变。按照产业化、集团化、股份化

要求,北京等17个实行集团化改革的垦区,围绕做强做大,加快法人治理结构和内部管控制度建设,着力规范集团运行机制,增强内部活力和发展动力;同时实施大规模的内部组织结构调整和资源整合、对外战略并购及资本运作,培育出了一批在国内具有重要影响力、在国际具有一定竞争力的大企业、大集团。2011年,17家集团垦区实现生产总值2782.4亿元、利润155.3亿元,分别比2002年增长3.8倍和7.6倍,占2011年全国农垦生产总值和企业利润的66.1%和89.7%,基本实现从行政管理向集团化经营的转型。非集团化垦区围绕政企分开,从不同角度探索和推进国有农场管理体制改革,如内蒙古垦区海拉尔和大兴安岭管理局的集团化改革,浙江余杭等地将所属农场整合组建为农业国有资产经营公司,新疆农业通过与知名企业联合等将部分农场改为有限责任公司,河北、湖北在农场辖区建立具有一定财税权利的管理区,湖南撤销农场建行政区,辽宁场乡合一等,创造出许多符合垦区实际的改革新模式、新路径。

3. 国有经济布局实现全方位调整。全国农垦按照"抓大放小"方针,以产权制度改革为切入点,对场办二、三产业企业进行了大规模重组整合,着力把国有资产从没有资源、没有效益、没有市场的领域退出,集中到优势产业和优势企业。通过改制重组,一部分国有亏损企业和落后产能得以淘汰,一部分具有发展潜力的国有企业重新焕发了生机活力,国有二、三产业企业的运行质量和效益快速提升,非国有经济也在改革中得到快速发展。到2011年年底,全国农垦累计出售、破产、兼并、关停国有二、三产业企业1.4万家、改为股份有限公司和有限责任公司0.8万家。在现有的5.72万家二、三产业企业中,个体私营企业4.6万家,占79.5%;股份有限公司和有限责任公司0.5万家,占9.3%,其中农垦国有经济参股和控股1690家,上市公司33家。

4. 农场内设机构和人员实现大幅度精简。围绕提高运行效率,各级农垦管理部门和农场采取切实措施,大幅度压缩管理机构,精简管理人员,实现节本增效。到2011年年底,全国农垦撤并国有农场21%、作业区或分场 12.5%、生产队或连队 26%、居民点 19.2%;精简农场管理人员 31.6%、作业区或分场管理人员 25.2%、生产队或连队管理人员 45.6%、居民点管理人员 42.8%;精简农场场部工勤人员 30.4%、作业区或分场工勤人员 26.6%、生产队或连队工勤人员 51.4%,每年节约管理费用约 10 亿元。

5. 农场办社会职能改革实现重大突破。全国农垦按照生产经营市场化、生活服务社会化、社会管理属地化、公共服务均等化的改革思路,大力推进将社会职能分离移交给地方政府的工作。对暂时移交不了的社会职能,也在农场内部实现与经营活动分开管理。到 2011 年,全国农垦 34 个垦区中,有 31 个垦区进行了普通中小学的移交,其中 23 个垦区实现全部移交,累计移交普通中小学 3340 所、教职员工 8.8 万多人。31 个垦区进行了医疗卫生机构的移交,其中 10 个垦区实现全部移交,仅 2011 年移交地方政府管理医疗机构 212 所、0.3 万人。除新疆生产建设兵团和黑龙江、海南垦区外,农垦公检法司机构的移交基本完成。农场社区管理模式不断创新,社会管理渠道逐步理顺,垦区社会总体保持和谐稳定。2012 年,国务院决定在内蒙古等 8 省区启动国有农场办社会职能改革试点,拟用 3 年左右时间基本完成农垦办社会职能改革试点。

在各项改革不断深化并取得重大突破的同时,农垦对外开放也迈出新的步伐,特别是一些垦区在"走出去"发展上成效显著。2002—2011 年,全国农垦出口商品总金额从 105.2 亿元增加到 656.9 亿元,增长 5.3 倍,年均增长 22.6%。有 23 个垦区在 40 多个国家和地区建立了 100 多家境外企业、18 个代表机构。2011 年,农垦企业境外农作物种植面积发展到 10 多万公顷,累计投资 50 亿元,实现产值 90 多亿元,净利润 9 亿多元,初步形成具有一定规模的粮食、天然橡胶境外产业体系。

(四)职工收入大幅度提高,垦区民生明显改善

1. 收入水平快速增长。2002—2011 年,农垦职工年平均工资从

6238 元增加到 19856 元,增长 2.2 倍,年均增长 13.7%;垦区居民年人均纯收入从 3380 元增加到 9344 元,增长 1.8 倍,年均增长 12%。2011 年农垦年人均纯收入比农民人均纯收入高 2367 元(见图 8-6)。

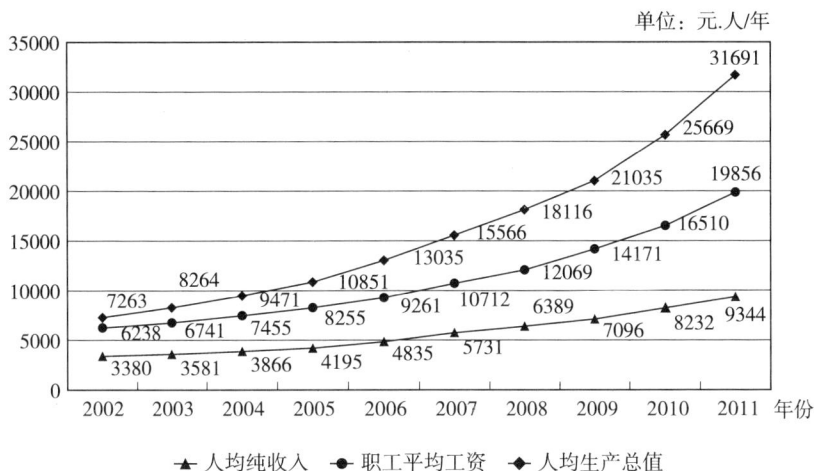

图 8-6　2002—2011 年农垦主要人均指标情况

2. 社会保障全面覆盖。2011 年,农垦职工和退休人员的养老保险参保率达 92.9% 和 99.7%,比 2002 年分别提高 56.9 和 72.7 个百分点,退休人员年人均养老金超过 1 万元;医疗保险参保率达 93% 和 92.7%,比 2002 年分别提高 72.5 和 70.9 个百分点。有 26.3 万户家庭、51.1 万人享受到最低生活保障,占应保户数和应保人数的 93.1% 和 89.8%,共发放最低生活保障金 9.4 亿元,月人均补助 152 元,基本实现了应保尽保。住房救助、医疗救助、教育救助等多层次、多形式的救助体系也在 20 多个垦区建立起来。

3. 民生工程加快实施。2008 年启动了农垦职工危房改造工程,2011 年从 6 个垦区扩大到全国农垦。2011 年年底,累计下达危房改造任务 89.5 万户,中央投资 69.8 亿元,开工 88.7 万户,竣工 71.9 万户,职工群众住房条件明显改善。垦区道路、饮水安全、农电网改造和以场部为中心的小城镇建设逐步开展,全国农垦 10 年累计新建道路 63556

千米。以农场场部为重点的农垦小城镇建设成效显著,农垦城镇化率达到50%。

4.贫困农场面貌明显改观。2002—2011年,共有115个贫困农场脱贫,占全国农垦贫困农场总数的1/3以上。10年间,贫困农场累计改造中低产田86.7万公顷,改良草场46.4万公顷,修排灌渠道9532.9千米。累计打饮水井5316眼、修建输水管线5.62万千米、供水设施334处,解决了100多万人饮用卫生安全水难题和200多万头牲畜的饮水问题;改造危房810万平方米,改善了80多万职工的居住条件;铺设输电线路3647千米,受益人口近50万人;建设校舍40万平方米,受益学生12万人;建设医疗院所25万平方米,增加床位1万多个;修(改)建道路1.35万千米,受益人口160多万人。2011年,重点扶持农场实现利润7796万元,比2010年减亏近亿元,首次实现扭亏为盈;农场人均纯收入4917元,扣除物价上涨因素比2010年增长9.6%,高于全国农垦人均纯收入增长速度。

(五)为国家作出新贡献,地位作用明显提升

1.保障国家粮食安全。2002—2011年,农垦提供商品粮从1149.2万吨增加到2820.9万吨,增长1.5倍,十年间,累计提供商品粮18820.1万吨,商品率从76.7%提高到88.2%,提高11.5个百分点。农垦成为在关键时刻调得动、顶得上、应得急的保障国家粮食安全、稳定粮食市场的战略力量。特别是黑龙江农垦作为农垦粮食生产的主力和保障国家粮食安全的骨干,在应对重大突发事件中发挥了不可替代的作用。如2003年5月"非典"期间,北京曾一度出现局部性和结构性粮食短缺,大米供应紧张,根据国家要求,黑龙江农垦迅速组织加工调运,1周内向北京供应2.5万吨平价优质大米,及时有效地缓解了北京市场粮食紧张局面;2008年汶川特大地震期间,黑龙江农垦仅用3天时间就完成向灾区紧急调运2400吨大米的任务,有力地支持了全国抗震救灾工作。

2. 示范带动现代农业建设。农垦通过建立示范场窗口展示和开展对农村科技服务、农机跨区作业、场县(乡)共建等方式,为推进周边农村农业现代化发挥了良好的示范带动作用。仅2011年,农垦就为周边农村培训农民100万人次,发放技术资料277.4万份,输出农业先进技术198项,供应优质良种9.6亿千克,对外销售种猪近30万头、奶牛冷冻精液819万支,完成农机跨区作业3381.6千公顷。一些垦区利用自身独特的区位优势和土地优势,与当地政府合作共建了农业科技示范园、产业开发园、小城镇等,为推动农村城镇化发挥了桥梁和纽带作用。

3. 引领农业"走出去"发展。农垦发挥自身企业化、集团化以及科技、人才、管理等优势,率先"走出去"参与国际农业资源开发,培育了以黑龙江、广东、上海等垦区为骨干的大型跨国企业集团,展示了中国农业的先进技术和良好形象。一些垦区的农业国际合作项目不仅得到国家领导人和商务部的充分肯定,也得到所在国家的高度赞扬。如湖北农垦承担的中—莫农业技术示范中心项目,依靠科学种植,创造了水稻每公顷产量9000千克的佳绩,受到了莫桑比克总统格布扎、总理阿里和日本、南非等有关国际组织、部门和企业的极高评价。广东农垦在马来西亚的天然橡胶种植、加工,带动了当地天然橡胶种植水平的提高,也给当地胶农带来了实实在在的好处,受到当地政府和老百姓的热烈欢迎。

4. 促进边疆地区繁荣稳定。农垦不辱使命,在屯垦戍边、建设边疆、繁荣边疆特别是化解和平息各种不稳定因素中发挥了独特的作用。在这方面,新疆生产建设兵团的地位作用尤为突出。2011年,新疆生产建设兵团实现生产总值968.8亿元,占自治区国民生产总值的14.7%;生产粮食167.3万吨,占13.7%;棉花129.3万吨,占44.6%;油料17.9万吨,占26.8%;肉类38.2万吨,占16.6%。新疆兵团既是新疆经济发展的重要动力,又是维护民族团结和社会稳定的重要支柱。在应对进入新世纪以来最严重的突发事件——2009年的"7.5"事件中,分布在新疆各州地市的兵团维稳处突力量快速集结、迅速行动,对平息事件、维护稳定发挥了十分重要的作用。

二、深入贯彻落实科学发展观, 农垦各项工作取得重大进展

党的十六大以来,全国农垦深入贯彻落实科学发展观,不断适应国内形势的新变化新要求,从自身实际出发,明确发展定位,创新工作思路,改善发展环境,在推进改革、发展、稳定和民生改善等方面做了大量卓有成效的工作。

(一)大力发展现代农业,不断增强农垦保障供给和示范带动能力

10年来,全国农垦高举现代农业大旗,以提升保障能力、充分发挥示范带动作用为中心,不断完善现代农业发展思路,全面落实中央强农惠农富农政策,切实强化各项工作措施,大力提高现代农业发展水平,为增强保供给、作示范的能力奠定了坚实基础。

1. 加强粮食等主要农产品大型生产基地建设。各垦区充分发挥自身优势,围绕粮食、棉花、油料、糖料、良种等产业,建设规模大、水平高、辐射带动能力强的大型农产品生产基地。在基地建设中,通过政策引导、技术支持和项目推动,不断完善农业基础设施,大兴农田水利,狠抓高标准农田建设,开展高产创建活动,强化减灾防灾措施,提升综合生产能力。特别是粮食主产垦区把发展粮食生产放在十分重要的位置,按照"稳面积、调结构、提质量"的思路,千方百计挖掘粮食增产潜力,优化农业生产布局,扩大优质粳稻和高产玉米种植规模,粮食综合生产能力和安全供给能力明显增强。2011年,黑龙江、内蒙古、新疆兵团、辽宁、江苏、湖北、吉林、湖南、江西、新疆畜牧等10个垦区粮食产量占全国农垦粮食总产的90%以上。尤其是黑龙江农垦,2011年粮食产

量突破400亿斤,占全国农垦粮食总产的60%以上;提供商品粮190多亿千克,占全国农垦商品粮总量的68%。2011年,全国农垦水稻面积已逾200万公顷、产量171亿千克,占粮食总产的53%,其中粳稻面积174万公顷、产量154亿千克,占粮食总产的48%,优质粮食比重达80%以上;棉花面积71.9万公顷、产量163.8万吨,分别占全国棉花种植面积和产量的14.3%和24.8%。

2. 加快畜牧业和高效特色农业发展。各垦区依托自身资源禀赋和区位优势,大力发展畜牧业和特色农业,实现农业增效,职工增收。一方面稳步发展生猪、奶牛、种畜冻精,积极建设规模化标准化养殖场(小区),提升畜禽规模化养殖水平。尤其是在发展奶业方面,始终高度重视奶源基地建设,围绕乳品加工业发展,布局和建设自有奶源基地,大力发展标准化规模奶牛场(小区),推进机械化挤奶,不断提高原料奶质量,树立了农垦质优安全的奶业品牌形象。2011年,全国农垦生猪存栏1216.6万头,比2002年增长114%;良种及改良奶牛存栏153.7万头,比2002年增长140%。巩固和挖掘传统农业特色产品,开发培育新的产品和产业,因地制宜推行一场一业、一队一品,大力发展蔬菜、水果、茶叶、花卉等园艺产品集约化、设施化、标准化生产,提高农产品质量安全水平和经济效益。如安徽农垦的茶园养鸡,海南农垦的"猪—沼—果"、"鸭—渔—菜"、"胶林养牛、养鸡"等生态种养做法,均取得了显著的经济效益、社会效益和生态效益。

3. 提高现代农业物质装备水平。以大马力、高性能、多功能、机电液一体化新装备新机具为载体,推动农机农艺和信息技术融合,优化农机装备结构,重点发展经济作物、畜牧养殖、林果热作及农产品产后初加工机械,以先进适用、经济安全、节能环保和环境友好型的农业机械装备,大力推广激光平地、卫星定位自动导航、精量播种、高性能快速插秧、水稻大型浸种催芽智能化程控、大型棉花甘蔗机械收获和清选、农用飞机、TMR饲喂、智能化挤奶和信息化管理等先进设施设备。近年来,又针对农机作业薄弱环节,重点开展机械作业的试验示范并取得明显成效。如在新疆兵团开展的机采棉试验示范取得突破,2011年机采棉面积达到25.7万公顷,占兵团棉花种植面积的48%。在广东、广西开展的甘蔗机械收获试验示范,在黑龙江开展的航空动力伞植保统防统治试验示范,进一步推动了农垦农业生产的全程机械化。

4. 推进农业技术进步。各垦区围绕提高农业技术水平,积极推动和引导龙头企业、科研院所建立技术研发、转化、推广中心,完善农场农技推广站建设,注重先进技术先行先试,农技推广服务能力和农业科技含量进一步提升。近年来,一些垦区以粮棉油糖高产创建和畜牧高产攻关为抓手,大力整合资源,集中项目资金投入,以新品种、新技术、新机具为支撑,加大先进适用技术的集成推广应用力度。2011年,全系统种植业高产创建单位达到276个,畜牧业高产攻关单位达104个,创建攻关单位产量屡创新高,涌现出一批高产高质高效的典型。例如:黑龙江农垦291农场水稻万亩片亩产775千克,新疆兵团农1师1团棉花万亩片亩产188千克,天津农垦嘉立荷公司第八奶牛场奶牛平均单产超过12吨。通过高产创建和攻关,提升了农垦种养业的整体生产水平。同时,加强与科研院校的合作,努力做到创新一批、推广一批、储备一批。如滴灌技术,新疆兵团2009年在粮食作物上率先应用,2010年扩大到甘肃、宁夏等垦区,2011年进一步扩大到东北、华北和南方的10多个垦区。这项技术对增产、节水、节肥、节地和节人工有明显效果,每公顷综合节本增效1500元以上。

5. 狠抓农业标准化和农产品质量安全工作。近年来,农垦系统组织制定了一系列农业生产标准和生产技术规范,开展标准化示范园区(场)创建、农业标准化提升活动、农产品基地认证和清洁生产等工作,从生产环节、农艺措施和农机作业标准化等环节,积极推动种植业全面积、全作物、全过程、全方位的“四全”标准化生产。从2005年开始,农垦运用工业标准化生产理念,以奶牛、生猪等优势产业推广“标准化良好行为”认证为抓手,开展现代化养殖示范场创建活动。2011年又在农机作业领域试点“标准化良好行为”单位创建活动。目前,绝大多数垦区实行了以"模式化栽培管理"为重点的种植业标准化生产,现代化养殖示范场创建单位达到112家。在加快农业标准化生产的基础上,农垦还率先建设农产品质量追溯体系,一大批企业和产品实现了"生产有记录、信息可查询、流向可跟踪、质量可追溯",有力地促进了农垦农产品质量安全水平的提高。

6. 开展现代农业示范区创建。在现代农业建设中,农垦率先开展了现代农业示范区创建工作,以引领示范推动全国现代农业发展。2006年,全国农垦选择了100个农场和单位开展"全国农垦现代农业示范区"创建工作。示范区以优势主导产业为重点,着力加强核心展示区和辐射区建设。核心区通过窗口展示,全面展示先进技术、标准化生产、产业化运作和可持续发展模式,并作为新技术、新品种、新装备的展台和科技培训的讲台,以点带面,带动辐射区发展。各垦区依据这个模式,开展了不同层级的现代农业示范区创建活动。目前全国农垦已有不同类型的现代农业示范区616个,成为当地现代农业建设的样板。农垦还充分发挥在农机装备、科技创新、标准化生产和龙头带动等方面的优势,实施科技带动、产业拉动、社会事业联动战略,积极探索和推进以农业合作为重点的场县(乡)共建。通过示范区窗口展示、场县共建、科技服务等,农垦现代农业示范带动作用进一步增强。

(二)转变热作发展方式,不断提高热作产业发展水平

过去十年,热作行业以加快发展方式转变为主线,积极推进产业优化升级,热作产业竞争能力和经济效益明显提高,热区农民收入进一步增加。

1. 完善热作产业扶持政策。从国家层面出台关于促进我国天然橡胶产业和热带作物产业发展的政策文件,为新时期我国天然橡胶和热作产业发展创造有利政策环境。设立热作农技推广与体系建设、天然橡胶良种补贴、热作种质资源保护、热作疫情监测与防控等现代农业产业技术体系等财政专项,强化热作科技支撑。推进热作基础设施建

设,设立天然橡胶基地建设专项,把热作良种繁育基地和生产示范基地建设纳入国家扶持范围。将天然橡胶列入国家战略物资收储规划。推动天然橡胶等作物纳入农业保险保费补贴范围。对天然橡胶生胶和浓缩胶乳、木薯等热作初加工产品实行企业所得税优惠政策。

2. 优化热作区域布局与结构。主要热作生产继续向优势区域集中。天然橡胶已初步形成海南、云南和广东三大优势区域,加工规模不断扩大,布局更加合理。木薯、香蕉、荔枝、龙眼、芒果、菠萝等优势产区初步形成,产业集中度不断提高,并向规模化、区域化、专业化发展。主要热带水果品种结构更加优化,熟期搭配更加合理,较好地满足了消费者的多元化需求。

3. 加强热作科技创新与推广应用。基本形成资源区划、育种栽培、植物保护、耕作机械、产品加工和科技信息的热作科技体系,并取得了一系列重大科技成果,一大批优良品种、关键技术和集成技术在生产上得到广泛应用,热作科技进步贡献率达54%,比2002年增长10个百分点。热作标准化生产和热作产品质量安全水平明显提高,10年间,农业部认定南亚热带作物名优基地70个、南亚热带作物良种苗木繁育基地20个,建成热作标准化生产示范园162个,以点带面、示范辐射,有效推进了热作标准化生产进程。8个热区省份21个单位开展了热作产品质量追溯系统建设,培育出一大批名牌产品。不少热带水果达到欧盟、美国、日本、澳洲等发达国家和地区的检疫要求,具备较强的国际市场竞争力。

(三)调整优化产业结构,不断做大做强农垦经济

走新型工业化道路,是党的十六大作出的重大决策部署。全国农垦适应新形势要求,加快转变发展方式,调整优化产业结构,大力发展二、三产业,积极打造具有农垦特色的新型工业化和现代服务业产业体系,取得明显成效。

1. 做大优势产业、做强龙头企业。农垦立足自身资源和区位优

势,将资源优势转化为产业优势,形成了具有农垦特色的产业集群,确立了以农产品加工业为主导,十大支柱产业为支撑的农垦工业体系。2011年,农垦农副食品加工业、食品制造业、化学原料及化学制品制造业、石油加工、炼焦及核燃料加工业、非金属矿物制品业、交通运输设备制造业、纺织业、金属制品业、饮料制造业和电力、燃气及水的生产和供应业等主要支柱产业实现产值3824亿元,占农垦工业总产值的70%,其中,农副产品加工业和食品制造业产值占农垦工业产值中的40%以上。一些垦区通过优化、重组,资产并购等方式,以优势主导产业为重点,壮大农垦企业实力,培育发展了一批主业突出、市场竞争力强、行业影响力大的国有及国有控股农垦大企业、大集团。2011年,农垦70家国家重点龙头企业拥有资产总额1829.6亿元,实现销售收入1931亿元。上海光明食品(集团)有限公司和黑龙江北大荒农垦集团总公司在中国企业500强中的排名分别为77位和79位,"北大荒"品牌价值365.4亿元,居中国500最具价值品牌排行榜第38位。

2. 推进农垦工业园区建设。各垦区依托自身土地资源、人力资源储备、技术优势和结合城乡发展的战略优势,通过园区建设,搭建区域工业发展平台,有效吸引战略投资者,园区经济成为农垦经济的重要支撑。据不完全统计,到2011年,农垦已有各类工业园区107个,入驻企业户数3252户,创造产值525亿元。如辽宁农垦工业园区13个,园区工业产值占垦区工业产值近50%;广西明阳、新兴两个工业园区入驻企业168户,创产值92.8亿元,占垦区工业产值的32.6%。新疆兵团工业园区26个,涉及纺织、食品制造、农副产品深加工、机械电子、化工、新型建材、生物制药、仓储物流、矿产品开发等领域。工业园区建设使农垦经济朝着专业化、集约化、集中化方向发展,在引领区域经济、承接产业优化与转移中发挥了重要作用。

3. 加快发展以服务业为重点的农垦第三产业。一些垦区依托现代农业产业体系,充分发挥组织化优势,围绕农场和周边地区农业生产和农副产品加工、销售,提供高质量的产前、产中、产后的综合配套服务。建立高效、绿色物流体系,积极发展以批发市场为中心,以集贸市场、零售商店和超市为基础,以直销配送、连锁经营、电子商务、集中采购等现代物流形式为手段的农垦新型流通业态,以及与现代产品流通相配套的仓储运输系统。如黑龙江农垦北大荒商贸集团初步形成以"粮食银行"为平台,集产区收储、港口集运、期货交易、电子商务等为一体的现代粮食物流体系。上海光明食品集团实施科技、品牌、网络、资源"四位一体"的商业模式转型,发展以农业为主体、低成本、多业态相结合的连锁零售发展模式,构建起辐射全国的6万家店铺网络体系。一些垦区将农垦旅游与文化、生态建设相结合,打造农垦旅游精品和独具特色的农垦旅游业。如宁夏农垦沙湖景区年接待人次突破100万大关,广东燕岭大厦、安徽黄山大厦等酒店实行多种经营,取得较好经济效益。城郊垦区还在房地产业、金融服务业等方面取得重要进展,成为垦区经济新的增长点和经济社会持续发展的有力支撑。

(四)深化国内外经济交流与合作,不断拓宽农垦发展空间

进入新世纪以来,我国改革开放不断深化和经济全球化加快推进,农垦适应形势发展变化,主动打破封闭格局,加强与地方合作,稳步实施"走出去"战略,为农垦经济社会又好又快发展开辟了更加广阔的空间。

1. 大力加强垦地合作。近年来,一些垦区把推进农垦与地方的合作发展放在十分突出的位置,打破垦地界限,改变农垦游离于当地区域经济社会发展之外的状况,实现垦地优势互补、互利共赢、共同发展。广东省农垦总局与湛江市建立垦地合作发展新机制,将湛江垦区纳入全市经济社会发展规划,推进地方与农垦在规划布局、产业体系、基础设施、城镇建设、公共事业、生态文明等方面的全面合作发展,使垦区资源优势得到充分发挥,垦区产业结构得到优化升级,区域经济社会资源得到合理配置。安徽农垦立足自身优势和特点,以城郊型农场为依托,与全省经济发展战略和市县经济发展规划相结合,主动融入地方经济

发展,先后与宣城、淮南、蚌埠、六安、宿州、铜陵6市有关区县签订战略合作协议,在产业发展、园区建设、生态旅游、居民小区建设等方面开展合作,既构建了农垦新的融资和发展平台,又带动了地方经济社会的发展。

2. 扎实推进国际合作。重点加强粮食、天然橡胶等领域的境外资源合作开发,构建农垦产品国际市场营销网络。境外粮食生产主要分布在俄罗斯、巴西、菲律宾、澳大利亚、古巴、津巴布韦等国家,以水稻、玉米、小麦和大豆等作物种植为主;境外天然橡胶资源开发,逐步形成了覆盖马来西亚、泰国、新加坡、印尼等东南亚国家,包括橡胶种植、加工及贸易在内的境外产业链条;境外其他重要资源开发也取得积极进展。由湖北、江西、重庆、陕西等垦区承担的莫桑比克、多哥、坦桑尼亚、喀麦隆4个非洲国家的农业技术示范中心建设任务初步完成,有的已开始产生良好的试验示范效果。

(五)加强民生和社会事业建设,不断巩固垦区和谐稳定良好局面

党的十七大以来,全国农垦紧紧抓住中央加强民生和社会建设的机遇,在加快改革发展的同时,切实解决垦区民生和社会发展中的突出问题,使职工群众共享改革发展成果,促进垦区社会更加和谐稳定。

1. 着力解决农垦重大遗留问题。10年间,在各级政府的大力支持下,一些长期困扰农垦的历史遗留问题逐步得到解决。如在养老保险方面,出台了《劳动和社会保障部、财政部、农业部、国务院侨办关于农垦企业参加企业职工基本养老保险有关问题的通知》(劳社发[2003]15号),农垦职工和退休人员全部纳入企业职工基本养老保险范围。在社会救助方面,出台《农业部、公安部关于落实农垦系统国有企事业单位职工家属非农业户口政策有关问题的通知》(农垦发[2003]2号),使880多万职工家属由农业户口转为城镇户口,农垦困难职工家庭按照有关政策规定纳入城市低保覆盖范围。出台《民政部农业部关

于进一步做好农垦国有农场救灾工作的通知》(民发〔2011〕109 号),农垦国有农场受灾人员全部享受民政自然灾害救助。在土地管理方面,先后出台《国务院办公厅转发国土资源部农业部关于依法保护国有农场土地合法权益意见的通知》(国办发〔2001〕8 号)和《国土资源部农业部关于加强国有农场土地使用管理的意见》(国土资发〔2008〕202 号),明确了农垦国有土地确权登记发证及解决土地纠纷的相关政策和土地维权、耕地保护、土地开发利用等政策,规范了农垦国有农场土地使用管理行为,有力保护了国有农场土地合法权益。

2. 积极落实国家有关社会发展政策。在争取政策的同时,各垦区还把落实政策放在突出位置。在职工住房建设方面,2007 年将安置归难侨的福建、广东、广西、海南、云南等五垦区近万户归难侨纳入危房改造范围,2008 年以来,逐步将全国各垦区危房改造纳入国家保障性安居工程范围,农垦职工住房条件得到前所未有的显著改善。在基础设施建设方面,将农垦 1.2 万千米公路建设和 494 万人安全饮水纳入到国家"十二五"规划,将农场电网升级改造纳入各省区电网改造规划,逐步实施。农垦的教育、卫生、文化等社会事业也逐步纳入到相关政策覆盖范围。到 2011 年年底,全国农垦 85.3% 的义务教育学校进行了农村义务教育保障机制改革,95.8% 的中小学和 92% 的公共卫生机构按国家规定实行了绩效工资改革,待遇水平逐步提高;586 所中小学开展了清理化解"普九"债务化解工作,化解债务 50 亿元;667 所学校实施了农村中小学校舍安全工程,办学条件得到较大改善;普通高中和中等职业教育学校学生资助、中小学学费减免和困难学生资助在大多数垦区得到落实,基层医疗卫生服务体系建设和农村重点文化惠民工程等政策也逐步覆盖垦区和农场。

3. 加快发展各项社会事业。全国农垦按照科学发展观的要求,统筹推进经济和社会发展,在加快经济发展的同时,高度关注并积极发展科技、教育、卫生、文化等各项社会事业。到 2011 年年底,全国农垦拥有科研单位 328 个、科研人员 9135 人,各类农业技术推广机构 2976

个、农业技术推广人员2.6万人,并在一些大型企业建立了企业技术研发中心或博士后流动站,为农业科学技术的研究推广和提高农垦自主创新能力奠定了良好基础。农垦教育事业扎实推进,已形成比较完整的基础教育、职业教育、专业培训体系,教学条件明显改善,教学质量稳步提高。公共卫生体系建设进一步加强,绝大多数垦区建立了三级医疗服务网络,初步形成了层次完整、结构合理、具有较强医疗服务和健康保障能力的卫生服务体系,基本实现"人人享有初级卫生保健"的目标。在推进新农村建设过程中,各垦区从实际出发,大力加强以农场场部为重点的小城镇建设,小城镇功能不断完善,辐射带动能力不断增强。到2011年年底,全国农垦已形成上千个以国有农场为核心的农垦小城镇。如黑龙江垦区,着力构建垦区"四个五"城镇体系,即5个10万人以上的农垦中心城市,50个2万人以上的重点城镇,50个1万人以上的一般城镇,500个1000人以上的管理区,垦区面貌发生了巨大变化。

4. 加大农垦扶贫开发力度。2002年以来,农垦系统更加重视扶贫开发工作,坚持开发式扶贫方针,注重基础设施、体制机制、结构调整、科技进步和人员素质等多方面协调推进。将扶贫开发纳入垦区经济社会发展规划,千方百计增加对贫困农场的投入,建立了以中央财政扶贫资金为依托、整合各种渠道和多个部门项目资金共同推进贫困农场经济社会发展的投入机制,累计投入财政扶贫资金27.1亿元,65%以上用于与职工群众生产生活密切相关的小型基础设施建设。通过扶贫资金的引导和项目实施,大大改善了贫困农场的基本生产生活条件,培育出一批优势特色产业,发挥了科技和智力对农场经济发展的根本推动作用,全面提高农场和职工的自我发展能力。

(六)推进体制机制创新,不断激发农垦经济社会发展的活力和动力

党的十六大以来,各垦区紧紧依靠广大职工群众,迎难而上、奋力拼搏、凝心聚力、攻坚克难,推动重点领域和关键环节的改革取得重大突破。

1. 着眼全局和立足实际相结合,旗帜鲜明地提出改革方向。始终坚持着眼国民经济社会发展全局、立足农垦事业发展整体,明确新时期农垦的基本定位是国有农业企业,是服务于国家核心利益的战略力量,核心作用是保障粮食等主要农产品供给安全、示范带动现代农业建设。从新时期定位和作用出发,着力谋划改革的主攻方向,坚持农垦改革的企业化、市场化取向,适时提出"产业化、集团化和股份化"改革思路,有力地推动了农垦各项改革的全面深入,并为争取国家有关政策支持奠定了基础。

2. 统筹解决与单项协调相结合,坚持不懈地优化外部环境。10年来,各级政府对农垦改革的政策支持力度之大、含金量之高前所未有,成为改革顺利推进的重要支撑。特别是针对农垦的特殊性,围绕重点改革内容,推动出台《国务院办公厅关于深化国有农场税费改革的意见》(国办发[2006]25号)、《国务院农村综合改革工作小组关于开展国有农场办社会职能改革试点的通知》(国农改[2012]4号)等政策文件,累计落实财政补助资金300多亿元,有力地支持了重大改革措施的顺利实施。

3. 统一要求与分类指导相结合,因地制宜地选择改革路径。一方面,把握各种可能的机会,着力将农垦改革部署提升到国家层面。在每年的中央1号文件、国务院深化经济体制改革的意见,以及十七届三中全会《关于推进农村改革发展若干重大问题的决定》中,均对深化农垦改革提出具体要求。温家宝总理、回良玉副总理等中央领导同志,多次对推进农垦体制改革作出明确指示。这些都有效地统一了各方思想,形成推动农垦改革的合力。另一方面,由于各垦区情况极为复杂、差异很大,在指导垦区改革时,要求各地从实际出发,选择符合自身实际的改革的具体思路、方式和方法,不搞一刀切、一个模式。

4. 顶层设计与基层创造相结合,锲而不舍地攻克难点问题。统筹推进管理体制改革、农业经营体制改革、税费改革、办社会职能改革和二、三产业企业改革,协调好各项改革进程,使其成为有机整体共同推进,避免产生相互制衡。加强分项改革的前瞻性设计,抓好改革路径、步骤、时机等整体谋划,做到方向明确、思路清晰,防止人为制造障碍。鼓励和支持农场基层在改革上的大胆探索和创新,允许超出一定政策范围的超前试验。及时总结推广江苏农垦农业经营"两田制"改革、广东农垦集团化改革、上海农垦办社会职能改革等成功的制度创新,指导完善农业模拟股份制经营、农场公司制改革、农场管理区改革等试验探索,促其找到更加完善有效的措施。

5. 巩固成果与深化完善相结合,积极有效地掌控改革进程。紧紧抓住职工利益这个核心,切实把改革、发展和稳定有机地结合起来,不失时机地推进改革,毫不放松地加快发展,积极有效地维护稳定。统筹改革力度和各方承受能力,不断理顺各方面的利益和情绪,尽可能减少改革带来的震荡,确保改革始终保持前进势头,防止出现徘徊、倒退和反复。着力解决职工群众反映强烈的焦点、难点问题,实现改革成果共享。

党的十六大以来的实践充分证明,农垦作为国民经济和社会的重要组成部分,在我国改革开放和现代化建设加快推进的大背景下,要想有大的作为,对国家作出大的贡献,必须明确农垦工作的基本定位,始终把确保国家粮食安全和主要农产品有效供给、示范带动现代农业建设作为中心任务放在十分突出的位置,服从和服务于国家发展大局;必须紧紧抓住发展不放松,始终把发展作为第一要务,在确保较高经济增长速度的同时,提高经济增长的质量和效益,增强发展的全面性和协调性,努力做到又好又快发展;必须深入推进改革开放,努力消除影响农垦发展的体制机制性障碍,全面打破封闭格局,不断开拓农垦经济发展新领域;必须坚持因地制宜、分类指导,针对不同垦区的特点,多种方面深化改革,多种模式推进发展;必须坚持以人为本,始终把保障和改善民生作为一切工作的根本出发点和落脚点,努力做到改革发展依靠职工群众,改革发展成果由职工群众共享;必须加强工作协调,不断优化改革发展的外部环境,切实把农垦经济社会发展纳入当地经济社会发展轨道。

当前,农垦改革发展正处于历史最好时期,但也面临许多突出矛盾和问题。主要是:发展的不平衡性加剧,垦区之间、农场之间、产业之间、经济和社会之间发展的不平衡性进一步扩大;国有农场办社会负担、债务负担等还比较重;农垦职工养老、医疗等社会保险体制建设面临新的挑战和压力;体制机制性障碍尚未根本消除,在一定程度上制约了经济社会发展,并影响到国家有关政策在垦区的全面有效落实。对于这些困难和问题,农垦上下必须以更大的决心和勇气、以更加有力的对策和措施,切实加以解决。

三、始终坚持以科学发展观为指导,努力开创农垦事业发展新局面

农垦的发展已经站在一个新的起点上,既面临重大机遇,又面临新的挑战,必须适应新形势要求,始终坚持以邓小平理论和"三个代表"重要思想为指导,深入贯彻落实科学发展观,紧紧围绕保障粮食等主要农产品有效供给、充分发挥在现代农业建设中的示范带动作用,大力推进生产经营市场化、企业组织集团化、社会管理属地化和公共服务均等化,大力推进产业结构调整和经济增长方式转变,巩固和建设一批具有国际先进水平的大型优质农产品生产基地,培育一批具有较强市场竞争力的大型现代企业集团,形成一批在全国和各区域有影响力的支柱型产业,不断增强农垦经济整体实力,不断提高职工群众生活水平,努力开创农垦事业发展的新局面。

(一)进一步提高现代农业建设水平

按照高产、优质、高效、生态、安全和专业化、标准化、规模化、集约

化的要求,加快推进农垦和热作现代农业建设,率先实现农业现代化。围绕建设大型农产品商品生产基地,不断加强农业基础设施,加快农机更新改造步伐,改善农业物质装备,提高农业科技水平。全面推进农业标准化生产,进一步抓好以标准化体系建设为主要内容的农垦现代化养殖示范场和热作标准化生产示范园建设,健全农产品质量追溯体系建设,着力构建保障农产品质量安全、提高农产品质量的长效机制。积极开展多层次、多类型的现代农业示范区建设,及时总结示范区现代农业建设的经验,不断创新完善"窗口"示范、技术和服务输出、场县(乡)共建等示范带动的方式和途径,增强示范能力,扩大示范效应。

(二)深入实施经济结构战略性调整

在稳定发展农业、不断提高粮食等主要农产品生产能力的基础上,围绕粮食、棉花、糖业、奶业、种业、天然橡胶和热带水果等优势产业,进一步延伸产业链条,大力发展以农产品加工业和服务业为主的二、三产业,不断促进产业升级,加快构建现代农业产业体系。立足优势产业和企业,调整国有经济布局,加强产业整合和企业重组,集中优势资源,大力培育现代企业集团,使其成为垦区经济发展的龙头和支柱。支持和引导非国有经济发展,激发垦区经济发展活力。

(三)加快推进科技进步和创新

充分发挥科研、教学、推广机构和龙头企业在科技进步中的关键作用,进一步完善农垦和热作科研体系,围绕主导产业、核心领域、关键环节,不断提高自主创新和引进、消化、再创新能力。健全农技推广服务体系,支持农场综合性农技推广机构建设,狠抓关键技术推广,加快科技成果向现实生产力转化。千方百计引进、培养、稳定科研推广队伍,充分调动、发挥科技人员的积极性和创造性,为农垦经济发展提供强有力的人才和智力支撑。

(四)全面深化农垦改革开放

进一步完善农业经营体制,切实保障农场职工的土地承包权益,积极探索联户家庭农场、专业合作组织、模拟股份制企业等经营组织形式,建立有利于现代农业发展的经营管理制度。多种形式推进国有农场改革,创新农场内部体制机制,提高农场运行效率和管理效能。进一步完善垦区集团化体制特别是完善和规范母子公司体制,充分发挥垦区集团在资源整合等方面的优势。加快分离企业办社会职能,理顺政企、社企关系。大力加强垦地合作,拓展发展空间,培育新的经济增长点。稳步实施"走出去"战略,以境外粮食、天然橡胶、油料、糖料等资源的合作开发为重点,以大型企业为主体,实施重大项目带动战略,扩大国际农业合作开发规模,提高境外资源利用效益和水平。

(五)切实保障和改善垦区民生

不断提高职工收入水平,大力拓宽职工增收渠道,引导职工开展多种经营和转移就业,不断增加经营性收入和工资性收入;全面落实国家强农惠农政策,确保职工补贴性收入稳步增加;继续巩固税费改革成果,加大农工减负力度,促进职工减负增收。合理调整收入分配关系,正确处理集团公司、农场和职工之间的利益关系,完善产业化经营的利益联接机制,促进公平分配。全面推进社会保障和救助政策的落实,多形式、多渠道解决职工、居民的社会保险、社会救助等问题,提高职工和居民的社会保障水平。切实抓好垦区危房改造工作,努力使垦区符合条件的职工都能享受国家住房保障政策。大力推动垦区安全饮水、道路、电力、通信等基础设施以及教育、卫生、文化等公益事业建设。加强农垦扶贫开发,着重改善贫困农场基本生产生活条件。加大资源和生态保护力度,促进资源永续利用。不断加强垦区社会管理,全面构建垦区和谐社会。

农业科技发展成效显著

党的十六大以来,中央把农业科技摆在了农业农村工作中更加突出的重要位置。党的十七届三中全会明确指出,"农业发展的根本出路在科技进步。"2004年以来连续9个中央1号文件都对农业科技作出了重要部署。10年来,党中央、国务院立足于新时期农业农村经济发展形势,提出了符合时代要求的农业科技发展路线和方针政策,明确了转变农业发展方式、加快发展现代农业的战略任务,确立了走中国特色农业现代化道路的基本方向,提出了农业科技整体实力进入世界前列的目标要求,出台了一系列重要的政策措施。在中央大政方针科学指引下,我国农业科技工作取得长足进步,体制机制不断创新,重大成果不断涌现,农技推广服务水平显著提升,人才培养取得新的进展,基础条件持续改善。2011年,我国粮食单产增加对总产提高的贡献率达到85.8%,科技进步对农业增长的贡献率达到53.5%,科技已成为支撑我国农业发展的主要力量。

一、农业科技体制改革与机制不断创新完善

(一)农业科技体制改革深入推进

党的十六大以来,面对世界范围内农业科技革命发展的新形势,适应农业结构战略性调整和现代农业发展对科技创新的新要求,各部门认真贯彻落实中央决策部署,不断突出农业科技的国家目标导向,及时

调整农业科技发展战略布局,深入推进农业科技体制改革。1. 加强了学科建设。积极推进学科调整,初步形成了方向明确、重点突出、符合发展的学科布局。中国农业科学院建设 9 大学科群,中国水产科学研究院和中国热带农业科学院整合全院资源分别建设 15 个重点学科。通过改革,农业科研学科布局得到优化,学科重复设置、科研力量分散等问题得到明显改善。2. 深化了运行机制改革。按照"公开、平等、竞争、择优"的原则,实施全员聘任制。实行"基础工资+岗位津贴+绩效奖励"的工资制度,完善岗位激励分配机制,初步实现科技人员的收入与贡献和绩效挂钩,提高了科研人员的积极性和科研创新活动效率,"开放、流动、竞争、协作"的新型运行机制正在形成。3. 强化了人才队伍建设。中国农业科学院、中国水产科学院、中国热带农业科学院面向海内外招聘了一大批高层次科研创新人才,45 岁以下科研人员比例达到 70% 以上,其中具有研究生学历的占 50% 以上,初步形成了一支精干高效、结构合理的科技创新人才队伍。4. 加大了投入保障力度。公共财政对农业科研院所的投入显著增加,并带动投资总量较快增长,科研经费总收入年均增长 11%。农业科研投入状况有所好转,公益性服务得到进一步重视。

(二)农业科技机制创新成效显著

针对农业科技条块分割、资源分散、产学研脱节、科技与经济"两张皮"现象,国家进一步加快了农业科技创新体系建设步伐。农业部、财政部、科技部等部门和广大农业科研单位立足农业科技资源条件和国情特色,着力推进科技管理创新,取得了积极成效。2007 年,启动了现代农业产业技术体系建设,以产品为单元,以产业为主线,建立了从产地到餐桌、从生产到消费、从研发到市场各个环节紧密衔接的技术研发与服务体系,覆盖了水稻、玉米、小麦、生猪等 50 个主要农产品。启动实施了公益性行业(农业)科研专项,围绕当前农业生产中的共性、关键性、应急性问题,集中全国优秀科研团队开展大会战,覆盖粮食等主要农产品生产、农业防灾减灾、农业机械化、节本增效等农业各领域。几年来,通过重大项目引领,探索构建了"任务来源于生产,成果结合生产形成,效果受生产检验,人才在实践中成长"的农业科技管理新模式。1. 建立了产业需求为导向的立项机制。立足农业生产实际,系统梳理产业需求,凝练研究任务,逐项明确发展问题、核心技术、实施内容、评价指标、管理机制和任务分工,将研究内容定位在产业需求上,将研究成果定位在快速转化应用、解决生产实际问题上,推进农业科技与生产紧密结合。2. 探索了自上而下的择优支持机制。按照我国优异农业科技资源布局,广泛征求多方意见,在现有国家和省部级重点实验室、工程(技术)中心、改良(分)中心中择优选择项目承担单位。自下而上调研形成科研任务,自上而下部署落实,促进了优势力量和优异资源凝聚,避免了科研人员各自为战和过度竞争。3. 实行了经费投入的稳定支持机制。根据农业生产规律和农业科研特点,对重点产业、关键生产环节的项目按照完成科研任务的实际需求进行经费预算,实行稳定支持,营造让科研人员潜心钻研科技、安心服务生产的良好氛围,确保农业生产的重点技术需求能有一支稳定的队伍长期跟踪和攻关,随时化解农业生产难题。4. 建立了以解决生产实际问题为主的评价考核机制。改变原有以科学引文索引(SCI)论文、专利、获奖等为核心的评价体系,在项目评价中突出解决农业生产实际问题和对行业领域的实际贡献。引进用户评价模式,吸收行业管理部门、技术推广单位和行业协会等技术用户参与体系评价。5. 强化了跨部门、跨学科、跨区域的联合协作机制。围绕国家目标、产业需求和农民需要,打破部门、区域、单位和学科界限,将优势科技资源凝聚起来,将科研力量和优势产区结合起来,形成支撑农业产业发展的强大科技合力。全国1000余家农业科研、教学、推广、企业单位的8000余名专家参与了现代农业产业技术体系建设和公益性行业(农业)科研专项实施,围绕产业需求研发了一批重大科技成果,并在生产中大面积示范应用。

二、农业科技创新成果丰硕

（一）农业科技基础性工作进展迅速

我国从 1999 年开始实施科技基础性工作，主要支持对科技发展有重要作用但缺乏稳定支持渠道的项目，鼓励跨部门、跨学科联合实施。2006 年启动实施科技基础性工作专项以来，农业科技基础性工作进展迅速，在农业科学数据整理、分析和积累，农业科技资料收集、加工和总结，动植物种质资源鉴定、保藏和利用等方面取得显著成效，对农业科技发展产生了深刻影响和重要推动作用。"十一五"期间，"土壤图籍编撰及数字土壤构建"重点对第二次全国土壤普查数据进行了抢救性保护，对国家工程重点地区进行了优先建设，完成了 1000 个县土壤图件的数字化，有力配合了基本农田建设、测土配方施肥、耕地地力调查、水污染治理等国家工程的实施。"云南及周边地区农业生物资源调查"项目组织完成了对云南西部、西北和南部地区的 3 次大规模的系统调查，收集资源样本 2000 余份，并对云南地区农业生物资源的分布规律、消长变化和利用现状等进行了深入分析，对国家正在着力开展的遗传资源保护和利用工作具有非常重要的参考价值。

（二）农业基础研究成效显著

党的十六大以来，我国农业基础研究取得显著成效，重点围绕农作物核心资源与功能基因、分子改良与杂种优势利用、农产品品质形成、水肥资源高效利用、农作物病虫草鼠害、耕地质量演变、农业生态、外来生物入侵、转基因生物安全等方面进行了深入探索，取得了阶段性、突破性进展，在国际学术界产生了重要影响。1. 物种起源与种质资源基础研究取得重大突破。揭示了水稻、小麦、大豆等重要农业物种的起源，开拓性地建立了"基于基因组学的作物种质资源学"学科，培育出一大批基因组材料和育种材料，发掘出一批优质、高产、抗病、抗逆重要新基因。2. 农业遗传育种理论与方法取得长足进展。在水稻、小麦等农作物株型、矮化、杂种优势利用机理、品质和产量性状功能基因以及骨干亲本遗传构成与利用效应、畜禽重要经济性状形成机理等方面取得重大突破。3. 植物营养生理与代谢研究不断深入。提出了典型农区主要种植制度下氮磷肥减施增效与农田可持续利用模式，完成了国际上第一例联合固氮菌斯氏假单胞菌 A1501 全基因组序列测定，构建了大豆氮磷高效的"理想根构型"。4. 农业病虫害发生发展规律与农业生态研究取得显著进展。揭示了我国小麦条锈病菌、水稻稻瘟病的流行规律、致病性变异原因，完成了烟粉虱、紫茎泽兰、松材线虫等多种入侵生物的入侵机制与特征研究。5. 土壤演变规律和农业生态的基础研究进展迅速。创建了"质量土壤学"理论，在国际上首次提出草业系统的界面论，根据不同的生态条件和生产类型，探索了我国 7 种优化生态—生产范式。6. 转基因生物安全性研究取得突破性进展。在基因漂移、预期与非预期效应等方面取得新突破，发展了转基因生物安全的新兴学科，使我国在该前沿战略领域具备了与发达国家平等对话与交流的实力。

（三）农业高新技术研究迈出新步伐

党的十六大以来，我国在农业高新技术领域取得了一大批具有自主知识产权的重大科技成果，为支撑农业产业健康发展、增强我国农业科技竞争力发挥了重要作用。培育和推广了超级稻等一大批优良品种及配套技术，促进了主要农作物单产提高和品质提升。选育出"协优9308"、"两优培九"、"国稻 1 号"、"国稻 6 号"等一批居世界领先水平的超级稻新组合，2011 年超级稻累计推广面积超过 667 万公顷。"矮败小麦"及其高效育种技术比常规育种方法提高功效上百倍，实现了小麦育种方法的重大创新。在国际上首次成功培育出比常规棉增产 25% 以上的三系杂交抗虫棉。培育出"中双"、"华杂"等一系列"双低"（低芥酸、低硫苷含量）油菜新品种，实现了我国油菜生产由产量型向优质高产型的历史性跨越。研发了禽流感、猪蓝耳病等一批动物疫苗和健康养殖技术,保障了养殖业稳定发展和公共卫生安全。2004 年成功研制出新型 H_5 亚型基因重组禽流感灭活疫苗,2006 年成功研制出重组禽流感新城疫二联活疫苗,成为国际上第一个推向应用的 RNA 病毒活载体疫苗。成功研制出第一个获得国家一类新兽药证书的兽用化学药物"喹烯酮",使畜禽腹泻发病率降低 50%—70%,促进了我国畜牧业可持续发展。

(四)农业重大关键技术研究取得突破

应对人口数量持续增长、耕地面积不断下降、资源环境约束趋紧等问题,重点围绕农业持续稳定发展的实际需求,在品种增产潜力挖掘、轻简高效种养技术集成、动植物病虫害防控、新型实用农业机械研制、农业资源高效利用等方面开展系统研究,解决了一批关键共性技术问题。1. 培育了一批新品种,推进了良种良法配套,提升了粮食持续增产能力。针对水稻抗逆性较差、品质不高等问题,培育了一批优质高产抗逆水稻新品种并建立了配套栽培技术,累计示范推广 1467 万公顷,增产 34.9 公斤,产生直接经济效益 129.9 亿元。针对黄淮海干旱、干热风等小麦生产上的主要问题,培育了济麦 22 等抗旱抗干热风新品种。针对玉米种植密度不足、易倒伏、抗逆性不强等问题,通过优化品种布局、研发关键生产技术、创新耕作制度,集成了玉米高产稳产配套技术体系,示范推广 667 万公顷,增产 10% 以上。2. 研发了轻简高效种养技术,推进了农机农艺结合,提高了农业生产效率。为提高水稻机插秧种植效率,集成了大棚育秧技术,培育了适合机械栽插的秧苗,研制了系列钵形毯状秧苗机插秧盘,实现了定位定量取秧机插,比普通机插秧每公顷增产 300 公斤—600 公斤。为解决东北旱田耕层浅、土壤质量下降等问题,研究提出了隔年深松、苗带轮换、交替休闲的宽窄行玉米生产模式,研制了深松机具和深旋精量联合播种机,形成了深松高产栽培技术,示范区每公顷增产 2250 公斤。为解决山地柑橘种植劳动强度大等问题,研制了成本低、易操作、适宜山地作业的果园运输机,大大改善了橘农劳动条件。研制的"自走式苜蓿刈割压扁收获机",一次性完成紫花苜蓿的刈割、压裂茎秆和铺放草条的作业工序,减少紫花苜蓿水分和粗蛋白散失,为农牧民生产苜蓿每吨增收 500—600 元。研发的油菜播种、移栽、收获、清选、烘干等关键设备,形成了油菜机械化生产的区域技术模式,平均每公顷节本增效 1320 元。3. 强化重大动植物病虫害防控技术研究,提升了农业防灾减灾技术水平,保障了农业稳定发展。强化主要农产品重大病虫害监测预警、诊断分析以及药物研发和综合防控技术研究,获得了一批授权专利,制定了数百项技术标准、使用规程,有效增强了应对农业生物灾害的能力。针对褐飞虱、稻纵卷叶螟等两迁害虫防治中过分依赖化学农药的问题,构建了合理使用抗性品种、农业措施和绿色农药的综合防控技术体系,在水稻主产区大面积示范推广,每公顷增产 6750 公斤。针对小麦白粉和赤霉病菌小种变异速度快、品种抗病性易丧失等问题,分析了病菌的群体遗传结构,完成了 1000 多份品种的抗病性评价,完善了监测预警和防控技术体系,平均增产 10% 以上。针对动物疫病严重制约畜牧业稳定发展的问题,研究了高致病性猪蓝耳病、猪瘟等疫病综合防控技术,使生猪群全程成活率达到 98% 以上;开发了鸡白血病快速诊断和净化技术,使商品代蛋鸡中肿瘤/血管瘤下降 50% 以上,每年减少经济损失 3 亿元以上;研究制定出多种畜禽综合免疫规程,在四川、山东等地示范应用,节省免疫用工 30%,节约疫苗用量 20%。4. 创新了农业资源高效利用模式,提高了土地和农业投入品利用效率,支撑了农业可持续发展。为提高农业生产复种指数,选育出再生力强的水稻新品种 8 个、适合套作的大豆品种 26 个以及超强抗寒冬油菜品种,集成创新了不同生态区域间套作栽培技术和轮作模式,2010 年推广再生稻 5.3 万公顷,间套作大豆 11 万公顷,麦后复种油菜和马铃薯套种油菜 2.7 万公顷,新增经济效益 9.6 亿元。为缓解西北干旱、半干旱地区水资源严重短缺问题,研发了马铃薯保墒增效综合栽培技术,示范推广 12 万公顷,平均每公顷产量 27750 公斤,直接经济效益 3.2 亿元。为解决农业有机废弃物引起的环境污染和资源浪费问题,开发出微生物有机肥产品,有效防治了黄瓜、番茄、棉花、香蕉等经济作物的土传性病害。研发的小麦高效节能与清洁安全加工新技术在 28 个省市 1000 多个加工企业应用,累计直接经济效益 150 亿、新增利润 50 亿、节电 31 亿度、节约小麦 1950 万吨。

(五)种业科技创新加快推进

加快种业科技创新,推进生物育种产业发展,对保障国家粮食安全意义重大。党的十六大以来,我国生物育种产业成果显著。充分利用杂种优势、分子标记育种、转基因育种、细胞工程等手段,培育出超级稻、高产小麦、杂交玉米、转基因抗虫棉、杂交油菜等一大批优良品种,带动了整个生物育种产业的迅猛发展。转基因生物新品种培育重大专项从 2008 年启动以来,以产品和产业为导向,以重大新品种培育及产业化为核心,稳步推进生物育种产业化进程。转基因新品种培育成果显著。新培育转基因抗虫棉品种 66 个,累计推广 1345 万公顷,实现经济效益 210 亿元。三系杂交抗虫棉育种取得新突破,培育新品种 4 个,累计推广 40 万公顷。转基因抗虫水稻和转植酸酶基因玉米已获得生产应用安全证书。转人血清白蛋白水稻进入环境释放试验阶段,可用于生产白蛋白制剂。获得一批自主知识产权的重要基因和关键技术。获得具有自主知识产权和重要育种价值的新型 Bt 杀虫基因 10 个,新型抗除草剂基因 6 个,抗逆、抗病、优质、高产、养分高效利用新基因 37 个,打破了发达国家的基因专利垄断。建立了规模化粳稻转化体系,转化效率达 85%,规模化程度提高 5—6 倍。完善了转基因产品分子特征检测、环境安全评价与监测等技术体系,提升了转基因生物安全保障能力。为贯彻落实《国务院关于加快培育和发展战略性新兴产业的决定》和《国务院关于加快推进现代农作物种业发展的意见》,农业部配合发展改革委起草了《国家战略性新兴产业发展"十二五"规划》,会同发展改革委、财政部启动实施了生物育种能力建设与产业化专项,推动企业与优势科研院所、高等院校建立实质性长期合作关系,积极推动企业整合现有种业资源,创新种业发展模式,提升我国生物育种产业持续发展能力。2012 年,启动 18 个水稻、7 个小麦和 16 个玉米生物育种项目。

(六)农业技术引进与国际科技合作效果明显

为充分利用国外先进农业科学技术,尽快缩小我国农业科技与世界先进水平的差距,从 20 世纪 90 年代开始,国家启动实施了引进国际先进农业科学技术计划(简称"948 计划")。党的十六大以来,"948 计划"突出产业导向,坚持技术引进与原始创新、集成创新相结合,通过技术引进、消化吸收和创新推广,提高了我国农业科技自主创新能力和国际竞争力,培养了一批高层次农业科技人才,搭建了国际农业科技交流与合作的平台。目前,已从 40 多个国家和地区引进先进农业技术近3000 项、品种资源 9 万多份、仪器设备 1440 余套,覆盖了种植业、畜牧、兽医、渔业、农机、农垦等多个行业,为农业农村经济发展做出了巨大贡献。1. 引进了大批优异动植物种质资源,大幅提高了我国粮食、畜禽等主要农产品供给能力。先后引进农作物资源 9 万余份、林木优良种质资源 345 种(品系),通过消化吸收,发掘材料 50 多万份,培育农林植物新品种 600 多个,各类作物累计推广超过 1 亿公顷。引进农作物种质资源数量占国家农作物种质资源库总量的 21%。通过引进名特优稀畜禽品种资源,改良培育出中国美利奴绵羊、中国黑白花奶牛、草原红牛、新疆褐牛、三江白猪、北京白鸡、哈尔滨白鸡等一大批优异畜禽新品种,充分保障了我国肉类、禽蛋和水产品有效供给。2. 引进了大量现代农业关键技术,有效带动了农业相关产业发展,提高了农业现代化水平。通过技术引进,推动了农业机械和农产品加工技术快速发展,推广了节水、节地、节肥、节药等资源节约型、环境友好型技术,突破了农业生产的区域和季节限制,丰富了"肉蛋奶"、"瓜果菜"市场供应,极大地提高了农业现代化水平。以食用菌为例,仅"十一五"期间共引进国外优异种质资源近 200 份、先进技术 8 项,开发出与国内生产条件相适应的新技术和品种 40 多个。3. 引进了多项动植物疫病防控前沿技术,促进了我国重大动植物疫病防控技术水平稳步提升。从世界上 20 多个国家引进了多种动植物疫病的检测和综合防治技术,稳步提升重大动植物疫病防控技术水平。尤其是疯牛病、禽流感等外来重大动物疫病检测技术的引进,增加了应对外来重大疫病的防控技术储备。引进研发的"禽流感防治技术",引进了几乎全部已知的 135 个毒株,为国内有效防控禽流感疫情传播发挥了决定性作用,有效保障了畜牧业生产和公共卫生安全。4. 搭建了国际农业科技合作交流平台,培育了一支具有国际竞争力的科研和推广人才队伍。先后聘请了 800 多名国外知名专家来华讲学,支持 1000 多名中青年科学家赴国外进修和学习,扶持、凝聚了大批海外学子归国参与技术引进和研发,培养了一大批紧跟世界农业科技发展前沿的中青年农业专家,部分已经成为国际农业科技界的领军人物。

三、农业技术推广服务成效显著

(一)全面推进基层农技推广体系改革与建设

基层农技推广体系是实施科教兴农战略的重要载体,是推动农业科技进步的重要力量,是建设现代农业的重要依托。党的十六大以来,面对广大农民发展现代农业的科技需求,以及基层农技推广体制不顺、机制不活、队伍不稳、保障不足等诸多问题,中央对基层农技推广体系改革与建设作出一系列重要部署。党的十七届三中全会要求,加强农业公共服务能力建设,创新管理体制,提高人员素质,力争三年内在全国普遍健全乡镇或区域性农业技术推广等公共服务机构。国务院《关于深化改革加强基层农业技术推广体系建设的意见》对基层农技推广体系改革与建设工作作出全面安排。各地区、各部门贯彻落实中央的决策部署,深化改革,加强建设,探索出适应新时期农业发展要求的基层农技推广体系改革与建设新路子。1. 基层农技推广机构普遍健全。根据县域农业特色,因地制宜建立健全县、乡两级农技推广机构,落实了关键农业技术推广、动植物疫病和农业灾害防控、农产品质量监管、农业资源环境监测、农业公共信息和培训教育服务等公益性职能,同时积极稳妥地将农资供应、动物疾病诊疗以及产后加工、营销等服务分离出来,按市场化方式运作。根据职能任务科学核定编制,落实农技推广人员,并纳入全额财政预算。截至 2011 年年底,全国基层农技推广机构普遍健全,共有机构 9.50 万个,其中县级 2.25 万个,县以下 7.25 万个;编制内基层农技人员 62.7 万人,其中县级 25.4 万人,县以下 37.3 万人。一些省份和地区创新管理体制,将乡镇农技推广机构的人员、业务和经费收归县农业部门管理,解决了因条块分割造成的管人和管事分离问题。在乡镇农技推广机构以乡镇政府管理为主的地区,明确了县农业主管部门在农技推广计划制定、组织实施、工作考核等方面的管理职责。2. 农技人员队伍素质明显提高。推行人员定编、定岗和聘用制度,以公开招聘、竞争上岗等形式,吸纳优秀专业技术人员进入农技推广队伍,签订聘用合同,明确责任义务。农业部大力开展农技人员培训,2008 年在全国开展基层农技人员大培训活动,组织全国大中专院校、农业科研单位培训农技人员 40 万人次;2009 年启动了基层农技人员知识更新培训计划,采取集中办班、异地授课等方式,将 8 万名县乡两级农技人员集中到农业院校学习培训;实施农技人员学历提升计划,吸引了 1 万多名骨干农技人员到农业高等院校深造。启动实施了基层农技推广特设岗位计划,创新用人机制、服务机制和扶持机制,以基层农技推广机构、农民专业合作社、涉农企业、农业专业服务组织等为载体,引导鼓励高校涉农专业毕业生到基层担任特岗农技人员,开展农技推广服务工作。目前,全国基层农技人员具有大专以上学历的占58.5%,有专业技术职称的占 74.1%。3. 农技推广设施条件逐步改善。针对乡镇农技推广机构管理体制频繁变动,业务用房年久失修,仪器设备普遍老化损毁、严重流失的情况,2010—2011 年,中央安排预算内投资 12 亿元,采取中央定额补助、地方配套的方式,在全国 31 个省份、1260 个县支持 8243 个乡镇农技推广机构新建或改扩建业务用房,添置检验检测仪器等设施设备,鼓励有条件的地方配备交通工具,实现农技人员工作有场所,服务有手段,下乡有工具,为广大农民提供及时、高效、便捷的技术指导和服务。按照 2012 年中央 1 号文件要求,乡镇农技推广机构条件建设项目将覆盖全部乡镇。4. 农技推广工作管理日益规范。以满足农民的科技需求为出发点,以提高服务能力和增强服务实效为目标,在全国基层农技推广机构全面推行制度建设,促进基层农技推广工作规范管理和高效运行。推行了人员聘用制度,按照农技推广岗位职责要求选拔专业技术人员,有的省份开展了上岗资格条件试点。推行了农技推广责任制度,按县级农技推广首席专家、县级技术指导员、乡镇责任农技员三个层次落实推广责任。推行了绩效考评制度,建立服务对象和主管单位共同参与的考核机制,将考评结果与农技人员绩效工资兑现、职称晋升和聘任、技术指导员补助和评先评优等进行挂钩。推行了人员培训制度,从培训计划制订、方式创新、培训管理、基地建设等方面着手,构建农技人员知识更新长效机制。通过制度建设,切实增强了基层农技推广体系工作活力,提高了农技推广服务实效。

(二)大力推进农业科技进村入户

长期以来,由于农业科技服务机制不活、手段单一,农业科研与技术推广衔接不畅,导致农业科技成果转化率不高,科技对农业产业发展的支撑作用未能得到充分发挥。党的十六大以来,有关部门在总结各地实践经验的基础上,进一步整合资源、创新管理机制、完善方法手段,调动各级农业科研教学推广机构的积极性,全面推进农业科技进村入户。1. 农业科技快速进村入户机制基本建立。2005 年,农业部启动实施了农业科技入户示范工程,2009 年又在整合相关项目基础上启动实施了全国农技推广体系改革与建设示范县项目,围绕技术专家队伍组建、科技示范户遴选、主导品种和主推技术推介发布、示范片建设等环节,推行"包村联户"的工作机制和"专家—农技人员—科技示范户—辐射带动户"的技术服务模式,构建"科技人员直接到户、良种良法直接到田、技术要领直接到人"的科技成果转化应用新机制。2011年,在全国800个示范县共建立试验示范基地8000个,培育科技示范户80万户,辐射带动1600万户。2010—2012年,农业部相继组织实施"百日科技服务行动"、"全年全程科技服务行动"、"科技大会战"活动和"全国农业科技促进年"活动,组织全国农业科研、教学和推广单位的1万名专家和60余万名农技人员,分区域、分品种、分季节落实技术方案,开展技术培训和指导服务。通过几年的努力,基本建立了"专家定点联系到县、农技人员包村联户"的农业科技快速进村入户机制。尤其是近几年,面对春旱、低温、洪涝灾害等异常不利气候的严峻考验,广大农技人员围绕中心、服务大局,奔赴生产一线,深入田间地头,及时查看灾情,制定技术方案,指导农民科学抗灾,积极恢复生产,为减少灾害损失、确保粮食丰收发挥了重要作用。2. 农业主导品种和主推技术推介发布制度日趋完善。针对品种和技术多而乱杂、农民难于选择的情况,从2005年开始,农业部在基层调研、广泛听取地方和有关专家意见的基础上,每年分作物遴选主导品种、主推技术,并向社会推介发布,带动地方开展本地的品种和技术遴选工作,促进良种良法结合。通过推介发布,引导农民选择优良品种和先进适用技术,加快了主导品种和主推技术推广速度。推介发布的小麦品种郑麦9023、玉米品种郑单958、水稻品种金优402等品种都已成为生产主导品种。2007年发布的10个小麦品种总面积达到733万公顷,占全国总播种面积的1/3。测土配方施肥技术、水稻旱育稀植技术、大豆在行密植技术等一大批成熟适用技术得到了快速推广和应用。3. 农技推广方式方法不断创新。开发了基于3G技术的全国基层农技推广信息化服务平台,在北京大兴、江苏兴化、河南漯河等地进行试点,为基层农技人员配备上网笔记本、

3G手机,实现了服务手段的现代化。大力推广"农民田间学校"模式,农业部共举办农民田间学校辅导员培训班8期,培训田间学校辅导员430余名;开办田间学校2万多所,涉及粮食、蔬菜水果、生猪、家禽等多个行业,累计培训农民超过3万人;在全国举办示范校60所。开设农业科技网络书屋,为8万名基层农技人员搭建了学习、咨询和服务的现代化平台。利用电视、报纸、手机短信等现代传媒手段,为农民提供技术服务。4. 多元化农技推广服务格局初步形成。创新农技推广工作管理理念,按照"一主多元"的原则,在发挥公益性农技推广机构主导作用的基础上,充分发挥农业科研教学单位、农民专业合作社、涉农企业、农业专业服务组织等在农技推广工作中的重要作用。组织和引导广大农业科研教学单位深入农业生产一线,建设试验示范基地,开展农民培训,加强技术咨询服务,探索形成了院县共建、校地合作、科技特派员、专家大院等一系列新机制、新模式。加快农民专业合作社、农业专业服务组织、涉农企业发展,为农民提供农资供应、试验示范、标准化生产指导、信息发布、农产品市场营销等覆盖产前、产中、产后全程的专业化、社会化服务,不断满足农民多领域、多层次、全方位的服务需求。

四、大力推进农业农村人才队伍建设

人才是强国的根本,农业农村人才是强农的根本。党中央、国务院一直高度重视农业农村人才工作。党的十六大以来,围绕农业高层次人才培养、农技推广队伍建设、农村实用人才队伍建设、新型农民培育、农村人力资源开发等,中央作出了一系列决策部署,有力地促进了农业农村人才培养工作,农业农村人才队伍规模不断扩大,结构逐步优化,素质大幅度提高,人才使用效能显著提升。

(一)全面谋划和部署农业农村人才工作

党中央、国务院把加强农业农村人才队伍建设作为发展现代农业、推进社会主义新农村建设的重要抓手,作为巩固党在农村的执政基础、加强党的执政能力建设和先进性建设的重要途径,摆在突出位置来抓。

1. 着眼长远,统筹谋划。2003 年召开的全国人才工作会议首次将农村实用人才纳入人才工作的范畴,提出要"加强农村实用人才队伍建设"。连续 9 个中央 1 号文件都对农民培训和农业农村人才工作提出明确要求。2007 年中办、国办专门下发《关于加强农村实用人才队伍建设和农村人力资源开发的意见》,对农村实用人才队伍建设和农村人力资源开发工作进行全面部署。党的十七届三中全会明确提出,培育农业科技高层次人才特别是领军人才,稳定和壮大农业科技人才队伍,广泛培养农村实用人才。《国家中长期人才发展规划纲要(2010—2020 年)》把农业科技人才列为国民经济重点领域急需紧缺人才范畴,把农村实用人才队伍作为国家六支人才队伍之一,提出工作目标和主要措施。在国家十二个重大人才工程中,现代农业人才支撑计划列为其中之一。2. 加强组织领导和宣传部署。建立健全农业农村人才工作目标责任制,构建了层层抓落实的工作机制。中央人才工作协调小组将农业农村人才工作纳入整体工作一起部署、一起检查。成立了以农业部主要领导为组长,教育、科技、人力资源和社会保障等部门主管领导为成员的现代农业人才支撑计划部际协调小组,统筹协调各方面的工作力量,研究和解决农业农村人才工作中的重大问题。有关新闻媒体大力宣传中央关于农业农村人才工作的部署、各地加强人才队伍建设的经验做法,营造了尊重劳动、尊重知识、尊重人才、尊重创造的良好氛围。3. 研究制定人才规划和人才支撑计划。中组部、农业部、人力资源和社会保障部、教育部、科技部等五部门联合印发了《农村实用人才和农业科技人才队伍建设中长期规划(2010—2020 年)》,农业部会同教育部、科技部、人力资源和社会保障部联合印发了《现代农业人才支撑计划实施方案》,对农业农村人才工作进行了全面规划。截至2011 年年底,共有 27 个省(区、市)建立了农业农村人才工作机制,22个省(区、市)召开了农业农村人才工作会议,25 个省(区、市)编制了农业农村人才队伍建设规划,25 个省(区、市)设立了农业农村人才队伍建设专门项目。4. 推进农业农村人才工作体制机制创新。围绕农业农村人才选拔、培养、评价、使用等关键环节,努力营造有利于优秀人才成长的良好环境。在人才培养上,以服务农业农村经济科学发展为主线,依托产业项目培养人才,避免培养与使用脱节;在人才评价上进行政策创新,更加强调"工作业绩贡献",坚持"民主、公开、竞争、择优"原则,建立积极的人才评价导向;在人才选拔上,注重选拔业内同行公认的人才,注重向基层一线倾斜,注重对农业人才"德"的考虑。

(二)创新农业科技人才培养体系

随着人才强国战略的深入实施,国家更加重视农业科技人才的培养,坚持用事业凝聚人才,用实践造就人才,积极营造良好环境,构建人才培养体系和平台,支持人才在农业科技自主创新和成果推广应用中成就事业。1. 培养体系逐步健全,培养质量明显提高。以重大项目带动以及与产业项目紧密结合促进人才培养已成为推动农业科技人才工作的重要抓手。在农业科研人才培养方面,依托国家重大科学工程、重大科学中心、重点实验室、作物改良中心等重点科研基地,促进优势单位、优势学科、优秀人才集聚;启动农业科研杰出人才培养计划,首批50 名科研杰出人才及其创新团队已遴选产生;通过实施"千人计划"、转基因重大专项、公益性行业科研专项、现代农业产业技术体系建设,以及"863"和"973"计划等重大科研项目,加快培养高层次创新型人才;通过国家杰出青年科学基金、基本科研业务经费等渠道,加快培养青年科研人才。在农业技术推广人才培养方面,深入推进基层农技推广体系改革与建设,规范农技人员聘用管理,明确农技人员的上岗条件;开展县乡两级农技人员集中培训,加快农技人员的知识更新;组织实施基层农技推广特岗计划,选拔高校涉农专业毕业生到基层担任特岗人员,为基层农业技术推广服务工作输入新生力量。2. 人才评价机制逐步完善,注重业绩和服务产业的导向更加鲜明。在科研人员职称评审方面,广大农业科研单位不断完善评价标准,树立科学导向,逐步把解决农业生产中的实际问题和对农业产业发展的实际贡献作为评价科技人才的重要标准,鼓励科研人员围绕生产需求,深入基层和生产一线服务。在推广人员的考评方面,围绕基层农技推广体系改革,各地积极创新农技推广运行管理,建立农技推广责任制度,实行农技人员聘用管理,探索农民代表、乡镇政府、县级主管部门三方考核机制,把农民的满意程度和解决生产实际问题作为考核的主要依据。3. 坚持以用为本,农业农村人才发挥作用的环境明显改善。中央和地方财政加大农业科研投入力度,农业科研经费总量有了较大增加,为广大农业科研人员开展科技创新活动提供了重要保障。立足现代农业发展需求,组织实施农业科技入户工程、粮棉油糖高产创建、测土配方施肥、防灾减灾技术推广、菜篮子产品生产扶持项目、"三品一标"示范基地建设等各类农技推广类项目,安排工作经费,建立示范基地,改善推广条件,创新服务方式,支持广大农技推广人员在服务当地生产发展、解决农民实际问题中发挥重要作用。

在党和国家的高度重视下,我国农业科技人才队伍建设取得了较大发展。1. 科研人才总量不断增加,结构不断优化,整体素质明显提高。截至2010年年底,我国农业科研人才达到27万人,其中,高级职称占19.6%,硕士以上学历占18.6%,种植业和畜牧兽医领域的人才最集中,占总量一半以上。平均每万公顷耕地农业科研人才21人。2. 农业科研领军人才迅速成长,一大批年轻专家、学者成为各个学科领域的带头人,重点领域人才紧缺状况有所缓解。目前,农业领域"两院"院士130人,生物育种创新、动植物疫病防控、高效栽培养殖集成、农产品加工与质量安全等农业科技发展急需骨干人才已达到2.5万人。3. 农业企业研发人员数量大幅增加。近年来有40%左右的农科大学毕业生进入涉农企业就业,目前省级以上农业产业化龙头企业研发人员占全国农业研发人员总量的63%,正逐步成为农业技术研发的重要力量。4. 农技推广人才队伍基本稳定,多元化推广服务加快发展。2010年年底,我国有农技推广人才78万人,高、中、初级专业技术职称分布呈金字塔结构,其中高级职称占8.7%,本科以上学历占24.3%。平均每万公顷耕地技术推广人才64.5人。同时,我国多元农技推广人才队伍发展较快,近年来,省级以上农业产业化龙头企业技术推广人才达到21.6万人,涉农院校技术推广人才5900多人,全国农民专业合作社数量超过52万家,多元技术推广人才正成为农技推广体系的一支重要力量。农业科技人才队伍建设为农业农村经济持续平稳较快发展提供了有力的智力支撑和人才保障。一大批突破性科研成果的研发和推广应用,农业机械化跨越式发展,工厂化农业和设施农业的蓬勃兴起,等等,无不得益于农业科研、推广人才作用的充分发挥。

(三)大力培养农村实用人才

近年来,各地各部门认真贯彻中央精神,纷纷出台加强农村实用人才队伍建设、农村人力资源开发的专门文件,建立统筹协调的管理体制,不断加大投入,实施一系列人才工程和农民培训项目,农村实用人才队伍规模持续壮大,整体素质和队伍结构有所改善。1.着力加强农村实用人才带头人培养。在全国建立了11个农村实用人才培训基地,大力开展基层组织负责人、农民专业合作组织负责人和大学生村官培训。截至2011年年底,共举办农村实用人才带头人培训班129期,培训带头人12456人,其中大学生村官培训班22期,培训大学生村官2200多人。2.围绕产业发展、立足生产实践,多渠道、多形式开展农村实用人才培养。通过实施农村实用人才带头人素质提升计划、农村实用人才培养"百万中专生计划"、农村劳动力培训阳光工程、绿色证书工程、农村党员干部现代远程教育等项目,积极培养村干部、农民专业合作社负责人等农村发展带头人,农民植保员、防疫员等农村技能服务型人才,种养大户、农机大户、经纪人等农村生产经营型人才。各地积极行动,有的组织实施农村实用人才培养专项,有的结合实施产业项目培养农村实用人才,有的结合农村基层组织建设培养农村实用人才,还有的采取引进来与走出去相结合的方式培养农村实用人才,均取得良好效果。3. 不断创新农村实用人才评价机制。各地结合区域经济社会发展实际,积极探索农村生产型人才、农村经营型人才、农村技能服务型人才的认定评价办法,探索农民职称评审工作,开展农村实用人才技能鉴定和各种技能大赛,评选表彰优秀农村实用人才,努力促进农村实用人才脱颖而出。2004 年、2011 年,中央有关部门两次开展了全国农村实用人才资源统计调查。各地结合当地经济社会发展水平和农村实用人才现状,采用定性或定性与定量相结合的办法,初步探索出了农村实用人才的认定标准。4. 支持农村实用人才创业兴业。各级农业部门积极创造条件,支持和鼓励农村实用人才在农村创业兴业,发挥示范带动作用。80 万名科技示范户物化补助、64 万名村级防疫员劳务补助,以及农机大户的购机补助、种养大户的土地流转扶持、植保员的作业补助和安全保险、沼气工的职业资格准入、农村青年和返乡农民工的创业扶持等政策,有效调动了农村实用人才创业兴业的积极性。

截至 2010 年年底,全国农村实用人才总量达到 1048 万人,人才总量大幅提高,平均每万名乡村人口拥有农村实用人才 104 人,平均每个行政村约 16 人。这些实用人才在农村的各行各业创业兴业,发挥着重要的引导、示范、带动作用,为我国农业发展和新农村建设作出了重要贡献。

(四)深入开展农民教育培训工作

党的十六大以来,农民教育培训工作紧紧围绕农业和农村经济发展的总体目标和中心任务,以现代农业发展和农民科技需求为导向,以提高农民对现代科技的吸纳转化应用能力和综合发展能力为重点,充分利用各类教育培训资源,通过重大培训工程引导,多层次、多渠道、多形式开展农民教育培训,取得了显著成效。1. 统筹规划农民教育培训工作。2003 年,国务院转发农业部、财政部等六部门《2003—2010 年农民工培训规划》,对本世纪初农村劳动力转移培训工作进行了系统安排。2011 年,农业部制定下发了《农民教育培训"十二五"规划》,明确了"十二五"时期我国农民教育培训工作的指导思想、基本原则、发展目标、主要任务、重大工程、保障措施等。这些政策措施的出台,对推动新时期农民教育培训工作加快发展提供了有力的制度保障。2. 强化农民培训项目支撑。国家持续加大农民培训投入,务农培训与务工培训两手抓,相继实施了跨世纪青年农民科技培训工程、新型农民科技培训工程、农村劳动力转移培训阳光工程等工程项目,累计培训农民3284 万人,其中转移就业 1373 万人。各级农民培训工程和项目的实施,为现代农业发展和新农村建设培养了一大批观念新、技能强、善经营的专业农民和农村带头人,促进了农业增产和农民增收。3. 发展完善教育培训体系。通过资源整合和项目实施,逐步形成了以农业广播电视学校、农业职业院校和农业技术推广站为主,高等院校、科研院所、农业龙头企业和农业专业合作组织参加,从中央到省、地、县、乡互相衔接的农民教育培训体系。目前,全国有农业职业技术院校 282 所,县级以上农业广播电视学校 2482 所,县级农业技术推广机构 2. 25 万个,乡镇农技推广机构 7. 25 万个,教育培训体系不断发展完善为农民教育培训提供了良好条件。4. 创新教育培训模式和监管机制。各级政府积极组织和引导广大农业科研、教学、培训单位下乡进村、深入田间地头,综合运用现场培训、集中办班、入户指导等多种方式,推广普及农业新技术,提高农民科学种养水平。各地在实践中探索形成了"三进村"、校地合作、专家大院、百名教授兴百村、太行山道路、田间学校等一批行之有效的农民教育培训模式。为加强培训工作监管,一些地方把农民培训列入本省的民生工程或政府承诺为群众办的实事,纳入对各级政府的考核,促进了责任制的落实;实施奖惩制度,引导资金向培训工作开展好的地区倾斜;联合纪检监察部门对培训项目进行监管,确保培训取得实效。

五、农业科技基础条件不断改善

（一）设施条件建设明显加强

"十一五"以来,中央财政设立"中央级科学事业单位修缮购置专项",农业部所属中国农业科学院、中国水产科学院、中国热带农业科学院承担房屋修缮、基础设施改造、仪器设备购置及仪器设备升级改造项目1146个。在专项经费连续稳定的支持下,3家科研机构的科研设施条件建设不断加强。1. 科研环境焕然一新,基础设施得到有力保障。通过修购专项实施,完成房屋修缮面积40多万平方米,改造科研基础设施413个,土壤改良700多万平方米。2. 科研装备大幅提升,自主创新能力显著提高。共购置仪器设备7747台(套),升级改造仪器设备202台(套)。有力推动了农业科研能力不断提升,增强了承接重大科研项目并参与国际科技竞争的能力。3. 学科发展得到拓展,科研队伍建设得到加强。打造了"学科、人才团队"为一体的科技创新模式,进一步加强和提高了一些优势学科,资助和延续了一些相对弱势的学科领域,并促进了交叉学科和边缘学科之间的融合发展。

（二）科技平台建设进展顺利

农业部重点实验室"学科群"建设取得显著进展。构架了层次清晰、分工明确、布局合理的30个"学科群",形成了以33个综合性重点实验室为龙头、以195个专业性/区域性重点实验室为骨干、以269个科学观测实验站为延伸的一体化布局的农业实验室体系。涵盖了农业领域所有优势单位的优势学科,兼顾了我国主要作物和优势农产品产业。其中有11个"学科群"是以水稻、麦类、大豆、棉花、玉米等品种创新为主线的"纵向学科";有19个"学科群"是以基因组学、作物有害生物综合治理、动物疫病等共性技术创新为主线的"横向学科",形成了一个纵横交错的农业科技平台纽带和创新网络。建立了综合性实验室牵头管理、分工协作、学术交流、资源共享、考核评估的学科群内一体化管理机制。

六、农业农村信息化建设取得积极成效

(一)农业农村信息化工作体系日趋完善

各地农业部门贯彻落实党中央、国务院关于农业农村信息化的决策部署,加大工作投入,完善工作制度,不断加强农业信息工作体系建设,形成了覆盖面较广的信息工作组织机构和队伍体系。全国所有省(区、市)农业部门均设立了农业信息化管理和服务机构,现有乡村信息服务站100万个,农村信息员70万人。农业部发布了《全国农业农村信息化发展"十二五"规划》,明确了"十二五"期间全国农业农村信息化发展目标、主要任务、行业重点与区域布局以及重点工程,推动"十二五"时期我国农业农村信息化全面发展。农业部组织有关专家开展了农业信息化评价方法的研究,并在黑龙江省、福建省、河南省和重庆市开展农业信息化发展评价试点工作。通过农业信息化发展水平评价,提高农业信息化工作检查、指导的针对性、科学性。

(二)"金农工程"一期项目建设完成

截至2011年,"金农工程"一期初步建成了农业电子政务平台,提高了农业部门决策、管理和服务"三农"的能力。初步整合和构建了有关农业信息资源数据库,建成了农业监测预测、农产品和农业生产资料市场监管、农村市场和科技信息服务三大系统和一个农业综合门户网站,建立了农业电子商务标准体系,为全国农业信息化"标准先行"打下了基础。"金农工程"一期(农业部本级)项目顺利通过初步验收,18个省级平台完成验收,为进一步推进农业信息化建设奠定了基础。

(三)12316"三农"信息服务平台成效显著

通过"三电合一"项目的逐步完善,12316"三农"综合信息服务平

台运行机制日益健全,服务功能不断增强,影响力逐步显现,农民对服务效果的满意度大幅提升。服务内容方面,从过去的生产技术服务为主,逐步扩大到政策咨询、法律服务、市场商务等与农民生产生活相关的各个方面。服务手段方面,从电话咨询向手机短信、网络视频、现场指导等多种手段相结合转变。

(四)农业物联网应用示范项目进展顺利

农业部组织编写了农业物联网应用示范可行性研究报告和实施方案。首批启动黑龙江农垦大田种植物联网应用示范、北京设施农业物联网应用示范、江苏省无锡市养殖业物联网应用示范等 3 个国家物联网应用示范工程智能农业项目,全面推进物联网技术在农业中的推广应用,为农业信息化建设工程奠定基础。

(五)农业信息化标准建设取得进展

农业部构建了农业信息化标准体系框架,制定了农业信息化通用术语标准、农村信息服务站建设规范 2 个标准,编制了"十二五"期间农业信息化标准建设工作重点、"十二五"期间农业物联网应用标准工作重点,着力整合农业信息资源,推动农业信息化建设有序发展。

七、农业转基因生物安全管理成效显著

近 10 年来,我国农业转基因生物安全管理在"加快研究、推进应用、规范管理、科学发展"的方针指导下取得蓬勃发展,管理制度日趋完善,监管体系日臻健全,技术体系初步形成,执法能力不断提升,科普宣传深入人心,《农业转基因生物安全管理条例》得到有效实施。通过安全评价、标识、生产与经营许可、进口安全审批等管理制度的实施,规范了农业转基因生物及其产品的研究、试验、生产、经营和进出口活动,保障了农业转基因生物安全,促进了生物技术发展,维护了国家权益,

得到了国际社会的普遍认同。

（一）安全评价制度促进了转基因生物技术的研究与应用

组建了第二、第三届农业转基因生物安全委员会,负责转基因生物安全评价工作。被批准的转基因植物涉及抗虫、耐除草剂、品种改良、抗逆等10余种性状。目前,我国批准的转基因抗虫棉和防治高致病性禽流感基因工程疫苗等转基因生物,在生产应用中发挥了关键作用,取得了显著的经济、社会和生态效益。经过安全评价,农业部于2009年8月依法批准发放了转基因抗虫水稻"华恢1号"及杂交种"Bt汕优63"和转植酸酶玉米生产应用安全证书。

（二）标识制度保障了公众的知情权和选择权

根据《农业转基因生物安全管理条例》和农业部制定的《农业转基因生物标识管理办法》规定,我国对转基因产品实行按目录定性强制标识制度。10年来,农业部制定了《农业转基因生物标签的标识》标准,规范了农业转基因生物标识的字号、字体、颜色和描述细节。制定了《进口农业转基因生物标识审查认可程序》,把进口农业转基因生物标识审查认可纳入行政许可。标识制度的有效实施,保障了公众的知情权和选择权。

（三）进口安全许可制度规范了转基因农产品贸易

通过严格的安全评价,农业部批准发放了转基因大豆、油菜、棉花、甜菜等33个品种的进口加工原料用安全证书,我国转基因生物进口安全许可制度保障了国际农产品贸易,得到了国际社会的积极评价,满足了国内市场的需求。

（四）不断完善的监管体系保障了《农业转基因生物安全管理条例》的实施

各级农业部门不断加强转基因生物安全监管,把安全评价试验、品种审定试验、种子生产和流通、产品标识和督促研发单位自律作为监管重点,加强组织领导,完善规章制度,提升监管能力,强化监测检测,转基因安全监管工作积极向好。印发了《转基因生物实验室监管手册》、《转基因生物田间试验监管手册》、《地方农业行政部门监管手册》,积极引导各级农业部门做好转基因生物安全监管工作。

(五)不断健全的检测体系支撑了转基因生物安全管理

农业部不断健全农业转基因生物安全检测体系,37 家农业转基因生物安全检测机构通过了计量认证和农业部质量认证;组建了由 41 名专家组成的国家农业转基因生物安全管理标准技术委员会,发布转基因生物安全产品成分、环境安全、食用安全检测国家标准 80 余项;卓有成效地开展农业转基因生物安全检测工作,累计检测样品 10 万余份。农业转基因生物安全技术支撑能力的提升,更好地服务了安全评价,支持了安全监管。

(六)开展国际合作交流 维护国家利益

国际社会关注我国农业转基因生物安全管理制度及相关法规。10 年来,农业部有效应对转基因农产品贸易国提出的问题,积极开展转基因农产品贸易技术规则多边或双边磋商;先后与美国、阿根廷、加拿大等国成立生物技术工作组或签署合作备忘录;召开了中美、中欧、中加、中阿生物技术与生物安全研讨会 30 余次;多次派员参加国际会议。通过广泛的国际交流,我国在与国际《生物安全议定书》、《食品法典》等接轨基础上建立的转基因安全管理法规及其风险评估制度得到了更多国家的认同,树立了负责任大国良好的国际形象,维护了国家利益。

党的十六大以来,我国农业科技发展取得了显著成绩,为保障国家粮食安全、促进农民增收、保持农业农村经济平稳较快发展提供了重要支撑。但与农业农村改革发展的要求相比,与发达国家的先进水平相比,我国农业科技整体发展水平还不高,拥有自主知识产权的重大创新成果依然不多,科技成果转化与推广应用水平依然不高,高素质农业人才数量依然不足,农业科技管理体制改革有待进一步深化,运行机制有待进一步完善。2012年中央1号文件突出强调农业科技创新,明确了农业科技的公共性、基础性和社会性,明确了农业科技发展方向和要求,出台了一系列覆盖面广、针对性强、含金量高的政策措施,在我国农业科技发展史上具有重大里程碑意义。

当前和今后一个时期,加快农业科技改革发展的主要思路是:全面贯彻落实中央1号文件精神,坚持农业科技的"公共性、基础性、社会性"定位,坚持走中国特色农业科技发展道路,以保障国家粮食安全为首要任务,以提高土地产出率、资源利用率、劳动生产率为主要目标,以增产增效并重、良种良法配套、农机农艺结合、生产生态协调为基本要求,构建适应高产、优质、高效、生态、安全农业发展要求的技术体系,提升农业科技对主要农产品有效供给的保障能力、对农民持续增收的支撑能力、对转变农业发展方式的引领能力。农业科技创新方面,深化农业科研体制改革,建立现代农业科研院所制度,完善农业科研管理机制,加快科研设施条件建设,以现代农业产业技术体系、公益性行业科研专项、转基因重大专项等重大项目工程为抓手,以产业需求为导向加快农业科技创新,突出抓好种业创新,积极培育现代生物农业产业等战略性新兴产业。农技推广服务方面,深化基层农技推广体系改革与建设,鼓励社会力量参与农技推广服务,加快建设以公益性农技推广机构为主导,农业科研教学单位、社会化服务组织等广泛参与的多元化农技推广体系,打造一批农业科技试验示范基地,大力推广先进实用农业技术。农业教育与人才培养方面,进一步提高农业高等教育质量,创新农业职业教育人才培养模式,大力培养农业科技领军人才和优秀创新团队、基层农技推广人才以及农村实用人才和新型职业农民。同时,以互利共赢为出发点,促进农业科技国际交流与合作,充分利用丰富的国际农业科技资源,实现在更高起点上的自主创新和跨越发展。

农业机械化实现跨越式发展

农业机械是现代农业的物质基础,农业机械化是农业现代化的重要标志。在党和国家的高度重视下,在农机购置补贴等一系列扶持政策的强力促进下,我国农业机械化进入历史上最快的发展时期。2011年,全国农作物耕种收综合机械化水平达到54.8%,比2002年增加22.5个百分点,增幅超过之前30多年总和。10年来,我国农业机械化发展成功完成了由初级阶段到中级阶段的重大跨越,农业生产方式成功实现了由人力畜力为主向机械作业为主的历史性跨越。农业机械化跨越式发展,有效地缓解了青壮年劳动力短缺的突出矛盾,有力地保障了农业稳定发展,推动了农业现代化进程,为实现粮食产量"八连增"、农民收入增长"八连快"提供了强有力的支撑。

一、农业机械化发展的主要成就

党的十六大以来的10年,是我国农业机械化发展速度明显加快、发展质量不断提升、地位作用持续增强的10年,是以"农民自主、政府扶持,市场主导、社会化服务,共同利用、提高效益"为主要特征的中国特色农业机械化发展道路得以确立、内涵不断丰富的重要时期。

(一)发展速度明显加快

党的十六大以来,我国农业机械化持续快速发展,实现了农业机械化发展史上的两个历史性跨越,即农业机械化从初级阶段跨入中级阶段,农业生产方式实现了从人畜力为主向机械作业为主的跨越。

根据我国农业机械化发展水平评价标准,农业机械化发展可分为初级阶段、中级阶段和高级阶段。主要有两个评判指标:一是耕种收综合机械化水平,二是农业劳动力占全社会从业人员比重。中级阶段是指耕种收综合机械化水平跨入40%并提高到70%,农业劳动力占全社会从业人员的比重由40%降低到20%的发展阶段。2007年我国耕种收综合机械化水平达到42.5%,农业劳动力占全社会从业人员比重降至40%以下。这标志着我国农业机械化发展已经由初级阶段跨入了中级阶段。这是10年来我国农业机械化历程中具有重大意义的第一个历史性跨越。一方面,耕种收综合机械化水平跨过40%门槛,说明农业生产方式发生重大变革,机械化生产方式由原来的次要地位开始向主导地位转化,我国农业机械化已经站在新的历史起点,将以更快的速度,向更大规模、更广领域、更高水平方向发展。另一方面,农业劳动力占全社会从业人员的比重降低到40%以下,说明我国农业发展进入新的时期,由原来依赖和占用人力资源为主向依靠科学技术和现代农业装备为主的转变进入加速通道。在农业现代化进程中“增机、减人”的趋势不可逆转,对农机装备和农机作业的需求呈现出刚性增长的态势。

2010年,全国农作物耕种收综合机械化水平首次超过50%,达到52.3%,标志着我国农业生产方式已由千百年来人力畜力为主成功转入以机械作业为主的新阶段,实现了10年来我国农业机械化历程中具有重大意义的第二个历史性跨越。用现代物质条件装备农业,用现代科学技术改造农业,用现代产业体系提升农业,符合当今世界农业发展的一般规律。这一重大跨越,意味着生产机械化水平大幅度提高,薄弱环节机械化突破之快前所未有,是我国农业机械化发展速度最快的历史时期。2011年,全国小麦机耕、机播和机收水平分别达到98.8%、86.0%和91.1%,基本实现生产全程机械化;水稻生产机械化成为农机作业的新亮点,机械种植和收获水平分别达到26.2%和69.3%,分别比2002年提高了20.9和53.6个百分点,机收水平年均增幅达到6个百分点;玉米机收取得突破性进展,机收水平达到33.6%,比2002年提高了31.9个百分点,2008年以来年均提高7.7个百分点。

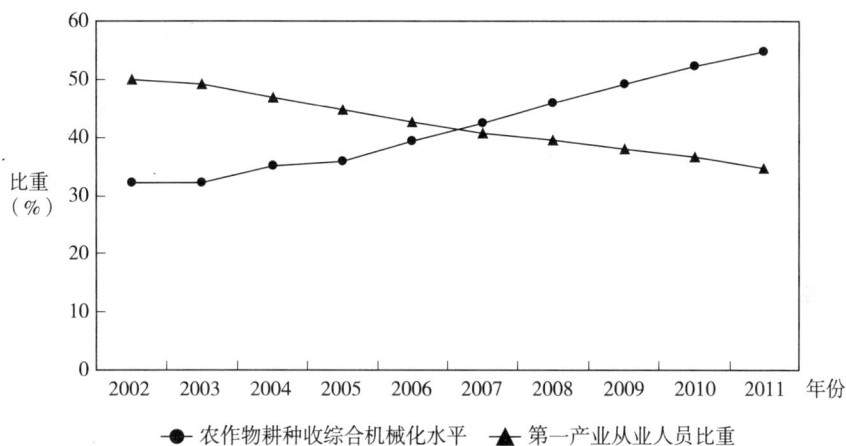

图10-1　2002—2011年耕种收综合机械化水平及第一产业从业人员比重

(二)发展质量不断提高

一是科技创新取得重大进展,部分"瓶颈"环节技术与集成问题得到解决。大马力拖拉机研发取得明显进展,水稻种植和收获机械装备基本成熟,花生、油菜、甘蔗、牧草收获及节水灌溉等作业机具创新取得重大进展。电子、信息、新材料等高新技术在一些领域开始应用,农业机械的智能化、自动化水平逐步提高。设施农业装备与技术研发长足进步。行业骨干企业研发投入不断增加,技术创新主体地位和作用更加突出。科研体制改革不断深化,一些骨干农机化科研院所通过整体转制焕发了活力,研发实力大幅提升。

二是增产增效型、资源节约型、环境友好型农业机械化新技术应用范围逐年扩大。2002年以来,水稻机插秧新增面积612.1万公顷,总面积跃上666.7万公顷(1亿亩)的新台阶。保护性耕作面积达到

571.5万公顷,新增561.4万公顷。农机深松整地、机械化秸秆还田、化肥深施、高效节水灌溉面积分别达到1066.7万公顷、3133.3万公顷、3266.7万公顷和1266.7万公顷。水稻育插秧、玉米收获、高效植保、畜牧水产养殖等农业机械化技术推广应用范围显著扩大,技术集成度逐年提高。在东北地区,通过推广机械深松作业,加深土壤耕层,减少径流,防止水土流失,建立了宏大的"土壤水库",提高了抗旱排涝能力,增产效果明显,每公顷增产1125千克—1500千克。水稻产区积极推进水稻机械插秧,平均每公顷降低成本450元、增产375千克以上,且抗病虫害、抗倒伏性好。育秧秧田利用率比常规育秧提高8—10倍。干旱地区使用机械进行保护性耕作,实施秸秆还田利用,平均减少耕地表土流失量40%—80%,增加土壤蓄水量17%,减少农田扬尘量50%以上,提高了地力,改善了大气环境,节本增效明显,平均每公顷降低生产成本225—450元,粮食增产5%以上。使用大中型农业机械进行耕整地、精量播种、收获作业的效率,是人工的40倍以上。

三是全国农业机械化教育培训大行动深入开展,农机操作人员技能不断提高。以公益性农业机械化技术推广机构为主体,农机大户、农机服务组织为基础,科研院所与高等院校及生产企业为支撑的技术推广体系基本建立,农机鉴定检测、质量投诉监督、标准化等质量保障体系日益完善。深入开展"平安农机"创建活动,全国农机事故死亡人数持续下降,农机安全监管能力不断提高,农机化安全生产形势持续稳定好转。

(三)结构布局不断优化

一是农机装备结构不断优化。2011年全国农机总动力达到9.8亿千瓦,大马力、多功能、高性能及薄弱环节农业机械增长迅速。2002—2011年,全国大中型拖拉机、插秧机、联合收获机保有量年均增速分别达到19.3%、26.2%和15.2%,其中玉米联合收割机年均增长51.7%;大中型拖拉机与小型拖拉机保有量比例从1:15提高到

1 : 4.1。经济作物、畜牧水产养殖、林果业及农产品初加工机械保有量快速增长,资源节约型、环境友好型农业机械装备稳步发展,农业综合生产能力、抗风险能力和市场竞争力极大增强。

二是农机化区域发展协调推进。围绕优势农产品区域布局,建设农业机械化示范区,鼓励农机化发展基础比较好的地区率先发展,更好地发挥辐射带动、示范引领作用。同时按照全力普及机耕、大力发展机收、努力突破机插机播的思路,扶持、指导丘陵山区机械化实现跨越式发展。近年来,沿海经济发达地区、大中城市郊区及黑龙江、新疆部分垦区的农业机械化发展,率先向高级阶段迈进,对全国其他地区的示范带动作用不断增强。南方丘陵山区等传统落后地区农业机械化发展速度明显加快,与全国平均水平的差距呈逐渐缩小趋势。

(四)服务领域不断拓宽

农机服务组织是发展农业机械化的重要组织载体。党的十六大以来,各地因地制宜,因势利导,积极探索与以家庭承包经营为基础、统分结合的双层经营体制相适应的农机社会化服务新途径。农机大户、农机合作社、农机专业协会、股份(合作)制农机作业公司、农机经纪人等新型社会化服务组织不断涌现并发展壮大。农机社会化服务呈现出组织形式多样化、服务方式市场化、服务内容专业化、投资主体多元化的特征,服务能力和效益明显提高。截至2011年年底,全国拥有各类农机作业服务组织17.1万个,组织化水平持续提升,农机专业合作社从无到有,达到2.8万个,入社人数达58.2万人。以财政补贴为引导,农民个人投资为主体,社会投入为补充的多元化投入机制逐渐形成。订单合同作业、承包租赁服务等社会化服务模式不断创新,农机作业环节从产中向产前、产后扩展。农机跨区作业从小麦机收向水稻、玉米等农作物的机械化收获及水稻机插秧等作业环节快速拓展,全国农机跨区作业的规模和范围不断扩大。农机社会化服务已成为农业社会化服务体系发展的突出亮点和农民持续增收的重要渠道。农业机械化服务领域正加速由主要粮食作物田间生产向棉油糖等经济作物生产延伸,由种植业向养殖业、渔业、林果业、设施农业、农产品初加工业和农业废弃物综合利用等方面拓展。

表 10 - 1　2002—2011 年全国农机服务组织发展情况

年份	农机户 (万户)	农机化作业 服务专业户 (万户)	农机化 经营总收入 (亿元)	农机户 经营总收入 (亿元)	农机户户均 经营总收入 (元)
2002	2939.50	330.43	2137.23	1882.75	6405.00
2003	3054.60	360.38	2269.68	2013.45	6591.53
2004	3197.55	360.80	2421.50	2176.10	6805.52
2005	3358.90	381.40	2606.08	2349.11	6993.69
2006	3474.79	387.00	2829.33	2541.36	7313.71
2007	3629.50	400.15	2986.68	2718.21	7489.21
2008	3833.04	421.73	3466.53	3150.32	8218.86
2009	3940.34	446.40	3896.85	3482.47	8837.99
2010	4058.90	483.30	4167.32	3706.74	9132.38
2011	4111.08	511.72	4509.07	3953.09	9615.70

数据来源:全国农业机械化统计年报

各类新型农机服务组织积极参与社会化服务,以跨区作业为品牌、以关键农时季节为主战场的农机服务产业规模逐年扩大。2011 年,农业机械化作业总收入达到 3843.4 亿元,比 2002 年增长 107.2%,年均增长 7% 以上;农机跨区作业面积达到 3293.3 万公顷,比 2002 年增加164.9%;农机户经营总收入达到 3953.1 亿元,比 2002 年增长 110%。农机社会化服务不仅增加了机手的经济收益,还保证了我国小麦、水稻等粮食作物的按时收获,县域内的小麦收割时间由 20 天缩短为 10 天左右。农机跨区作业领域正由机收小麦向机收水稻、玉米和机耕、机播、机插秧等项目快速拓展。

(五)发展道路丰富拓展

我国人多、耕地少、农业收入低、农民普遍还不富裕,发展农业机械化,要从实际情况出发,走适合我国情况的发展道路,在坚持以家庭承包经营为主体、统分结合的双层经营体制下,解决好农业机械大规模作业与亿万农户小规模生产的矛盾。我国农机不仅要作为替代人畜力作业、提高农业综合生产能力的手段,而且要作为农业节本增效、农民增收致富的工具,这样的基本国情和生产状况决定我们必须走出一条具有中国特色的农业机械化发展道路。

党的十六大以来,我国积极推进以跨区作业为代表的农机服务的市场化、社会化和产业化,扶持发展壮大各类农机服务组织,不断拓展农机服务领域,把分散的农业机械与分散的农户联系起来,把机械化生产和家庭承包经营有机结合起来,实现农机大规模作业,提高农业机械利用率和效益,逐步探索并形成了一条以"农民自主、政府扶持、市场引导、社会化服务、共同利用、提高效益"为主要特征的中国特色的农业机械化发展道路。"农民自主、政府扶持",即农业机械化发展的主体是农民群众,农民群众才是推动农业机械化发展的关键因素,同时要在国家法律、政策的引导下,加大财政、信贷等方面的扶持力度,不断提高农民发展农业机械化的积极性;"市场引导、社会化服务",即要充分发挥市场在资源配置中的基础性作用,农机企业根据市场需求来研发生产农机具,农机大户和各类农机服务组织根据市场需求来开展作业服务,大力发展农机跨区作业,积极推动农机服务社会化、市场化和产业化。"共同利用、提高效益",即鼓励农业生产经营者共同使用、合作经营农业机械,加强组织协调和引导服务,提高机具利用率和使用者的经济效益。要积极培育农机作业市场,发展壮大市场主体,让雇佣农机作业的农户在经济上获得更多收益,让提供农机作业服务的农机户有利可图,这是市场经济条件下农业机械化发展的不竭动力。

(六)农机工业振兴发展

受益于国家政策鼓励、资金投入、财税优惠等多个方面的扶持,同时随着科研、生产、开发体系进一步的创新和发展,农机工业企业规模不断扩大并保持快速发展态势。2011年,规模以上农机企业工业年总产值达到2898亿元,是2002的6倍,年均增长22%,增幅在我国机械工业13个行业中名列前茅。特别是在国际金融危机时期,在国际农机市场下滑的情况下实现了逆势增长,为国家扩大内需,成功应对国际金融危机严重冲击,作出了重要贡献。农机工业产业组织结构不断优化,产业集群初步形成,产品先进性、适用性、安全性、可靠性进一步增强,科技含量和售后服务水平不断提高。具有较强创新能力和综合实力的大型农机企业加速成长,高性能、大马力农机产品依赖进口的局面有所改善,大中型拖拉机和自走式联合收割机,市场产销量逐年高速增长。农机流通市场体系逐步完善,电子商务、连锁经营等现代流通方式蓬勃发展,以民营农机流通企业为主体,多种经济成分、经营方式、流通渠道、流通业态并存的流通格局基本形成。主要农机产品产销量位于世界前列,我国已经成为世界农机制造大国,主要农机产品品种和产量已能满足国内市场90%左右的需要,为农业机械化持续发展提供了有力的装备保障。

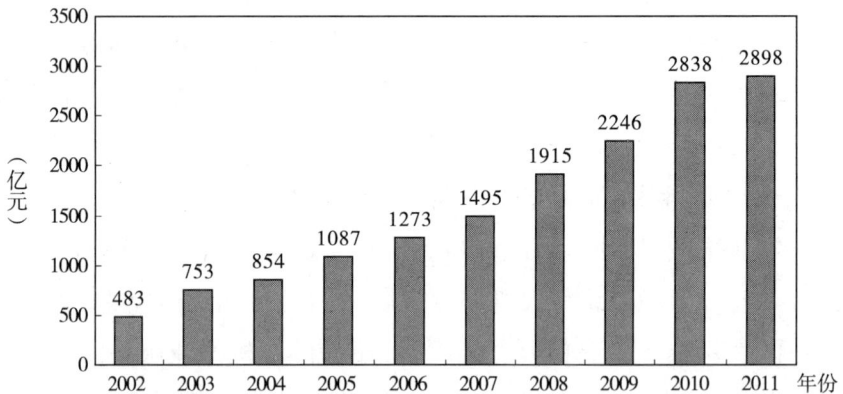

图10-2　2002—2011年农机工业总产值

总的来看,过去10年间我国农业机械化进程不断加快,在推动传统农业向现代农业迈进的过程中作用越来越突出。具体表现在以下五个方面:第一,农业机械化已成为保障农产品有效供给,促进农业稳定发展的重要支撑。农业机械担当了我国农业生产的主力军角色,农机化的发展在很大程度上缓解了务农青壮年劳动力短缺对粮食生产带来的不利影响,在实现粮食八连增、促进农业稳定发展中发挥了不可替代的重要作用。第二,农业机械化已成为深入发展农业社会化服务,促进农业经营体制机制创新的推动力量。带动了规模作业、规模种植、规模经营和土地流转,促进了农民专业合作社发展和农业生产组织化程度提高。第三,农业机械化已成为引领农艺制度深刻变革,促进农业技术集成应用的主要载体。推动了先进农业科技入户到田、实现了现代意义的精耕细作。第四,农业机械化已成为建设资源节约型环境友好型农业,促进农业可持续发展的有力措施。一大批节种、节肥、节药、节水、节能效果明显的机械化技术得到了大面积推广和使用,改善了农业生态环境,推动了农产品质量安全。第五,农业机械化已成为培育新型职业农民,促进农业劳动者素质提高的有效途径。涌现了一大批懂技术、会操作、善经营的农机作业能手、维修能手、经营能手,催生了更多的种植大户、养殖大户等建设现代农业的中坚力量。

二、农业机械化发展的基本经验

党的十六大以来,农业机械化发展取得的辉煌成就,归功于党中央国务院立足全局加快推进农业机械化的英明决策,归功于国家一系列扶持鼓励农机科研生产、购置使用政策法规的全面实施,归功于各级党委政府和农业机械化部门按照中央要求,全面贯彻落实科学发展观的有力举措,归功于广大农民群众和农机工作者的不懈努力。

(一)立足战略全局,制定农机化发展大政方针

党中央、国务院从战略高度和全局角度提出发展农业机械化。农业机械化发展不仅被写入历年中央1号文件,还被写入国民经济和社会发展"十一五"、"十二五"规划及其他有关重要文件,并且对农业机

械化发展的表述越来越具体、要求越来越高、措施越来越实。

2004 年以来的连续 9 个中央 1 号文件,都涉及农业机械化发展,对农业机械化作用的肯定越来越充分,对发展农业机械化的要求越来越具体。2004 年中央 1 号文件提出"提高农业机械化水平",此后两年的 1 号文件又提出"大力推进农业机械化,提高重要农时、重点作物、关键生产环节和粮食主产区的机械化作业水平"。2007—2009 年,连续三年的中央 1 号文件都对发展农业机械化作出了专门部署,指出"农业机械化是转变农业生产方式的迫切需要,也为振兴农机工业提供了重要机遇",强调要"用现代物质条件装备农业","改善农机装备结构,提升农机装备水平,走符合国情、符合各地实际的农业机械化发展道路。加快粮食生产机械化进程,因地制宜地拓展农业机械化的作业和服务领域,在重点农时季节组织开展跨区域的机耕、机播、机收作业服务";要"加快推进粮食作物生产全程机械化,稳步发展经济作物和养殖业机械化。加强先进适用、生产急需农业机械的研发,重点在粮食主产区、南方丘陵区和血吸虫疫区加快推广应用";要"鼓励农业生产经营者共同使用、合作经营农业机械,积极培育和发展农机大户和农机专业服务组织,推进农机服务市场化、产业化"。2010 年中央 1 号文件提出,要"推进农用工业技术改造。加快发展农业机械化,大力推广机械深松整地,支持秸秆还田、水稻育插秧等农机作业"。2011 年中央 1 号文件强调,要大力发展节水灌溉,推广喷灌滴灌等技术,扩大节水、抗旱设备补贴范围。积极发展旱作农业,采用地膜覆盖、深松深耕、保护性耕作等技术。2012 年的中央 1 号文件再次对加快农业机械化作出专门部署,强调要"充分发挥农业机械集成技术、节本增效、推动规模经营的重要作用,不断拓展农机作业领域,提高农机服务水平。着力解决水稻机插和玉米、油菜、甘蔗、棉花机收等突出难题,大力发展设施农业、畜牧水产养殖等机械装备,探索农业全程机械化生产模式。积极推广精量播种、化肥深施、保护性耕作等技术。加强农机关键零部件和重点产品研发,支持农机工业技术改造,提高产品适用性、便捷性、安全性。加大信贷支持力度,鼓励种养大户、农机大户、农机合作社购置大中型农机具。落实支持农机化发展的税费优惠政策,推动农机服务市场化和产业化。切实加强农机售后服务和农机安全监理工作"。

发展农业机械化还被连续写入国民经济和社会发展"十一五"、"十二五"规划纲要。2006年印发的《中华人民共和国国民经济和社会发展第十一个五年规划纲要》提出,要"改革传统耕作方式,推行农业标准化,发展节约型农业。推广先进适用农机具,提高农业机械化水平。"2011年印发的《中华人民共和国国民经济和社会发展第十二个五年规划纲要》指出,"要推进农业技术集成化、劳动过程机械化、生产经营信息化。加快推进农业机械化,促进农机农艺融合,耕种收综合机械化水平达到60%左右"。

国务院2012年印发《全国现代农业发展规划(2011—2015年)》,将"加快农业机械化"作为现代农业发展的重要内容,要求全面落实农机具购置补贴各项管理制度和规定,加强先进适用、安全可靠、节能减排、生产急需的农业机械研发推广,优化农机装备结构。加快推进水稻栽插收获和玉米收获机械化,重点突破棉花、油菜、甘蔗收获机械化瓶颈,大力发展高效植保机械,积极推进养殖业、园艺业、农产品初加工机械化,发展农用航空。加快实施保护性耕作工程,大力发展设施农业。

(二)优化发展环境,推进农机化法制建设

党的十六大以来,国家先后公布实施《中华人民共和国农业机械化促进法》(以下简称《促进法》)、《农业机械安全监督管理条例》(以下简称《条例》)、《国务院关于促进农业机械化和农机工业又好又快发展的意见》(国发[2010]22号,以下简称《意见》),基本构建起中国特色农业机械化发展法律法规政策体系,进一步优化了农机化发展环境,为农机化发展提供了强有力的法规政策保障。

2004年公布实施的《促进法》,是我国第一部关于农业机械化的法律,首次明确了农业机械化在农业和农村经济发展中的法律地位,全面

规范了国家支持农民发展农机化的责任,从科研开发、生产流通、质量保障、推广使用、社会化服务等方面制定了促进农业机械化发展的扶持措施。以这部法律的颁布实施为标志,我国农业机械化进入了依法促进的新阶段。

2009年9月公布的《条例》是我国农业机械管理的第一部行政法规,全面总结了农业机械安全监督管理的成效和经验,建立健全了农业机械生产、销售、维修、使用操作、事故处理、监督管理等有关管理制度,构建了统一、完整的农业机械安全监督管理体系,为农业机械管理工作提供了法制保障。《条例》的公布施行标志着农业机械安全监督管理工作迈上了法制化轨道。《条例》是农业机械化主管部门依法履行职责、提升农业机械安全监管能力、有效预防和减少农业机械事故的重要保证,对于保障农业机械化安全发展、科学发展、和谐发展,维护人民群众生命财产安全和农村社会和谐稳定具有十分重要的意义。

2010年7月印发的《意见》着眼于加快我国经济发展方式转变、推进农业现代化的大局,全面系统地提出了当前和今后一个时期我国农机化发展的指导思想、基本原则、发展目标、主要任务、扶持政策。《意见》的制定实施,表明了国务院对农业机械化在经济社会发展特别是建设现代农业中的战略地位和重要作用的充分肯定,体现了国务院对农业机械化和农机工业发展的高度重视,是我国农业机械化史上的一个重要里程碑。

依据国家有关法律法规,农业部及省级政府相继出台农机化行政规章87部,省级地方性农机化法规62部。全国农业机械化法律法规体系框架已基本形成,各级政府及有关部门履行法律赋予的职责,完善各项配套法规和规范性文件,落实党和国家对农业机械化的扶持政策,促进形成了农业机械化工作有法可依、依法促进和依法管理的发展长效机制。

(三)转变发展方式,促进农机化科技进步

坚持把推进科技进步和创新作为加快转变农业机械化发展方式的

重要支撑,不断加大农机化科技创新投入,着力构建和不断完善有利于农机化科技进步的体制机制。1. 农业机械化关键技术及装备研发力度不断加大,将农业装备与农业机械化技术研发列入国家863计划、国家科技支撑计划、公益性行业科研项目、引进国外先进农业科学技术计划(948计划)项目,10年来共利用中央财政科研开发资金超过6亿元,重点支持粮棉油糖等大宗农作物机械化与设施农业装备技术研发和集成,一些长期制约我国农业机械化发展的瓶颈环节技术问题得到有效解决。水稻和玉米关键环节机械化技术基本成熟,农机、农艺和农业经营方式相互融合的生产体系在主产区初步形成;油菜、花生、棉花和甘蔗等经济作物机械化技术研究全面推进,种植和收获环节机械化技术取得重大突破;保护性耕作、秸秆综合利用、高效低污染植保等资源节约与环境友好型机械化技术加速组装集成和转化应用;丘陵山地轻便型农机具、林果业机械化、畜牧业机械化和智能农业装备等研发项目启动,研究领域逐步拓展。2. 通过实施新机具新技术研究、示范和推广以及农机化示范县(区)建设,科技成果转化应用力度加大,水稻机械化育插秧、玉米机械化收获、油菜种植与收获机械化、马铃薯种植与收获机械化、保护性耕作、秸秆综合利用等农业装备与机械化生产技术模式日趋成熟,新型农业装备种类不断增加,科技含量明显提升。3. 现代农业装备领域国家级和省级产业技术创新战略联盟加快布局建设,企业创新能力显著增强。基础研究与应用研究相结合、产学研推相结合和农机农艺相结合的科技创新体制机制不断完善,各类科技力量联合协作的新格局逐步形成。

(四)加强政策扶持,增加农机化发展投入

促进农业机械化科学发展,必须充分调动亿万农民群众的积极性。党的十六大以来,国家陆续出台一系列扶持政策,不断加大财政资金投入,初步形成了以农机购置补贴政策为主体的农机化发展扶持政策体系。

1. 农机购置补贴政策推动农机化持续快速发展。从 2004 年起，中央财政设立农业机械购置补贴专项资金，正式实施农机购置补贴政策。9 年来，中央财政不断加大投入力度，补贴资金规模由 2004 年的 7000 万元增加到 2012 年的 200 亿元；实施范围由最初的重点支持 16 个粮食主产省份的 66 个县扩大到覆盖全国所有的农牧业县（场）；补贴对象由"农民个人和直接从事农业生产的农机服务组织"扩大到"农牧渔民、农场（林场）职工、直接从事农机作业的农业生产经营组织"；补贴机具种类由 2004 年的"六机"（即拖拉机、深松机、免耕精量播种机、水稻插秧机、收获机、秸秆综合利用机械）扩大到目前的 12 大类 46 个小类 180 个品目，基本覆盖了耕整地机械、种植施肥机械、田间管理机械、收获机械、收获后处理机械、农产品初加工机械、排灌机械、畜牧水产养殖机械、动力机械、农田基本建设机械、设施农业设备和其他机械等农牧渔业生产急需机械设备。各地还可在 12 大类内自行增加不超过 30 个品目的其他机具列入中央资金补贴范围。补贴对象重点向农机大户和农机专业合作组织倾斜。据统计，2004—2011 年，中央财政共安排补贴资金 529.7 亿元，带动地方和农民投入 1596.7 亿元，补贴购置各类农机具 1672 万台（套），受益农户达到 1489 万户，全国农机总动力增长 61%，取得了提升产业、助民增收、利农利工等一举多得的好效果。

2. 农机作业补贴成为提升农机化水平的重要措施。在认真总结一些地区农机化主管部门开展秸秆机械化还田、机械化深松整地及水稻机插秧作业补贴经验的基础上，国家陆续出台若干农机化作业补贴政策，开辟了财政资金扶持农机化生产的新途径。2009 年，中央 1 号文件明确提出"实行重点环节农机作业补贴试点"。2011 年年初，农业部印发《全国农机深松整地作业实施规划（2011—2015 年）》。2010—2011 年，各省级农机化主管部门从中央财政新增农资综合补贴资金中争取资金逾 14.5 亿元，专项用于农机深松整地作业补贴。河北、山东、吉林、安徽、山西、黑龙江等 6 省落实中央补贴资金均超过 1 亿元，其中

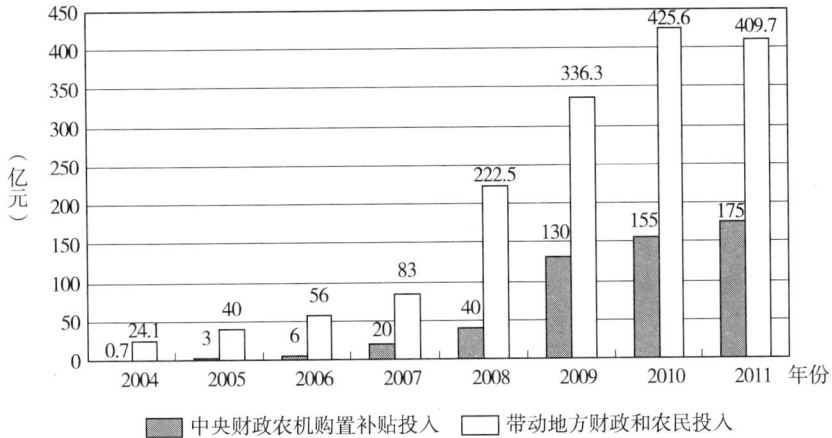

**图 10-3　2004—2011 年中央财政农机购置补贴资金带动
地方财政与农民投入增长情况**

河北省 2.25 亿元。地方各级财政也积极筹集配套资金,进一步提高本地区农机深松作业补贴标准。其中,黑龙江、吉林两省地方财政分别为此投入 3.5 亿元和 0.7 亿元。此外,江苏、山东、陕西等省自筹资金用于秸秆机械化还田作业补贴,浙江、重庆等地利用地方财政资金开展水稻机插秧、油菜机收及农作物机械化统防统治等农机作业补贴试点,均取得良好效果,农机化新技术新装备推广速度明显加快,有力地提升了粮食作物关键环节生产机械化水平。

3. 农机化基本建设投入发挥重要作用。2009 年,经国务院同意,农业部、国家发展改革委联合印发《保护性耕作工程建设规划(2009—2015 年)》。该规划在我国北方 15 个省(区、市)和苏北、皖北地区实施,规划期内,国家每年安排 3 亿元中央预算内基本建设投资,支持规划内项目县(场)建设保护性耕作工程示范基地。目前,已安排 9 亿元,支持建设了 245 个示范基地。通过各类项目建设与辐射带动,到规划期末,全国可新增保护性耕作应用面积 1133.3 万公顷。2010 年,国家启动实施《全国新增 1000 亿斤粮食生产能力规划(2009—2020 年)》,当年安排中央预算内基本建设投资约 3.7 亿元用于规划内项目县开展农机服务体系建设,受益县数 270 个。连续多年的农机化基本建设投入,有力地提升了基层农机化基础设施建设水平,极大地改善了基层农机化办公和生产条件,增强了农机化公共服务能力。

4. 金融财税政策为农机工业发展提供支持。2011 年,工业和信息化部公布《农机工业发展政策》,强调要从我国农业现代化和农业机械化对农机的需求出发,加快先进适用、市场急需、质量稳定可靠、技术领先产品的研发和生产,促进农机工业的振兴。中央财政综合运用财税杠杆,对农机工业实施稳定的倾斜政策。国家技术改造投资对农机工业技术改造给予倾斜和重点支持。积极支持符合条件的企业采取上市和发行债券等多种方式筹集资金,鼓励民间资本和外资向符合产业发展方向的企业投资,鼓励金融机构向符合产业政策的农机工业项目提供信贷支持。鼓励企业加大技术创新,国家扶持中小企业专项资金积极支持农机工业发展,创新型企业试点向农机工业倾斜。

(五)培育新型农民,建设农机化人才队伍

各级农机化主管部门牢固树立人才资源是第一资源的观念,深入组织开展农机化教育培训大行动,以素质提升和创新能力建设为核心,以农业机械化管理人才、科技人才和实用人才三支队伍建设为重点,创新教育培训内容,改进教育培训方法,整合教育培训资源,优化教育培训队伍,提高教育培训质量,努力建设一支数量充足、结构合理、素质优良的农业机械化人才队伍,为保障农业机械化持续快速发展提供了有力的人才和智力支撑。全国涌现出一大批懂技术、会操作、善经营的农机作业能手、维修能手、经营能手,催生了更多的种植大户、养殖大户,造就了更多高素质新型职业农民。活跃在农村的 4000 多万农机手,已成为建设现代农业的中坚力量。

农业机械化快速发展的实践表明,推进农业机械化必须把强化法制建设和优化政策环境作为重要保障,加大公共财政投入,强化政府支持,促进农业机械化有序、有效、持续发展;必须把保障粮食等主要农产

品有效供给作为首要任务,加快提高主要农作物耕种收综合机械化水平,提高农业劳动生产率、土地产出率和资源利用率;必须把转变农业机械化发展方式作为工作主线,强化科技支撑和农机农艺融合,不断提高农业机械化发展速度和质量;必须把培育发展主体和创新完善社会化服务机制作为主要抓手,着力培养以农机手为代表的新型职业农民,大力推进农机社会化服务,不断增强农业机械化发展的活力。这些宝贵经验对进一步推进农业机械化又好又快发展具有重要意义。

三、农业机械化发展的前景展望

(一)发展机遇与挑战

展望今后一个时期,农业机械化发展面临难得的机遇。党中央、国务院高度重视农业机械化发展,法律法规不断完善,农业机械化发展的政策环境更加优化。国家财政支持能力增强,农民收入持续增加,农机社会化服务市场日渐成熟,农业机械化发展的经济基础更加坚实。工业化、城镇化加快推进,劳动力成本持续上升,农村青壮年劳力短缺矛盾日益突出,对农业机械化发展的需求更加旺盛和迫切。加快推进农业现代化,转变农业发展方式,优化农业生产力布局,农业机械化发展的空间更加广阔。农机工业产业升级步伐加快,现代流通体系逐步构建,科技创新能力不断增强,主要农作物薄弱环节机械化技术瓶颈不断攻克,农业机械化发展的技术装备支撑更加有力。

同时,我国农业机械化发展仍存在一些不平衡、不协调、不可持续的问题。1. 先进适用、技术成熟、安全可靠、节能环保、服务到位的农机装备和技术有效供给整体依然不足,研发投入少,基础性与原创性开发能力不强。2. 农机装备结构和布局不尽合理,丘陵山区和薄弱环节机械化发展滞后,老旧农机报废更新慢,不能充分满足现代农业发展和节能减排的要求。3. 农机农艺融合不够紧密,一些先进适用技术集成推广受到制约。4. 农业机械化公共服务体系建设滞后,公共服务能力不强。5. 机耕道等农业机械化发展基础设施不配套,农机作业条件总体较差。

总体来看,未来我国农机化发展机遇大于挑战,前景光明任重道远。我国农业机械化正处在加快发展、结构改善、质量提升的又一个黄金时期,农民对农机作业的需求越来越迫切,农业发展对农机应用的依赖越来越明显,农机化对建设现代农业和社会主义新农村的作用越来越突出,农机产品市场和农机作业市场潜力巨大,农业机械化面临着前所未有的良好发展机遇,必将向更广领域、更高层次深入发展。

(二)未来发展趋势

1. 农机农艺、农机化与信息化深度融合。农业机械化将深刻引领着作物品种选育方向、耕作制度变革方向、栽培模式改进方向。农业科技创新的方向日益从以生物技术为主转向生物技术与机械化技术并重。农机农艺深度融合,不仅有利于关键环节机械化技术的突破,也有利于先进适用农业技术的推广普及应用。通过着力打造功能完备、使用便捷的农业机械化信息交流平台和农机作业管理调度平台,促进政策高效实施、技术快速推广,引导农业机械合理配置、有序流动,农机使用效率和经营效益将显著提高。

2. 农业机械化向全程化、全面化推进。农业机械化的发展,将由解决关键环节机械化为主向农业生产全程机械化模式快速推进转变,从产中机械化向产前、产后机械化全程延伸。农业机械化发展从粮食作物到经济作物,从种植业到养殖业,农、林、牧、渔业机械化全面发展,从平原地区向丘陵山区全面推进,从陆地向水域全面发展,农业机械化与产业化协同推进。

3. 农机服务组织成为农业机械化发展的主要力量。农机专业合作社的服务功能将显著增强,服务质量、能力和效益进一步提升,将成为农业机械化技术推广及其他公益性职能延伸的重要组成部分。农机销售、作业、维修市场不断规范,农机服务组织化程度不断提高,机具利用率、技术到位率不断提升,农机抗灾减灾作用充分发挥,农业机械化对农业持续稳定发展的综合保障能力进一步增强。

4. 区域发展更加协调。各区域将进一步明确适合当地特点的农业机械化技术路线和主要农作物生产机械化技术模式,地区间农机化发展水平差距逐渐缩小。粮食主产区以及平原地区,土地流转的速度加快,大马力、先进适用的农业装备应用更加广泛,农业机械化发展水平稳步上升。丘陵山区机械化成为发展热点,先进适用的小型特色农机具广受欢迎,农业机械化水平加速提高。

(三) 发展目标

"十二五"时期,农业机械化发展将以发展农机服务组织为主攻点,以提升薄弱环节机械化水平为突破点,以推广先进适用农机化装备和技术为着力点,推动农机农艺融合、农机化信息化融合,不断落实完善政策,培育发展主体,强化公共服务,加强管理指导,实现农业机械化又好又快发展。到 2015 年,主要农机装备数量稳步增长,装备结构更加合理,区域发展更加协调,农业机械化科技创新能力和技术应用水平明显提升,农业机械化公共服务体系建设取得重大进展,农机服务组织化程度和社会化服务能力明显增强,粮棉油糖等大宗农作物机械化水平明显提高,耕种收综合机械化水平达到60%以上。

到 2020 年,全国农业机械化发展总体上将进入高级阶段。农作物耕种收综合机械化水平将达到70%左右,小麦、玉米、水稻等主要粮食作物生产基本实现劳动过程机械化,主要经济作物机械化生产和现代设施农业取得重大进展,养殖业、林果业、农产品初加工机械化全面推进。农业机械化科技创新能力和技术应用水平明显提升,农机与农艺、机械化与信息化高度融合,土地产出率、劳动生产率、资源利用率大幅度提高,农业机械化在农业稳定发展和农业现代化进程中的支撑引领作用得到充分发挥。

农业结构实现战略性调整

调整农业结构、强化农业基础设施建设、创建现代农业示范区对于促进现代农业发展、保障粮食等主要农产品有效供给、增加农民收入具有重要意义。国家对此高度重视,改革开放以来,特别是党的十六大以来,与时俱进地采取了一系列强有力的政策措施,取得了明显成效。

一、农业结构战略性调整取得显著进展

党的十六大明确提出要推进农业和农村经济结构调整,保护和提高粮食综合生产能力,增强农业市场竞争力。2004 年以来,中央连续印发了 9 个 1 号文件,就推进农业结构战略调整作出了一系列重要部署。农业部先后发布了《全国优势农产品区域布局规划(2003—2007年)》和《全国优势农产品区域布局规划(2008—2015 年)》。在中央正确有力领导下,通过各方面的共同努力,农业结构调整不断深入,生产力布局不断优化。

(一)农业生产结构不断改善

种植业和养殖业、粮食作物和经济作物初步实现了协调发展的良好格局。从农业内部结构看,种植业产值占农业总产值的比重稳中有降,2002—2011 年,从 54.5% 下降到 51.6%;畜牧业产值稳步上升,占比由 2002 年的 30% 上升到 2008 年的 35.5%,2009—2011 年比重略有

下降;渔业产值占比基本稳定,保持在10%左右。

产值（亿元）

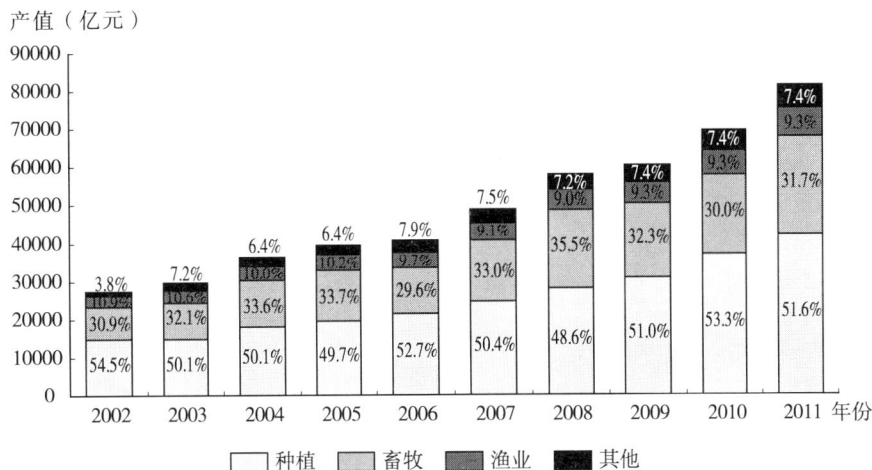

图 11－1　2002—2011 年各产业产值占农业总产值比重变化图

　　从种植业内部看,在一系列扶持政策的作用下,粮食播种面积稳定增加,2011 年达到 16.6 亿亩,比 2002 年增加 1 亿亩,占农作物总播种面积的比重由 67.2% 上升到 68.4%。油料面积比重由 9.5% 下降到8.5%,棉花由 2.7% 上升到 3.1%,糖料面积比重基本稳定;高效经济作物和园艺作物较快发展,种植业效益不断提升。

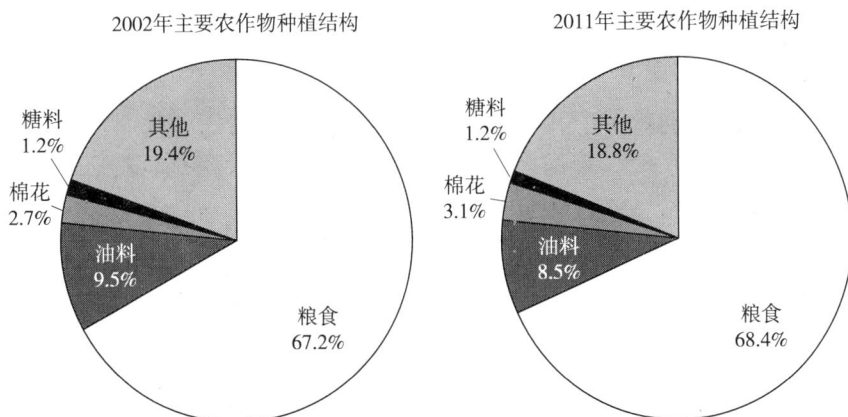

图 11－2　2002 年与 2011 年主要农作物种植结构变化比较

（二）农产品品种和品质结构不断优化

各地适应市场需求,积极淘汰劣质品种,压缩普通品种,发展优质专用品种,农产品品种和品质结构得到极大改善,较好地满足了人民群众日益增长的消费需求。2011 年,水稻、小麦、玉米、大豆四大粮食品种优质化率分别达到81%、74.3%、64.6%、75.9%;其中,水稻、小麦、玉米的优质化率比2002 年分别提高了45.9、25.8、38.5 个百分点。

优质化率%

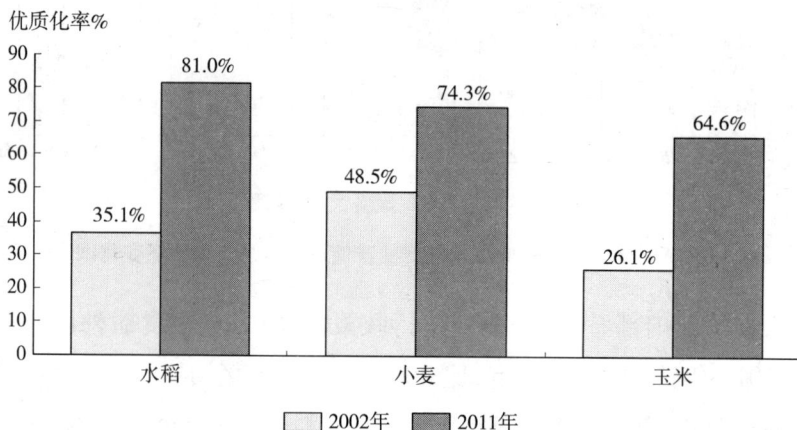

图 11－3　2002 年与 2011 年主要农作物优质化率比较

（三）农业产业链条不断延伸

各地积极发展农业产业化经营和农产品加工业,农业产业链条不断延长,成为推动优势农产品产业带建设,促进农民增收的重要力量。各地根据资源禀赋和区位优势,围绕本地优势产品、特色产品和市场需求,积极发展农产品加工业,产业发展水平和质量明显提高。2011 年,农产品加工业产值与农业产值的比重达到1.8：1,农产品深加工率已超过30%,加工率超过50% 。

（四）农业生产布局更趋合理

长期以来形成的"大而全、小而全"农业生产格局不断打破,农业

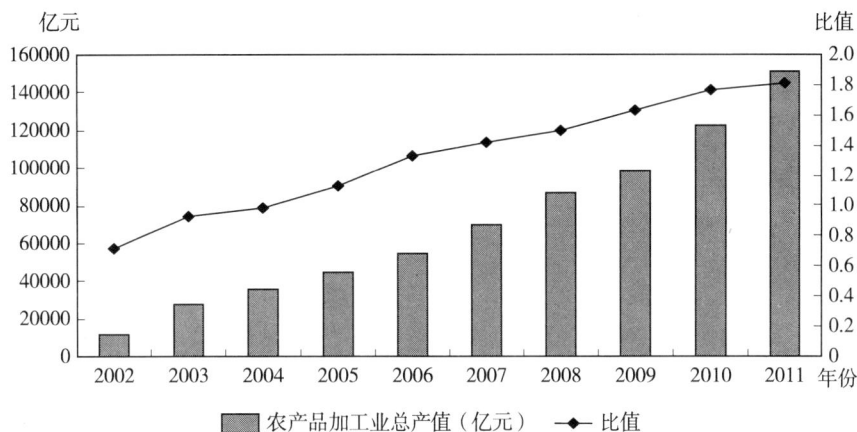

图 11-4 2002—2011 年农产品加工总产值占农业总产值的比重

区域化布局、专业化分工的格局初步形成,一批各具特色、各显优势的优势农产品产业带逐步形成。2011 年,13 个粮食主产省粮食产量占全国的比重由 2002 年的 70% 提高到 76%;水稻、小麦、玉米、大豆的集中度稳定在 98%、88%、65%、55% 以上,比 2002 年明显提高;棉花已形成长江流域棉区、黄河流域棉区和西北内陆棉区"三足鼎立"格局,集中度高达 99.9%。肉牛和肉羊优势产区地位继续巩固,区域规模化标准化养殖水平显著提升;奶牛主要集中于东北与华北两大地带,牛奶产量占全国的 60% 以上;渔业形成了"两带一区",即东南沿海和黄渤海优势出口水产品养殖带和长江中下游优质河蟹养殖区,大黄鱼、罗非鱼和鳗鲡集中度均已超过 80%。

虽然我国农业结构战略调整取得明显成效,但应清醒看到,与现代农业发展要求相比,仍然存在一些突出矛盾和问题:部分地区结构调整仍停留于种植业内部,养殖业和二三产业发展水平依然落后;农产品生产结构调整滞后于优质化、多样化和专用化的需求结构变化;农产品产后加工水平和转化增值率依然偏低;区域间结构雷同、盲目趋同现象仍不同程度存在。

当前及今后一个时期,推进农业结构战略调整的总体思路是:在确

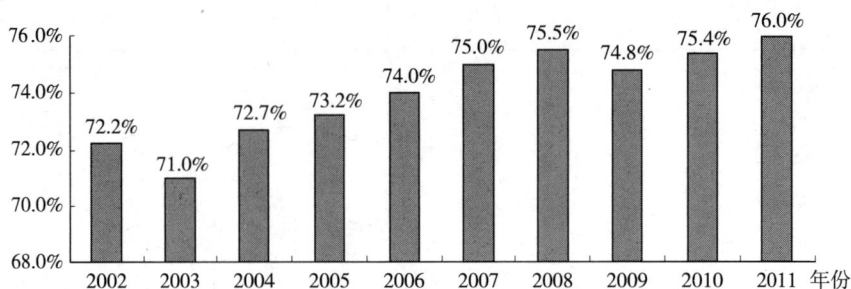

图 11 - 5 2002—2011 年我国 13 个粮食主产省粮食产量占全国比重

保国家粮食安全和主要农产品有效供给的基础上,以促进农民持续较快增收为主要目标,按照"高产、优质、高效、生态、安全"的总体要求,积极推进产品结构、产业结构、区域结构调整,优化农业生产力布局,确保农产品总量平衡、结构平衡和质量安全,进一步提高农业生产经营专业化、标准化、规模化、集约化水平。稳定粮食播种面积、提高单产,加强蔬菜水果、肉蛋奶、水产品等生产基地建设,增强供给保障能力。优化品种结构和区域布局,确保水稻、小麦完全自给和玉米基本自给,扩大优质、专用等紧缺品种生产。大力发展农产品加工业,实现农产品由初级加工向精深加工转变,由数量增长向质量提高转变。完善农产品流通业,强化流通基础设施建设和产销信息引导,升级改造农产品批发市场,支持优势产区现代化鲜活农产品批发市场建设,大力发展冷链体系和生鲜农产品配送。全面提升农产品质量安全水平,强化全程质量安全监管体系和质量检测检验体系建设,加强重大动物疫病和植物病虫害防控。加强现代农业重点区域建设,着力打造粮食生产核心区、特色农产品优势区、大城市郊区农业区、东部沿海农业区、农垦经济区和草原生态经济区。

二、农业基础设施不断完善

党的十六大以来,国家对农业基础设施建设投入大幅增加,围绕农业发展最急需、最关键、最薄弱的环节和领域,组织实施了一批打基础、管长远的重大工程。2002—2011年,农业基本建设投资总额从56.4亿元增长到267.86亿元,占中央基本建设投资的比例从3.1%上升到7%。通过不懈努力,农业基础设施建设取得显著成效,防灾减灾能力明显增强,农民生活条件明显改善。

(一)农业生产条件不断改善

围绕改善田间基础设施条件和养殖业生产环境,先后组织实施了一批重大工程。2004年以来,在全国13个粮食主产省的484个项目县(场)组织实施了优质粮食产业工程,截至2008年累计安排中央投资69.8亿元,建成标准粮田108.1万公顷。2010年以来,在全国800个产粮大县组织实施了新增千亿斤粮食生产能力田间工程及农技服务体系建设,累计安排中央投资130亿元,建成了高产稳产高标准农田195.3万公顷,配套建设了一批农机、植保、土肥等服务设施。2002年以来,组织实施了棉油糖旱作农业示范基地项目,累计安排中央投资30亿元,建设了一大批棉油糖生产基地和旱作农业示范基地。2011年,启动实施了国家现代农业示范区标准农田建设工程,安排中央投资1.06亿元,支持19个国家现代农业示范区,建设了1.7万公顷标准农田。2011年,启动实施了海南冬季瓜菜生产基地建设项目,安排中央投资2亿元,改善了海南冬季瓜菜生产基地田间设施及田间预冷设施。2006年以来,组织实施了天然橡胶基地建设项目,累计安排中央投资7.1亿元,更新胶园2万公顷,新种胶园1.5万公顷,抚管胶园21.3万公顷。2007年以来,启动实施了生猪标准化规模养殖小区(场)项目,安排中央投资125亿元,扶持建设了4.6万个规模养殖场。2008年以来,启动实施了奶牛标准化规模养殖小区(场)项目,安排中央投资17亿元,扶持建设了2473个规模养殖小区。通过这些项目建设,农田基础设施明显改善,生猪、奶牛养殖条件显著提升,为促进农业综合生产能力稳步提高提供了重要支撑。

（二）农业科技创新和应用条件明显改善

围绕提升种业发展水平和农业科研创新能力,组织实施了一批支持种业发展和农业科技创新重大工程项目。2002 年以来,组织实施了种子工程,安排中央投资 46.8 亿元,建设了 1167 个农作物种质资源保护、改良(分)中心、良种繁育基地、品种区域试验站、种子质量检测(分)中心。组织实施了养殖业良种工程,安排中央投资 24.2 亿元,建成了 1900 个养殖业资源保护场、原良种场和遗传育种中心。2005 年以来,组织实施了农业科研基础设施建设项目,安排中央投资 51.2 亿元,改善了国家级农业科研教育单位科研条件,支持各地建设农业科技入户直通车、市场信息体系等设施。通过这些项目建设,我国种子繁育基础设施明显改善,良种生产和质量水平显著提升,农业科技创新与应用能力明显增强。

（三）农业公共服务能力条件有效增强

着眼于提升农技推广、农产品质量安全监管、动植物疫病防控等公共服务能力,组织实施了一批重大工程项目。2006 年以来,组织实施了农产品质量安全检验检测体系建设工程,安排中央投资 53 亿元,支持建设了 54 个部级质检中心、35 个省级综合质检中心、56 个地市级质检中心、1705 个县级质检站。2010 年以来,组织实施了基层农业技术推广体系条件建设工程,安排中央投资 12 亿元,重点支持乡镇农技推广机构仪器购置和业务用房建设,建成了 8247 个乡镇农技推广机构。2002 年以来,组织实施了动物防疫体系建设项目和植物保护工程,安排中央投资 132.4 亿元,建成了一大批重大病虫害检控中心和检测站、动植物疫情测报站、边境动物疫情监测站、动植物病虫害研究中心,初步形成了覆盖全国的中央、省、县、乡四级动植物疫病网络体系;组织实施了渔港建设工程,安排中央投资 23 亿元,建成了 131 个中心渔港、一级渔港、内陆渔港;组织实施了渔政执法装备设施建设工程,安排中央投资 13.8 亿元,建造了 315 艘渔政船,购置 706 艘渔政快艇、554 辆渔政车,配套建设了中国渔政管理指挥系统和南沙渔船船位监控系统等渔政管理信息系统。通过这些项目建设,基层农技推广、农产品质量安全监管、动植物疫病防控等公共服务能力明显提升,渔业安全生产和抗灾减灾能力显著提高,覆盖省、市、县、乡的社会化服务体系初步构建。

(四)农业资源保护与利用水平明显提升

针对我国人均资源短缺、生态环境恶化的现实状况,按照"减量化、资源化、再利用"的发展理念,组织实施了一批农业资源保护和利用重大工程。2003年以来,在内蒙古、四川、云南等8个牧区和新疆生产建设兵团,组织实施了退牧还草工程,安排中央投资156亿元,建设草原围栏5620万公顷,在贵州、云南等省实施岩溶地区草地治理试点17.1万公顷。2002年以来,组织实施了草原防火基础设施建设项目,安排中央投资3.3亿元,建成了123个国家、省、市、县级国家草原防火指挥中心、物资站。2010年以来,组织实施了保护性耕作工程,安排中央投资9亿元,建设了保护性耕作工程示范基地66.7万公顷。2005年以来,组织实施了农业生物资源保护工程,安排中央投资2.3亿元,建成野生植物原生境保护点79个,水生动植物保护区54个。通过这些项目实施,草原生态环境明显改善,农田天然降水利用率和土壤肥力不断提高,农业资源保护和资源监测能力明显提升,为农业可持续发展奠定了良好基础。

(五)农民生活条件明显改善

围绕改善农民生活设施,组织实施了一批涉及民生的重大工程。2003年以来,组织实施了农村沼气工程,安排中央投资285亿元,支持发展了1735万户户用沼气、养殖小区和联户沼气2.4万处、大中型沼气工程3691处、乡村服务网点8.9万个。2008年以来,组织实施了垦区棚户区改造及配套基础设施建设项目,安排中央投资114.2亿元,改造危房126.3万户。2004年以来,在黑龙江、广东、云南、内蒙古海拉

尔和大兴安岭等垦区,组织实施了农垦公益性建设项目,安排中央投资
9.2亿元,建设了一批科研、教育、医疗卫生、文化体育等基础设施建
设。2006年以来,在湖南、湖北、江西、安徽、江苏、四川和云南7个省
的4000多个重疫村,组织实施了血吸虫病综合治理项目,安排中央投
资10亿元,对重疫村实施环境改造和圈养舍饲等建设。通过这些项目
建设,极大地改善了农村卫生条件,美化了农村生态环境,农民生活得
到有效保障。

　　虽然农业基础设施建设取得显著成效,但由于历史欠账较多、投资
缺口仍然较大,我国农业"靠天吃饭"的状况还未根本改变,防灾减灾
能力仍然不强,农业持续健康发展与基础设施建设不足的矛盾依然突
出。一是农业基础设施总体仍然薄弱。全国中低产田约占耕地总面积
的2/3,农业资源和生态环境恶化趋势没有得到明显遏制,农业科技支
撑和公共服务能力不强,相当一部分农村地区秸秆、粪便等生产生活废
弃物没有得到充分利用和处理。二是农业基础设施建设投入总量不足
与结构不合理并存。农业生产基础设施投资占农业类基本建设投资比
重偏小,中小型农业基础设施建设投入严重不足,争取新的农业基础设
施建设项目难度较大。三是农业投资管理体制还存在职责不清、管理
不顺等问题,投资渠道分散,有限的资金难以统筹安排,不利于形成整
体合力和规模效益。四是高效合理的农业基本建设项目运行管理机制
尚未建立。

　　下一步,加强农业基础设施建设,必须深入贯彻落实科学发展,以
促进农业发展方式转变为首要目标,以保障主要农产品有效供给和促
进农民持续增收为中心目标,按照《全国现代农业发展规划(2011—
2015年)》以及相关建设规划确定的建设重点任务和区域布局,进一步
突出关键环节和重点区域,着力谋划实施一批打基础、增后劲、管长远
的建设项目,力争通过五年的时间,全面提高农业综合生产能力、抗风
险能力和市场竞争能力。在具体投资安排上,突出重点工程和重点领
域,优先支持推动现代农业发展的重大基础工程;强化优势区域和优势

品种,进一步提高优势农产品、优势区域投资集中度;把握关键环节和主要瓶颈,解决制约农业发展的突出问题;做大单体项目投资规模,推进农业建设项目整合和投资结构优化;培育新的专项和开拓新的投资渠道,进一步扩大农业基建投资总量。

三、现代农业示范区迈出新步伐

按照中央部署,2010 年 8 月以来,农业部分两批在全国范围内组织认定了 153 个国家现代农业示范区,其中包括 137 个县、12 个市、4 个乡镇或垦区,努力在点上寻求新突破,为探索中国特色农业现代化道路积累经验、提供样板。各地各部门高度重视现代农业示范区建设工作,普遍把现代农业示范区作为推动现代农业发展的重要平台、载体和抓手,放在农业农村经济工作的重要位置,成立了由党委或政府主要负责同志牵头的示范区建设领导小组或专门管理机构,编制了示范区建设规划,出台了支持示范区建设的政策文件,加大了示范区建设的资金投入,初步探索了一些具有区域特色、符合发展要求、充满内在活力的现代农业建设路子。粮食主产区的示范区以打造粮食生产核心区为抓手,加强高标准粮田建设,推进农业机械化,开展技术集成、高产创建,大力提升粮食综合生产能力;沿海地区的示范区以打造精品高效农业为抓手,积极发展设施农业和外向型农业,大幅提高农业发展质量和效益;西北地区的示范区以打造资源节约型环境友好型农业为抓手,大力推广节水、节肥、节地技术,形成了现代农业建设与生态环境保护协调推进的格局,探索了农业可持续发展的经验;西南地区的示范区以打造特色效益农业为抓手,大力发展独具地方特色的农业产业和农产品,促进了农民脱贫致富;大中城市郊区的示范区以打造都市型现代农业为抓手,大力发展高科技农业、会展农业、休闲农业等现代农业新形态,增强了城市菜篮子产品自给能力。

通过努力,各示范区农业农村经济呈现良好发展势头,初步展现了全国现代农业发展"领头羊"作用。据统计,2011年,首批52个国家现代农业示范区粮食总产量达到7600万吨,以占全国6%的耕地生产了13%的粮食;耕种收综合机械化水平达到70%,比全国平均水平高15个百分点;标准农田比重达到48%,30%的农户加入专业合作社,农民人均纯收入达到9900元,均大幅高于全国平均水平。实践证明,国家现代农业示范区已经率先走在了全国农业现代化建设的前列,显示了强大生命力和带动力。

当前和今后一个时期,农业部将认真贯彻落实中央关于建设现代农业示范区的部署,把示范区作为中国特色农业现代化建设的"突破口",作为农业发展方式转变的"排头兵",作为统筹城乡发展的"实验田",充分发挥基础好、水平高的优势,以率先基本实现农业现代化为建设目标,以发展粮食等主要农产品生产和促进农民增收为中心任务,着力完善现代农业产业体系,着力提高设施装备水平,着力加快农业科技推广应用,着力创新农业经营体制机制,着力提升农业效益和农产品质量安全水平,力争"十二五"期间示范区现代农业建设取得突破性进展,示范引领全国现代农业发展迈上新台阶。

四、两岸农业交流与合作成效显著

党的十六大以来,农业部及各级农业部门全面贯彻落实党中央对台工作的一系列重大决策和部署,牢牢把握两岸关系和平发展的主题,始终坚持以科学发展观谋篇布局,扎实开展两岸农业交流与合作,积极推动出台对台惠民农业政策措施,努力巩固两岸关系和平发展的农业基础,取得了显著成效。

(一)积极推动完善政策措施,扩大台湾省农产品进入大陆市场

两岸成功举办了一系列农业合作论坛,围绕普遍关心的农业合作问题进行了深入研讨,达成了广泛共识。在此基础上,顺应台湾岛内农

业组织和农民的呼声,经中央批准,推动出台了一系列扩大台湾农产品进入大陆市场的政策措施,主要包括:准许进入大陆市场的台湾水果品种由 12 种增加到 22 种,并对其中 15 种实施进口零关税政策;对原产台湾地区的 11 种蔬菜和 8 种水产品实施进口零关税政策;在"海峡两岸经济合作框架协议"(ECFA)早期收获清单中,对主要产自台湾中南部的水果、茶叶、蔬菜、花卉、鲜活和冷冻水产品等 18 个税号的主要农渔产品,给予逐步减免关税的安排,并为台湾农、渔民量身打造了相关农产品原产地认定规则。这些政策措施推动了台湾农产品对大陆出口大幅增加,受到岛内农、渔民的热烈欢迎。根据岛内有关资料显示,自 2007 年起,大陆(包括中国香港)已取代日本成为台湾地区农产品最大的出口市场。

为深入落实中央陆续出台的一系列对台惠民政策,使台湾地区广大农民实实在在地受益,农业部会同有关部门及地方农业部门积极开展了形式多样的台湾农产品宣传推介活动,先后举办了"2005 海峡两岸农业合作展览暨台湾农产品展销会"、"2006 海峡两岸农业合作成果展览暨项目推介会"和"2007 台湾优质农产品巡回展览"等十余次声势浩大、影响广泛的两岸农业合作展会,组织了岛内各级农会、专业协会、产销班、农业企业及基层农民 5000 多人次来大陆参展参会,展示展销了台湾的近 30 种热带水果,以及 800 多种农产品和精深加工系列产品,累计签订项目合作金额及农产品购销订单 229 亿元人民币。

(二)积极构建两岸农业合作平台,促进两岸农业产业深度融合发展

针对台湾农业产业转移的客观需要,积极探索,在充分调研的基础上,自 1998 年开始,农业部、国台办、商务部在大陆 9 个省(区、市)设立了海峡两岸农业合作试验区。自 2006 年开始,农业部会同国台办在 14 个省(区、市)批准设立了 29 个台湾农民创业园,覆盖大陆东部、中部、西部及北方地区,扩大了岛内优势产业转移大陆的对接覆盖面,形成了各具特色、各有侧重、相互衔接的试验区和创业园体系,为扩大两岸农业合作领域、提升合作层次、增进合作效果,构建了平台。截至2011年年底,试验区和创业园有台资农业企业5000多家,占在大陆发展的台资农业企业的82%;试验区和创业园实际利用台资58亿美元,占台湾投资大陆农业实际金额的81%,试验区和创业园已经成为台湾农业产业转移大陆的主要集聚地和台湾农业企业、农业组织和农民投资大陆的"热土"。

(三)积极创新两岸基层民众交流合作平台,推动两岸农业人员往来和基层交流蓬勃发展

始终把做好台湾农民工作作为重中之重,持续不断地加强两岸农业界的交流沟通,增近互信、累积共识,不断创新形式、充实内容、扩大合作。1. 积极加强两岸多层次的人员信息交流。积极促进两岸农业行政主管部门高层互访交流;积极邀请台湾农业界以及农渔会、农业合作社组织、农业专业协会、农学院学生和普通农民来大陆参观、考察,特别是中南部地区的农民和农学院的青年学生来大陆考察参观,增强他们对祖国大陆的认同感;以海峡两岸农业交流协会的名义,主办、协办两岸农业合作研讨会和论坛近200个,并通过论坛座谈的平台与台湾农业界在农业咨询、动物疫病防治、动植物检疫、农业高新技术、农业产销体系等方面建立了稳定的交流沟通渠道。2. 密切与岛内农会组织等社会团体联系。与台湾319个乡镇农渔会中的90%以上基层组织建立了联系,与多个农业和社会团体建立起了稳定高效的沟通和磋商机制,有力地促进了两岸农业信息交流、产业合作、突发事件处理合作,这些农会组织和社会团体日益成为在两岸农业交流合作领域的活跃力量,夯实了两岸关系和平发展的民心基础。3. 创建"两岸乡村座谈"新平台及两岸基层乡村"结对子"帮扶新模式。自2009年以来,两岸乡村座谈已分别在上海朱家角镇和江苏昆山市以及台湾岛内成功举办了三届,两岸基层农业生产者、专家学者、各级农业组织负责人及业务主

管部门负责人等近1000余名代表参加了座谈,形成了两岸乡村座谈的共同建议,有来自海峡两岸的近90个乡村签署了"两岸乡村农业合作备忘录",自主结成了45个两岸乡村农渔业合作对子。"结对子"不但成为传递两地人民友谊的纽带,更成为互利共赢的桥梁。两岸基层民众热情称赞:"两岸乡村座谈是个面向两岸'草根'自己的交流平台,以后我们乡里乡亲就会越走越近像亲戚一样往来了。"

(四)按照互惠互利、互补双赢的原则,积极推动两岸农业技术交流与合作

两岸农业技术和管理经验的交流具有自发的动力和合作基点,一直是两岸农业合作的主要媒介和重要内容。1. 积极推动在福建农林大学成立"海峡两岸农业技术合作中心",集中开展对台农业高新技术、优质新品种的引进繁育、示范推广、创新研发等工作,构建了两岸农业科技合作的新平台。2. 通过举办两岸农业合作组织研讨会和培训班,积极吸收借鉴台湾农产品市场建设、农民产销合作组织先进的管理经验,努力推动海峡两岸农民合作组织对接与合作。3. 积极推动两岸农业技术交流与合作。目前,两岸农业技术交流与合作已从初期的引进农业良种逐步向引进农业高新技术、农副产品深加工、农业服务等整体配套方向发展,并正在向农业技术要素的优势互补整合方向迈进。

两岸农业交流合作的实践和成就证明,两岸农业合作顺应时代潮流,符合人民期待,为两岸同胞尤其是农民朋友带来了实实在在的利益。当前两岸关系站在新的历史起点上,两岸关系和平发展呈现良好势头,为深化两岸农业交流与合作提供了条件和基础。对台农业工作将按照中央的总体要求和部署,抓住历史机遇,继续巩固和扩大两岸农业交流与合作成果,落实各项惠台农业政策,切实维护两岸农民的切身利益,创新思路,完善机制,扩大宣传,推动两岸农业合作双赢局面取得更大进展。

农产品市场体系建设取得丰硕成果

进入 21 世纪以来,我国农产品流通体制改革不断深化,农产品市场更加开放,多元化的市场体系初步形成,市场主体日益壮大,调控农产品市场的政策体系基本建立。在市场有效运行和宏观政策调控的共同作用下,我国农产品市场供应总体充足、品种丰富多样、交易日趋活跃。农产品市场的平稳运行,不仅为我国国民经济的持续健康发展奠定了坚实基础,而且为社会主义市场经济体制的建立起到了重要的促进作用。

一、农产品流通体制改革不断深化

党的十六大以来,我国农产品流通体制改革迈出了重要步伐。随着粮食流通体制改革的持续推进和市场制度建设的逐步完善,我国农产品市场完全实现了市场化,市场逐渐成为农业要素配置的主渠道。在充分发挥市场功能的基础上,国家对重点农产品市场进行必要的调控,基本建立了稳定农产品市场的政策框架体系,有效地促进了农业生产发展和农民增收。

(一)粮食流通体制改革持续推进

20 世纪 90 年代末,我国粮食生产连续丰收,但由于市场粮价持续低迷,种粮效益下降,2000 年以后我国粮食产量逐年减少,2003 年降至

8614亿斤,为14年以来最低。受粮食产量大幅下降等因素影响,2003年下半年起,我国粮食市场再度趋紧,价格强劲反弹。为搞活粮食流通,提高农民种粮积极性,确保国家粮食安全,国家在出台严格基本农田保护、增加农业投入、实行粮食生产和良种补贴等政策的同时,决定全面放开粮食收购市场。2004年5月23日,国务院下发了《关于进一步深化粮食流通体制改革的意见》,全面放开粮食收购和销售市场,实行购销多渠道经营,实现粮食购销市场化和市场主体多元化,建立统一、开放、竞争、有序的粮食市场体系。提出必要时可由国务院决定对短缺的重点粮食品种,在粮食主产区实行最低收购价格政策。与此同时,国务院发布《粮食流通管理条例》,对粮食的生产经营、宏观调控、监督检查和法律责任等方面做了明确规定,给予最低收购价政策法律法规的地位。

(二)市场制度建设逐步完善

2004年粮食收购市场放开,标志着我国农产品市场已经完全实行市场化。政府允许所有农产品自由上市,同时鼓励和支持发展多元化的市场主体,实行多渠道经营。只要符合相关资质要求,各类市场主体均可依法参与农产品收购与销售。国有农产品购销企业也实行政企分开,与民营企业、外资企业等多种所有制的市场主体在平等条件下共同参与市场竞争,自主经营,自负盈亏。近年来,农产品经纪人、农民专业合作社等市场主体快速发展,在农产品购销中的地位和作用不断增强。在市场经济条件下,政府不直接干预各市场主体的日常经营行为,而是在法律授权内进行指导、监督、检查和服务,严禁地区封锁,搞好产销衔接,优化储备布局,加强和改善市场管理,为全国形成统一的公平竞争、规范有序的市场环境创造条件。国家在大力发展现货市场的同时,2003年以后加强了对期货市场的管理,2004年2月国务院发布了《关于推进资本市场改革开放和稳定发展的若干意见》,对"稳步发展期货市场"做出进一步阐述和部署,成为指导期货市场发展的纲领性文件。

2007年4月,国务院出台了《期货交易管理条例》,标志着全国统一的期货监管框架正式形成。2009年9月《期货公司分类监管规定(试行)》进一步完善了现有的监管体系,目前我国期货市场已初步形成了依法治市的环境。

(三)市场调控体系基本确立

农产品市场放开以后,在发挥市场机制的基础上,国家对重点农产品市场进行必要的调控,逐步建立完善了包括最低收购价、临时收储、生猪调控预案、储备吞吐、进出口调节等政策在内的市场调控体系,对保障国家粮食安全、稳定农产品市场、促进农民增收发挥了重要作用。

1. 最低收购价政策。为确保国家粮食安全,尤其保障口粮生产和供应,国家根据每年农业生产成本变化情况确定最低收购价水平。当市场价低于最低收购价时,国家就按事先确定的最低收购价启动收购,以保证农民能够获得基本收益;如果市场价高于最低收购价,则不启动收购。这项政策是我国农产品价格政策的核心内容,实际上是给农民发展小麦、稻谷生产一个稳定的收益预期。这项政策有三个要点:一是有限品种,仅针对作为口粮的小麦、稻谷,不包括主要用作饲料的玉米等其他粮食品种;二是有限地区,仅针对主产区,其他省份可参照执行;三是有限时间,仅在新粮集中上市期适用,并不是全年实施。2004年,国家开始实行稻谷最低收购价政策并逐年提高最低收购价水平,到2012年,早籼稻、中晚籼稻和粳稻最低收购价达到每50公斤120元、125元和140元,比2004年分别提高71.4%、73.6%和86.7%。2006年,国家正式出台小麦最低收购价政策,白麦、红麦和混合麦从最初的每50公斤72元、69元、69元提高至2011年的95元、93元、93元。从2011年起,分两年取消红白麦差价,2012年白麦、红麦和混合麦最低收购价均为102元(我国粮食最低收购价历年提价情况详见表12-1)。

最低收购价政策的实施使得国家掌握了较多的商品粮源,为调控市场奠定了基础,虽然近年来国内粮价出现了不同程度的上涨,但国家通过调控最低收购价粮食拍卖节奏与投放量,保证了市场的基本稳定。该项政策的实施,使国内粮食市场总体上保持了相对平稳运行态势,且有效应对了近两年国际粮价"过山车"式的波动。

表 12 - 1 我国粮食最低收购价历年水平　　　　单位:元/斤

年份	2004	2005	2006	2007	2008	2009	2010	2011	2012
白小麦			0.72	0.72	0.77	0.87	0.90	0.95	1.02
红小麦			0.69	0.69	0.72	0.83	0.86	0.93	1.02
混合麦			0.69	0.69	0.72	0.83	0.86	0.93	1.02
早籼稻	0.70	0.70	0.70	0.70	0.77	0.90	0.93	1.02	1.20
中晚籼稻	0.72	0.72	0.72	0.72	0.79	0.92	0.97	1.07	1.25
粳稻	0.75	0.75	0.75	0.75	0.82	0.95	1.05	1.28	1.40

2. 临时收储政策。这项政策是 2008 年首次出台的,当时在金融危机背景下,为解决玉米、油菜子、大豆等农产品价格下跌和卖难而设计的一项新政策。收储价主要是参考种植成本、合理利润、市场供需等因素确定的。该政策鼓励和支持企业积极参与,面向农民敞开收购,实际上通过撇余量的方法,发挥市场托底作用。分品种看:

——玉米。2008 年 2 月、10 月至 2009 年 2 月国家在东北三省分别启动了六批共 4800 万吨的收储计划,平均收购价格为每 50 公斤 70—75 元(14% 标准水分)。2009 年 12 月,国家再次实行临时收储政策并对其内容进行了调整:一是实行敞开收购;二是增加了收购主体,除中储粮外,还鼓励南方 16 个省的地方储粮公司、饲料企业以及中央直属粮食企业到东北地区收购,并对执行政策性收购的企业给予每吨 70 元的补贴;三是按新的国家标准进行收购。2010 年临储价为 90—93 元,2011 年提高到 98—100 元。

——大豆和油菜子。2008 年年末,国家出台了大豆和油菜子临时收储政策。在主产区,分别按照每 50 公斤 185 元和 220 元的价格收储大豆 725 万吨、油菜子 135 万吨。2009 年、2010 年继续在主产区实行这项政策,同时对收储企业实行补贴。2011年大豆临储价提高到200元,2012年油菜子提高到250元,分别比上年提高10元和20元。

——棉花。2008年,受金融危机影响,籽棉曾一度跌破成本价,当年10—12月,国家连续3次下达收储计划,累计收储棉花272万吨。2011年3月,为稳定棉花价格,国家发改委、财政部、农业部等八部委联合出台了《2011年度棉花临时收储预案》。该预案在新疆、山东等13个产棉省执行,临时收储价为每吨19800元,执行时间为2011年9月1日至2012年3月31日。2012年国家继续对棉花实行临时收储政策,收储价为每吨20400元,收储量为322万吨。

——食糖。为保护农民利益,遏制食糖价格下跌,2012年国家对食糖实行了临时收储政策,临储价每吨6550元。其中,中央100万吨,广西自治区50万吨。截至6月底,中央完成第一批50万吨的任务,广西全部完成。

临时收储政策的实施,起到了稳定市场、保护农民利益和调动农民生产积极性的作用。尤其是棉花预案在新棉播种前公布,有利于稳定棉花生产和调动收储企业的积极性,保护棉农利益。

3. 生猪价格调控预案。生猪价格一般每3—5年一个波动周期。2008年初生猪价格再次进入下跌周期,为防止生猪价格过度下跌,2009年1月国家发改委、财政部、农业部等六部委联合出台了《防止生猪价格过度下跌调控预案(暂行)》,主要是保护农民利益,建立生猪生产稳定发展的长效机制。具体地通过锁定市场波动的上下限,来缓解生猪市场价格的周期波动。2009年6月、2010年2月国家先后进行了收储,适时阻止了猪价进一步下跌。2011年,为落实国务院关于促进生猪生产平稳健康发展,防止市场供应和价格大幅波动,国家发展改革委、农业部等部门,再次修改完善了生猪价格调控预案,主要是增加了防止生猪价格过快上涨的内容。2012年5月正式公布《缓解生猪市场价格周期性波动调控预案》。至此,猪粮比价在6∶1—8.5∶1的区间合理波动。从政策实施效果看,起到了促进生猪产业健康发展、稳定生猪市场的作用,初步解决了政府调控生猪的时机、力度等重大问题,推动了生猪市场调控政策的规范化、常态化。

4. 储备吞吐政策。为调节农产品供求平衡,我国政府制定了相关法律法规,对粮食、食用植物油、食糖、生猪等部分重要农产品,实行符合市场化要求的中央储备和地方储备制度。当局部地区出现农产品供给短缺或卖难时,主要通过销售或收购地方储备等方式进行调节;当较大范围出现农产品供不应求或卖难时,通过销售或收购中央储备等方式进行调控。中央和地方储备的收购、销售、轮换原则上均通过规范的批发市场公开进行交易。

5. 进出口调剂政策。2001年我国加入世贸组织后,在世贸规则允许范围内,对小麦、棉花、食糖等重要农产品实行进口关税配额管理。目前,我国农产品进口关税平均水平明显低于世界平均水平,且没有明显的关税高峰。从2006年起,国家取消了豆油、菜籽油、棕榈油进口配额和国营贸易管理。目前,我国在遵守入世承诺和符合国际惯例的条件下,按照立足国内、进出口适当调剂的原则,通过进出口关税、配额等方式,合理利用国际市场,弥补和调剂国内余缺。

二、农产品市场体系不断完善

党的十六大以来,我国农产品市场体系逐步完善并取得长足的发展,实现了从数量增长到提高水平、优化结构、创新方式的不断跨越,形成了批发市场、集贸市场和期货市场、传统业态和新型业态、有形市场和无形市场互为补充的多层次、多类型的流通体系,为促进农业生产稳定发展和农民持续增收、满足城乡居民消费需求发挥了重要作用。

(一)流通网络逐步健全

一是批发市场主渠道地位突出。目前,全国通过批发市场交易的蔬菜、水果、水产品等鲜活农产品的数量占其商品总量的70%左右。

批发市场几乎覆盖了所有大中小城市和农产品集中产区,构筑成了贯通全国城乡的农产品流通大动脉,特别是近年来单体批发市场的交易规模明显扩大,辐射带动能力明显增强。据统计,截至2010年年底,我国亿元以上农产品专业批发市场有981家,摊位数53.7万个,营业面积达到4063.7万平方米,年成交额10593.2亿元。从2011年开始,农业部在优势产区的集中产地启动了国家级农产品产地专业批发市场建设,着眼于建设全国性的物流集散中心、价格形成中心、信息传播中心、科技交流中心和会展贸易中心,加快打造与现代农业生产布局相适应的流通布局。二是集贸市场管理趋于规范。2011年我国农贸市场(含菜市场)有3.3万多个,广泛分布于城乡社区。近年来,农贸市场改造步伐加快,各地纷纷实行"退路进厅",并在有条件的地方大力推行"农改超",露天马路市场和简易市场逐渐被具有固定场所和较为完善设施的规范市场取代,经营管理行为也逐步得到规范。三是流通基础设施不断改善。在国家相关规划和财政项目的引导和带动下,一大批批发市场对交易棚厅、场地道路、水电通讯等基础设施进行了改造升级,交易条件明显改善,市场功能不断拓展。特别是冷链物流快速发展,2011年我国果蔬、肉类、水产品冷链流通率分别超过5%、15%、23%,冷藏运输率分别超过15%、30%、40%。四是现代经营管理方式逐步得到应用。有些市场通过在互联网开设网站或设置电子信息屏幕方式,实时向社会公布价格信息和市场动态;有些市场实行会员制,提高产销组织化程度;有些市场摒弃了延续多年的现金交易方式,大力推行电子交易;有的市场还建立了生产基地加工配送中心,开办连锁经营网点,实行产加销一体化经营。

(二)期货市场快速发展

农产品期货市场是我国农产品市场体系的重要组成部分,至今已经走过20多个年头,期间历经启动发展、治理整顿、规范发展等阶段。目前,我国四家期货交易所中郑州商品交易所和大连商品交易所都以农产品为主,农产品期货市场规模不断扩大,市场运作日益规范,价格发现、套期保值和规避风险的功能逐步发挥,对完善现代农业市场体系、引导农业结构调整、增加农民收入发挥了积极作用。一是上市品种覆盖领域越来越广。目前国内上市的 26 个期货品种(不含未开展交易的啤酒大麦和绿豆)中,农产品占了 13 个,其中,大豆、玉米、豆粕、豆油和棕榈油在大连商品交易所上市,小麦、棉花、白糖和菜子在郑州商品交易所上市,天然橡胶在上海期货交易所上市。二是市场交易规模不断扩大。2011 年,我国农产品期货市场年成交量达到 44451.56 万手,成交金额达到 464483.06 亿元,分别比 2003 年增长 78% 和 4.6 倍。2011 年,农产品期货成交量和成交金额分别占全国期货成交量和交金额的 42.17% 和 33.78%。交易规模的扩大和交易量的上升,显示了市场的流动性增强,农产品期货价格逐渐成为相关品种现货贸易的主要定价基准。三是市场功能有效发挥。经过多年发展,我国农产品期货市场发现价格和回避风险的功能已经初步显现,尤其是大豆、豆粕、玉米、天然橡胶、棉花等大宗农产品期货市场的价格发现功能的发挥已经对现货生产和流通起到了一定的指导作用,农产品期货价格已经成为国内外相关企业开展生产经营活动的重要参考。

(三)现代流通方式蓬勃兴起

随着经济社会发展,农产品交易扩大到专业批发、订单购销、拍卖交易等方式,各种新型现代流通业态蓬勃兴起。一是连锁经营快速发展。近些年,全国连锁超市的门店数量和销售总额年均增长速度在 25% 以上,连锁超市逐渐成为大中城市农产品重要零售渠道,2011 年上海、北京、青岛等城市农产品连锁超市销售量已占到当地农产品零售总量的 20% 以上。二是电子商务方兴未艾。《国民经济和社会发展第十一个五年计划规划纲要》提出要大力发展电子商务,重视信息网络技术在农产品交易、农业技术推广等领域的应用。国家有关部委先后发布了《电子商务发展"十一五"规划》、《关于促进电子商务规范发展的意见》等,为电子商务的发展创造了良好的政策环境。2011 年全国各类涉农网站已超过 3 万家,有力地促进了农产品购销网上对接,扩大了农产品网上交易规模。随着信用系统、结算支付系统、纠纷仲裁系统和验货配送系统的建立健全,农产品电子商务正在从网上沟通信息与洽谈、网下验货成交与支付的初级形态向网上交易支付的高级形态发展。三是农超对接逐步推广。从 2008 年开始,农业部和商务部大力支持鼓励合作社与超市等流通企业开展"农超对接",2011 年已有 30 个省(区、市)开展了"农超对接"工作,涉及蔬菜、粮油、畜禽产品、干鲜果品、茶叶、水产、食用菌、特色养殖等十多类农产品。据初步统计,已有 1.56 万家农民专业合作社与超市建立了稳定的产销关系。此外,2011 年农业部启动了"农社对接"试点,据对 27 个省(区、市)不完全统计,2011 年合作社开设直销点(店)5342 个,销售金额约 95 亿元。"农超对接"、"农社对接"、"农企对接"、"农校对接"等新型流通模式正在发展壮大。

(四)多元主体逐步壮大

近年来,农产品市场流通主体多元化趋势日益明显,农村经纪人、农民专业合作社和农业产业化龙头企业等逐渐成为农产品市场流通的主力军,以行业协会为代表的中介组织在活跃农产品市场流通、促进农产品市场稳定中的作用日益明显。2011 年,全国依法在工商部门登记的合作社达 52.2 万家,入社农户约 4100 万户;各类农业产业化组织达到 28 万多个,辐射带动农户约 1.1 亿户;龙头企业达到 11 万多家,已经形成了国家重点龙头企业为核心、省级龙头企业为骨干、中小型龙头企业为基础的格局;农村经纪人达到了 600 万人左右,80% 的农产品由农村经纪人收购后进入流通环节。同时,各级各类农业行业协会特别是全国性一级社团组织,积极推动产销对接,深入开展信息服务,广泛搭建贸易平台,切实加强行业自律,服务领域由生产向流通延伸的力度越来越大。

（五）营销促销力度加大

党的十六大以来,开展农产品营销促销逐步成为各级政府公共服务的重要内容。一是会展贸易平台逐步完善。积极培育品牌农业会展,整合会展资源,推动形成国际性、全国性、区域性相衔接,综合性和专业性相补充的会展营销体系,成为促进农产品贸易、活跃农产品流通的重要平台,其中由农业部主办的中国国际农产品交易会已成为目前国内影响最大的农业会展。支持国内企业组团赴日本、欧洲、美国参加大型国际农业展会,采取统一参展、统一装修、统一推介等方式,帮助企业拓展海外贸易机会,有效地巩固了传统市场、开发了新兴市场。二是产销对接活动广泛开展。积极支持主产区开展特色优势产品产销对接活动,鼓励主产区"走出去"到销区城市进行特色优势农产品宣传推介和贸易洽谈,社会影响不断扩大,有力带动了优势产区主导产业发展。三是网络营销促销成效明显。指导各类涉农网站加大农产品上市预供应信息收集发布,尽可能使得重要产区、重要产品在上市前将供应信息提前向客商发布。特别是中国农业信息网功能日益强大,访问用户覆盖50多个国家和地区。截至2011年年底,"供求一站通"注册用户超过39万个,累计发布信息200万条;"网上展厅"累计发布企业信息1.5万条,发布产品信息2.6万条,有效降低了农产品对接成本,成为永不落幕的农产品交易会。四是应急促销机制不断完善。针对近年来先后发生的广西香蕉、宁夏马铃薯、陕西苹果、新疆瓜果、江西柑橘、海南瓜菜等鲜活农产品突发滞销卖难问题,采取加强宣传引导、广泛发布信息、组织展示推介、搞好产销对接、增加收储加工等多种措施及时应对,并初步建立了组织保障、预警预报、应急反应、宣传引导、部门协调、评估激励等长效机制。五是农业品牌建设逐步加强。2006年农业部出台了《关于进一步推进农业品牌化工作的意见》,2011年7月国家质检总局、农业部等联合印发《关于加强品牌建设的指导意见》,推动各地大力实施农业品牌化发展战略,推动培育了黑龙江五常大米等一批具有较高市场知名度和竞争力的农业品牌,逐步形成了"市场导向、企业主体、政府推动、社会参与"的品牌建设机制。特别是"三品一标"快速发展,截至2011年年底,已认定无公害产品72672个、绿色食品产品17158个、有机农产品4733个,登记农产品地理标志保护产品835个。"三品一标"产品总量已占全国食用农产品商品总量的40%以上。

(六)政策环境持续优化

一是"绿色通道"政策不断完善。从2005年开始,农业部和交通运输部等部门开始在全国建立布局为"五纵二横"的鲜活农产品流通"绿色通道"网络,对整车合法装载运输鲜活农产品的车辆免收通行费,此后政策力度不断加大。从2010年12月起,全国所有收费公路(含收费的独立桥梁、隧道)全部纳入鲜活农产品运输"绿色通道"网络范围。确定了《鲜活农产品品种目录》,涵盖新鲜蔬菜、新鲜水果、鲜活水产品(仅指活的、新鲜的)、活的畜禽、新鲜的肉蛋奶5大项,2010年进一步将马铃薯、甘薯、鲜玉米、鲜花生等纳入"绿色通道"范围。二是取消集贸市场管理费和个体工商户管理费。2008年9月1日国家出台了停止征收农产品集贸市场管理费和个体工商户管理费的政策,每年为市场及经营户减轻负担约300亿元。三是农产品流通扶持政策力度不断加大。先后出台了《关于统筹推进新一轮菜篮子工程建设的意见》、《关于进一步促进蔬菜生产保障市场供应和价格基本稳定的通知》、《关于促进物流业健康发展政策措施的意见》、《关于加强鲜活农产品流通体系建设的意见》,不断加大对农产品流通的扶持力度。在土地政策上,明确批发市场用地按工业用地对待,符合土地利用总体规划的优先保障供应,支持农村集体经济组织根据规划使用本集体土地从事农产品批发市场建设。在水电气热价格上,对开展鲜活农产品业务的冷库用电实行与工业同价,农产品批发市场和农贸市场的用水、用电、用气、用热价格实行与工业同价。在税收政策上,对"菜篮子"产品初加工和流通企业,简化增值税抵扣手续,取消不合理行政事业性收费;对"菜篮子"产品出口,按照有关规定减免出入境检验检疫费,继续实行出口退税政策。开展农产品增值税抵扣政策调整试点,免除蔬菜流通环节增值税。在金融政策上,鼓励银行业金融机构加大对龙头企业的支持力度,吸引社会资金参与"菜篮子"产品生产、流通等基础设施建设。

三、面临的挑战和下一步重点任务

(一)当前农产品市场面临的挑战

在工业化、城镇化过程中,我国农产品消费需求将呈持续刚性增长趋势,而随着耕地、水、气候等对农产品生产供给的约束不断增强,稳定农产品市场的压力将越来越大。从不同品种的市场走势看,粮食供求将长期偏紧,品种、区域等结构性矛盾日益凸现;由于较高的贸易依存度,棉花油料食糖国内外市场融合度不断加大,国际市场的大幅波动将直接影响国内市场稳定;肉蛋奶菜果等鲜活农产品季节性、周期性波动较大,个别品种区域性、结构性、阶段性暴涨暴跌及滞销卖难现象频繁出现,产销衔接和市场调控难度加大。

(二)新形势下农产品市场体系建设面临的主要任务

农产品市场一头连着千家万户城乡居民的消费利益,一头连着千家万户农民的就业增收,是涉及资源配置、关系统筹城乡发展的一个重大问题。在推动新时期"三化"同步建设的过程中,要不断推进农产品流通体制改革,加强市场体系建设,提高市场运行效率,促进农业生产发展和农产品市场稳定,切实保障生产者和消费者利益。

一是着眼于提高组织化程度,大力培育市场主体。通过典型引路、开展培训等多种手段,集中扶持培育一批经营规模大、服务能力强、质量安全优、民主管理好的专业合作示范社,带动更多的农民专业合作社加快发展,使之成为引领农民参与国内外市场竞争的现代农业经营组织。广泛开展农产品经纪人培训,提高经纪人执业能力,积极引导他们通过多种形式加强联合与合作,提升经营层次,增强经营实力,逐步由自然人向法人组织转变。鼓励龙头企业与农民建立紧密型利益联结机制,强化农业产业化扶持政策措施的落实,支持龙头企业延长产业链条,提高产品附加值。

二是着眼于提升市场服务水平,加强基础设施建设。加快《农产品批发市场法》或《农产品批发市场管理条例》出台步伐,明确批发市场的公益或准公益性质,切实增加政府投入。支持建设一批具有设施配套、功能齐全、辐射带动力强的国家级和区域性产地批发市场,支持在具有区位优势、交通便捷的大中城市建设大型集散型农产品物流中心,形成布局合理的全国性骨干农产品批发市场网络,提高农产品吞吐调节和快速集散能力,推动形成与农业生产布局相适应的批发市场布局,增强产地集散和销地供应保障能力。

三是着眼于促进产销对接,大力发展现代流通方式。继续鼓励发展连锁经营,减少中间流通环节,引导农产品批发市场、农业产业化龙头企业、农产品流通企业等市场主体,通过发展订单农业、开展农超对接等形式,与生产基地和农户建立长期稳固的紧密合作关系。利用现代信息网络技术,建立统一、权威、开放、共享的全国农产品市场信息发布平台,及时、全面收集发布农产品供求信息,提高全国农产品市场运行的透明度,并在此基础上逐步发展农产品网上交易。继续发展农产品期货交易,不断丰富上市品种,鼓励农产品生产经营企业进入期货市场进行套期保值。

四是着眼于优化外部环境,推动出台有关支持政策。科学界定政府部门管理职能,加强市场监管与公共服务,努力规范各类市场主体的经营行为,促进市场公平竞争和有序健康发展。加强收费项目监管,规范批发市场、超市等经营收费,逐步减少不合理行政事业收费项目。认真落实现有各项扶持政策,长期实行并逐步完善鲜活农产品运销绿色通道政策,逐步扩大免征流通环节增值税的产品范围,降低农产品流通成本。在税收、财政、金融等方面,对农产品市场流通适当给予扶持政策,营造有利于农产品流通的发展环境。

五是着眼于确保主要农产品有效供给和市场稳定,完善农产品市场调控。对于粮棉油糖等大宗农产品,进一步完善以最低收购价、临时收储政策为主的调控政策,稳步提高小麦、稻谷最低收购价,适时启动玉米、大豆、油菜子、棉花、食糖等临时收储,健全粮棉油糖等农产品储备制度。对于鲜活农产品,推动尽快完善市场调控办法,健全生猪市场价格调控预案,探索建立主要蔬菜品种价格稳定机制。不断加强国内外农产品市场监测预警,配合相关部门综合运用进出口、吞吐调剂等手段,稳定国内农产品市场。会同有关部门,进一步整合资源,建立全国性、区域性农产品信息共享平台,加强农业统计调查和预测分析,推动建立统一的重大信息发布制度,为稳定市场创造良好的舆论环境,引导农民合理安排生产。

农产品质量安全提高到新水平

　　党中央、国务院高度重视农产品质量安全工作,先后做出了一系列重大决策部署。2001 年起,国家启动实施"无公害食品行动计划",采取一系列积极有效的措施,全面强化农产品质量安全监管。党的十六大以来,连续几个中央 1 号文件都明确提出了加快实施农业标准化、健全检验检测体系等重大举措。2006 年,农业领域具有里程碑意义的综合性法律——《农产品质量安全法》正式颁布实施,首次从立法高度明确各级农业部门、生产经营企业的质量安全法律责任。2007 年 4 月 23日,中央政治局专门就农业标准化与食品安全问题进行集体学习,胡锦涛总书记特别强调:"实施农业标准化,保障食品安全,是关系人民群众切身利益、关系我国社会主义现代化建设全局的重大任务。"近几年的中央农村工作会议都将农产品质量安全监管作为一项重大任务进行部署。围绕党中央、国务院的决策部署,各级农业部门在抓好农业生产、确保农产品有效供给的同时,全面推进农产品质量安全工作,农业部连续 3 年将"努力确保不发生重大农产品质量安全事件"作为农业农村经济发展的中心目标之一;地方各级党委和政府都把农产品质量安全摆上了重要议事日程,在政策扶持、项目安排、经费保障上切实加大工作力度。

　　回顾党的十六大以来的 10 年,我国农产品质量安全工作开创了科学管理的新局面,谱写了科学发展的新篇章,农产品质量安全水平实现了大幅提升。根据监测,2011 年全国主要城市蔬菜、畜禽产品和水产品质量安全合格率分别达到97.4%、99.6%和96.8%,总体合格率比10年前提高了30多个百分点,我国农产品质量总体上安全、消费有保障。这10年,农产品质量安全各领域均取得了重大进展和成效,积累了宝贵经验,具体体现在以下六个方面:

一、法律法规逐步健全,监管体系框架基本形成

党的十六大以来,随着我国农产品质量安全管理的层层深入,农产品质量安全法制建设逐步由零散要求走向系统规定,由宏观原则走向具体操作,进入了有法可依、依法监管、科学管理的崭新阶段。

(一)依法监管格局已经形成

国家先后颁布实施了《农产品质量安全法》、《食品安全法》和与之相配套的《食品安全法实施条例》、《乳品质量安全监督管理条例》等法律法规,农业部配套制定了《无公害农产品管理办法》、《农产品产地安全管理办法》、《农产品包装和标识管理办法》等部门规章及强制性技术规范,发布了50种农药、47种兽药以及多种饲料添加剂的禁限令。各地方人大、政府结合实际也陆续出台了相关地方法规,如《湖南省农产品质量安全管理办法》、《山东省农产品质量安全条例》等,农产品质量安全步入依法监管的新阶段。2008年,农业部组建了履行农产品质量安全执法监管职能的农产品质量安全监管局,各地在机构改革中,大力推动监管机构建设。目前全国省级农业厅局都设立了农产品质量安全监管局(处、办),80%的地市和60%的区县农业部门组建了农产品质量安全监管专门机构,50%的乡镇建立了专门的农产品质量安全监管公共服务机构,我国农产品质量安全监管机构实现了"从无到有"的跨越式发展。

(二)科学监管能力不断提升

各级农业部门围绕"依法监督、科学管理"的目标,在建立健全农

产品质量安全行政监管体系的同时,加快完善了标准化推进与"三品一标"(无公害农产品、绿色食品、有机农产品和农产品地理标志)认证工作体系、检验检测体系、风险评估体系和质量安全研究体系等支撑体系的配套建设。农产品质量安全标准制修订队伍和部省地县"三品一标"工作机构已经全面建成,成为推动农产品质量安全水平提升的重要支撑保障;经过"十一五"和"十二五"时期的重点专项建设,部省地县农产品质量安全检验检测体系日趋完善,检测能力全面提升,为科学监管和公正执法提供了重要的技术支撑;农产品质量安全风险评估体系以国家农产品质量安全风险评估专家委员会和风险评估实验室为主体,分期分批认定规划了一批部级风险评估实验室和主产区风险评估监测站,着力开展风险评估、风险隐患动态跟踪评价和风险交流等工作,为政府农产品质量安全风险管理提供了科学依据;在农产品质量安全研究体系方面,国家和各省(区、市)都相继成立了农产品质量安全的专业研究机构,承担农业质量标准与检测技术等方面的研究,为农产品质量安全基础性和应用性相结合的技术支撑搭建了稳定的研究队伍。

二、农业标准化扎实推进,生产源头保障能力稳步提升

农业标准化是现代农业的重要标志。2007 年中央政治局第 41 次集体学习时,胡锦涛总书记指出:"没有农业标准化,就没有农业现代化,就没有食品安全保障。"党的十七届三中全会通过的《关于推进农村改革发展若干重大问题的决定》,进一步要求加强农业标准化工作。在实践中,农业部门始终把农业标准化作为一项带有方向性、战略性的重要工作予以推动,短期在于解决农产品质量安全问题,长远在于推进农业发展方式转变,推动农业产业升级。经过 10 年的快速发展,标准化内涵已由标准制修订为主转变为标准制修订与实施并重,标准内容由技术标准为主转变为技术与管理标准并重,标准实施

由注重生产环节转变为生产流通全过程标准化,标准化目标由提高农产品产量、保障消费安全转变为促进"高产、优质、高效、生态、安全"农业发展。

(一)农业标准体系不断完善

为专项支持农业行业标准的制定、修订工作,农业部和财政部联合启动了"农业行业标准制修订财政专项计划",成为我国农业标准化工作快速发展的重要标志。十年来,我国农业各领域的标准制修订工作得到全面加强,标准范围拓展到农产品生产全过程,涵盖种子种苗繁育、产地环境、农产品质量安全、动植物疫病防控、生产技术规范、农产品等级规格、包装标识等方面。截至 2011 年年底,农业部共制定发布农业国家、行业标准 4800 项,党的十六大以来的 10 年间制定发布的农业标准数量是前 50 年所发布标准总数的 2.8 倍。特别是 2009 年《食品安全法》出台后,明确赋予了农业部制定发布农兽药残留食品安全国家标准的法定职责。2010 年,农业部成立了食品安全国家审评委员会农药残留分委员会和兽药残留分委员会,下大力气强化了农兽药残留标准的清理和制修订工作。截至目前,我国农兽药残留限量达 2800 多个,检测方法 900 多项,为农产品质量安全生产、检测、执法提供了基本的技术依据。

(二)农业标准化实施示范有力推进

以农业标准化示范区为载体,大力促进农业生产的全程标准化是推动标准实施的基本经验。为探索农业标准实施的有效模式,从 2001 年起,农业部以"无公害食品行动计划"为契机,着手建设无公害农产品标准化生产示范区,以点带面,辐射带动标准化生产。2005 年,农业部提出把农业标准化作为农业和农村经济工作的一个主攻方向,作出了"以创建国家级农业标准化示范县(场)为突破口,大力推进农业标准化"的工作部署。2006 年,农业部启动实施了农业标准化实施示范县专项,目前全国共创建农业标准化示范县(场)591个,示范县建设紧紧围绕保障农产品质量安全这一中心目标,依靠各地政府主导推动,依托龙头企业和农民专业合作社为主体,狠抓组织管理、制度建设、标准集成转化与培训、投入品管理、品牌建设等工作,示范产品的质量安全水平明显高于全国平均水平,促进了农业规模化生产、专业化服务和集约化发展,推动了农业品牌化建设,增加了农民收入。在标准化示范县的带动下,2010年,农业部提出大力推进农业标准化创建,在种植、畜牧、水产行业全面开展标准果园、标准茶园、蔬菜标准园、畜禽标准化规模化养殖场、水产健康养殖示范场等"三园两场"建设,目前全国共规划建设了"三园两场"4460个。各省(区、市)也因地制宜,以优势农产品、"菜篮子"产品、出口农产品为对象,发挥优势,整合资源,建设标准化示范区,标准的实施力度不断加大。

(三)农业标准化专家队伍基本建立

以标准项目为依托凝聚人才,以标准化宣传培训为手段培养人才,以标准化国际活动为平台锻炼人才,是队伍建设的有益经验。农业部先后筹建了蔬菜、果品、水产、畜牧、农产品加工、热带作物、农药残留、兽药残留、动物防疫、转基因、植物新品种、饲料、沼气等专业性的标准化技术委员会18个,专家委员近千人。目前,以科研、教学、管理、技术推广机构为基础,以标准化技术委员会为骨干的农业标准化队伍已初步建立。

(四)国际标准制定话语权逐步提高

为了提高在国际农产品贸易规则制定中的话语权,我国以国际食品法典为抓手,走过了一条由被动参与到主动参加,由考察学习到吸收创新,由追随制定到实质主导的道路。在我国加入国际食品法典委员会之初,主要是学习了解农产品国际贸易规则的制定过程,近年来农业部认真履行国际食品法典委员会中国联络处职能,积极选派专家和技术人员参加国际食品法典各委员会的标准评议工作,平均每年派出专家近60人。2006年,我国成功争取到国际食品法典农药残留委员会主持国资格,连续6年成功举办农药残留委员会年会。通过主持和承办会议,既扩大了国家影响力,提升了国际形象,也向国内外宣传了我国农产品质量安全工作取得的新成效、新成果。近几年,我国参与制定了三唑磷、乙酰甲胺磷、硫丹等农药品种在水稻、茶叶上的残留限量标准,显著提高了我国参与制定国际标准的话语权。如2007年,我国提出将茶叶中硫丹残留限量再保留四年的建议并被采纳,仅此一项,每年就可为我国茶叶出口避免数千万美元的潜在损失。

(五)国际交流合作不断深入

为了有效应对农产品贸易技术壁垒、促进农产品国际贸易,我国积极开展农产品质量安全管理的国际交流与合作。农产品技术性贸易措施官方评议作为利用WTO规则行使WTO成员权利的重要手段,在应对国外技术性贸易措施,保护农业出口和产业发展方面具有重要作用。我国自2004年启动农产品技术性贸易措施官方评议以来,逐步建立规范工作制度,设立农业部WTO通报联系点,建立专家工作队伍,构建农产品质量安全标准和WTO涉农通报数据库,加强跟踪世界动物卫生组织(OIE)等国际标准组织工作动态,开展通报信息预警,推动官方评议的不断发展。近年来,农业部年均评议国外技术性贸易措施500余项,有效维护了我国农产品的国际贸易利益。与此同时,通过"948"、公益性科研专项等项目支持,积极派员出国考察学习,引进农产品质量安全管理技术。通过国际交流与合作,极大地推动了我国农产品质量安全工作的开展,强化了国际规则制定的参与力度,提高了我国农产品质量安全管理水平。

三、检验检测不断深化,监测预警能力显著增强

"工欲善其事,必先利其器",农产品质量安全监管之"器"在于技术,最基础的就是检验检测。检验检测既是掌握农产品质量安全状况、科学开展农产品质量安全执法的重要依据,又是排查农产品质量安全隐患、制定标准、正确引导生产和消费的关键支撑。10年来,农业部自上而下、从少到多逐步建立健全了检测队伍,基本解决了"检不了、检不出、检不准"的问题;从无到有、从试点开始起步建立完善监测制度,形成了覆盖全国的监测网络,为提高农产品质量安全监管能力、保障农产品质量安全发挥了重要的作用。

(一)有中国特色的农产品质量安全监测制度基本形成

从2001年京、津、沪、深4城市蔬菜、畜产品监测试点开始起步,我国逐步建立完善了农产品质量安全例行监测、农产品质量安全普查和农产品质量安全监督抽查制度,启动实施了农药及农药残留、兽药及兽药残留、饲料及饲料添加剂和水产品药残监控等监控计划。目前监测范围已扩大到全国150个大中城市、80多种农产品、87项参数,基本覆盖主要城市、主要农产品产区以及老百姓日常消费的大宗农产品。2009年,建立了农产品质量安全形势会商制度,加强监测结果利用和形势分析研判,对农产品质量安全形势的掌控和判断能力大幅提升。10年来,共检测样品近40万个,获得有效检测数据600多万个。同时,制定出台了《农产品质量安全信息发布管理办法》等,规范监测和信息发布行为。建立了通报预警和检打联动制度,例行监测结果及时向有关部门和地方反馈和通报,并定时发布监测结果信息,及时指导生产和消费;根据例行监测结果,加大监督抽查力度,依法对不合格产品和企业予以处理,做到检打联动。这些制度的不断完善是各级农业部门共同探索实践的结果,这些制度符合当前我国监管工作实际情况,基

本满足农产品质量安全监管实际需要。

合格率（%）

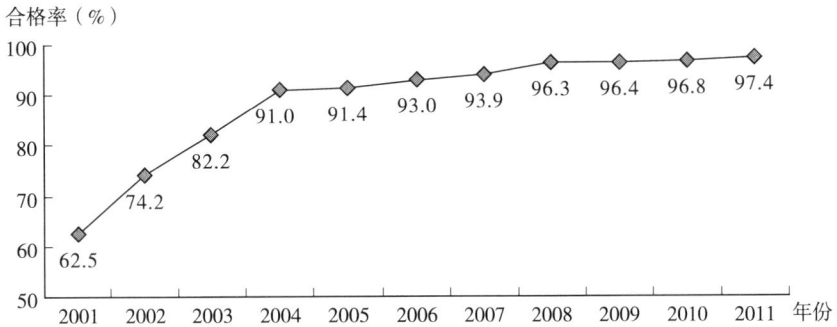

图13－1　10年来蔬菜农药残留监测合格率变化图

合格率（%）

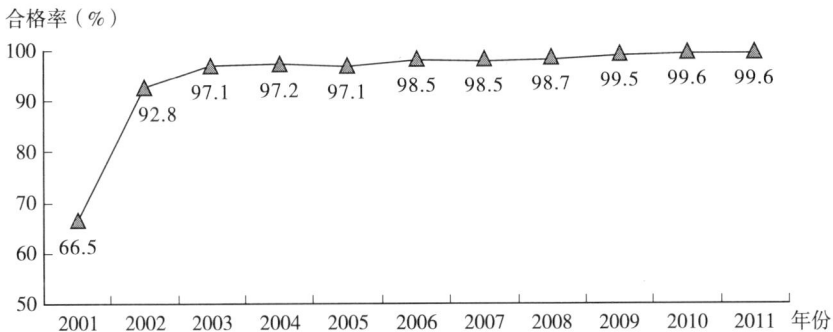

图13－2　10年来畜产品药物残留监测合格率变化图

合格率（%）

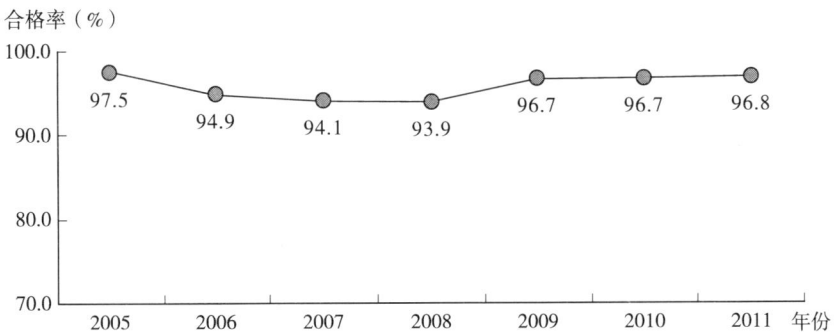

图13－3　近年来水产品药物残留监测合格率变化图

（二）质检体系队伍建立健全

从"十一五"开始，国家陆续实施了《全国农产品质量安全检验检测体系建设规划（2006—2010 年）》和《全国农产品质量安全检验检测体系建设规划（2011—2015 年）》，截至目前，共投资建设了部、省、地、县级农产品质检机构 1850 个，其中，县级农产品综合质检站 1705 个。农业系统质检机构数量已达到 2225 个，从业人员 2.3 万人，1/5 的人员具有高级职称，各级质检机构固定资产总额近 130 亿元，实验室总面积约 150 万平方米，质检体系建设取得了长足发展。同时，检测机构管理不断强化，出台了《农产品质量安全检测机构考核管理办法》等规章制度，开展了检测机构考核和机构审查认可工作，加强了检测机构考核评审员和检测技术人员的管理和培训，目前安排中央投资的县级农产品质检站负责人已全部轮训一遍。2011 年，举办了首届全国基层检测技术人员大比武活动，共有 1367 个地、县级质检机构的 6792 名基层检测技术人员参加，极大地激发了基层检测技术人员深入学习钻研检测技术的热情，促进了基层检测人员技术水平的提高。通过多年来的努力，我国各级质检机构尤其是基层检验检测机构能力大幅提升。

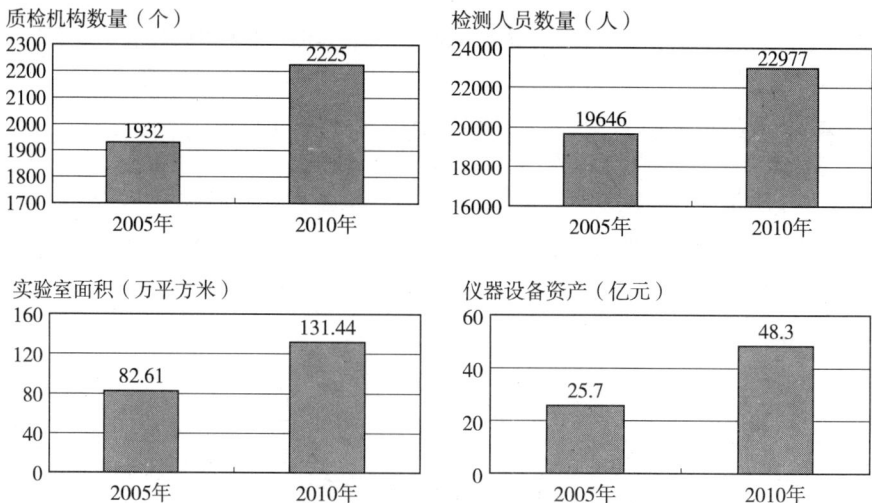

图 13-4　"十一五"农业系统质检机构发展变化图

四、专项整治和农资打假成效明显，
突出问题得到有效遏制

（一）专项整治深入推进

专项整治是针对突出问题集中治理的一种监管手段，近年来，农业部先后组织开展了一系列专项整治行动，一些区域性、行业性的突出问题得到了有效遏制，为确保不发生重大农产品质量安全事件做出了积极贡献。2003—2004 年开展的毒鼠强专项整治，彻底捣毁了毒鼠强生产源头和销售网络，清缴了流散在社会上的各种非法剧毒鼠药 250 吨，建立了杀鼠剂经营资格核准和定点制度、统一购买发放使用制度、统一灭鼠制度，毒鼠强中毒事故和投毒案件多发势头得到有效遏制，毒鼠强危害基本消除，取得了重大胜利。2007 年为期 4 个月的全国农产品质量安全专项整治，实现了 12 个 100% 的硬指标，特别是全国收缴的875.8 吨禁用农药全部销毁；全国大中城市 676 个农产品批发市场全部纳入监测范围，推动了批发市场落实自检制度；颁布了《农民科学素质教育大纲》，集中出台了《农药产品名称登记核准管理规定》等 6 个部门规章，农产品生产经营档案普遍建立，生产经营者的质量责任意识明显增强。2008 年开展的奶站清理整顿和饲料专项整治，顺利完成奶站登记，全国奶站数量由清理整顿前的 20393 个减少到 13503 个，减少了 34%，所有奶站 100% 纳入监管范围；实施了生鲜乳生产收购管理制度，各种掺杂使假的违法行为得到有效遏制，生鲜乳质量明显提升。2009—2011 年连续 3 年开展的农产品质量安全整治，持续深入推进执法监管，对违法违规行为始终保持高压严打态势，高毒农药、"瘦肉精"、水产品中使用违禁物质等突出问题隐患得到了有效遏制。禁用了 33 种高毒高风险农药，限制了 17 种农药在蔬菜水果上的使用，推行了高毒农药定点经营管理制度。特别是 2011 年九部门联合开展的"瘦肉精"专项整治，狠抓"瘦肉精"制售源头，实施全链条监管，建立了"瘦肉精"专项整治协调机制、"瘦肉精"涉案线索移送和案件督办工作机制,破获案件 120 余起,端掉非法生产"瘦肉精"黑窝点 28 个,基本摧毁了地下生产销售网络,判决了 98 名违法犯罪分子,成为近十年来打击最坚决、成效最突出的一次。

表 13 - 1   近年来农产品质量安全整治开展情况统计表

整治名称	出动执法人员（万人次）	检查生产经营单位（万家次）	取缔无证照企业（家）	吊销营业执照（个）	查处问题（万起）	查处案件（万个）
2007 年全国农产品质量安全整治	71.5	5	/	/	1.5	1.53
2009 年农产品质量安全整治暨执法年活动	283	163	1114	588	5.4	1.39
2010 年农产品质量安全整治	279	162	1530	6589	6.3	1.88
2011 年农产品质量安全整治	416	288.9	1020	332	4.1	2.9

（二）农资打假全面开展

2001 年全国农资打假专项斗争部际协调领导小组成立以来,农业部牵头开展农资打假和监管工作,始终坚持标本兼治、着力治本、打防结合和属地管理原则,严格落实农资监管责任制,狠抓审批、生产、流通和使用等环节监管,严厉打击制售假劣农资行为,强化大要案查处,积极开展放心农资下乡进村,农资质量水平稳中有升,农资市场秩序持续好转,农民利益得到有效维护,农资打假和监管长效机制不断完善。据统计,2002—2011 年,全国农业系统共出动执法人员 1382.6 万人次,检查农资企业 813.6 万家次,整顿农资市场 195.7 万个次,立案查处假劣农资案件 41.5 万件,查获假劣农资 399.6 万吨,货值 46.3 亿元,捣毁制假窝点 20554 个,为农民挽回直接经济损失 120 亿元。

表 13-2 2002—2011 年农资打假开展情况统计表

年度	出动执法人员（万人次）	检查企业（万个次）	整顿市场（万个次）	查处案件（件）	查获假劣农资数量（万公斤）	货值（万元）	捣毁窝点（个）	挽回损失（亿元）
2002	110	45	8.8	70000	18.6	25143	3000	12
2003	120	35	10	47000	22.5	40000	4000	10
2004	123	59	14.8	50000	10.7	23157	2300	16
2005	126	59	18	51360	14.9	102535	4461	16.2
2006	123	60	26.8	50274	82.8	82055.7	2514	15.3
2007	126.3	164.8	23.6	36075	91.6	53558.5	3280	16.1
2008	165.1	116.8	24.1	37049	39.8	65493.61	577	11.2
2009	179.7	93.1	23.7	31891	51.9	26326.79	203	8.16
2010	152.5	85.3	22.7	18030	29.6	24735.16	95	7.5
2011	157	95.6	23.2	23844	37.2	19615	124	7.1
合计	1382.6	813.6	195.7	415523	399.6	462619.8	20554	120

（三）重大活动保障有力

北京奥运会、上海世博会和广州亚运会等重大活动期间,农业部会同各地政府积极做好农产品质量安全保障工作。加强农产品生产基地监管,实施目录制管理,实行产地准出和举办城市的市场准入制度,产地销地联防联控,组织开展专项监测,加大抽检频次和覆盖面,摸索出了行之有效的监管模式,实现了重大活动期间没有发生一例农产品质量安全事件,确保了农产品数量充足、品种丰富、安全可靠。农业部被党中央、国务院授予"北京奥运会、残奥会先进集体",3 名同志分别被授予北京奥运会、上海世博会、广州亚运会先进个人。

（四）质量追溯与市场准入制度不断推进

推行农产品质量安全追溯与市场准入制度是强化农产品质量安全监管的关键举措。自 2004 年农业部在京、津、沪等 8 城市启动农产品质量安全监管系统试点工作以来,各地、各系统在农产品追溯、市场准入等方面开展了积极的探索和实践,推动了农产品生产记录制度的落实,规范了种养殖行为。北京市在"进京蔬菜产品质量追溯制度试点项目"的基础上,将追溯系统成功应用于奥运食品安全保障行动中。山东寿光市等地开展了以条形码为主要手段的"无公害蔬菜质量追溯系统"建设。2007 年,农业部在全国推进了动物标识及疾病可追溯体系建设。2008 年,启动了农垦农产品质量追溯系统建设项目。郑州、西安、沈阳、湖北等省市先后对蔬菜、畜产品、水产品等食用农产品探索实施了市场准入制度,质量安全水平明显高于其他城市,市场准入对生产行为形成了倒逼机制,提高了生产者的责任意识,取得了良好效果。

五、风险评估全面启动,应急处置有效开展

(一)风险评估依法推进

按照《农产品质量安全法》要求,2007 年 5 月,农业部成立了国家农产品质量安全风险评估专家委员会,负责组织开展农产品质量安全风险评估相关工作。该委员会涵盖了农业、卫生、商务、工商、质检、环保和食品药品等部门的农学、兽医学、毒理学、流行病学、微生物学、经济学等学科领域的专家。2011 年,在全国范围内规划建立了 65 家农产品质量安全风险评估实验室,涉及稻米、油料、蔬菜、果品、畜禽、水产品、热作产品、柑橘、茶叶、参茸、蜂产品、奶产品、加工、贮藏保鲜、环境因子等产品和环节。2012 年,启动建设了主产区农产品质量安全风险评估实验站,充实风险评估人才队伍,落实风险评估机构职能,目前我国农产品质量安全风险评估体系已初步建成,切实提高了风险防控能力。在风险评估工作推进方面,国家设立了农产品质量安全风险评估财政专项,启动了 8 大类 42 种农产品潜在危害因子的摸底排查评估工作,加强风险控制研究,及时发布风险预警信息,切实做到防患于未然。

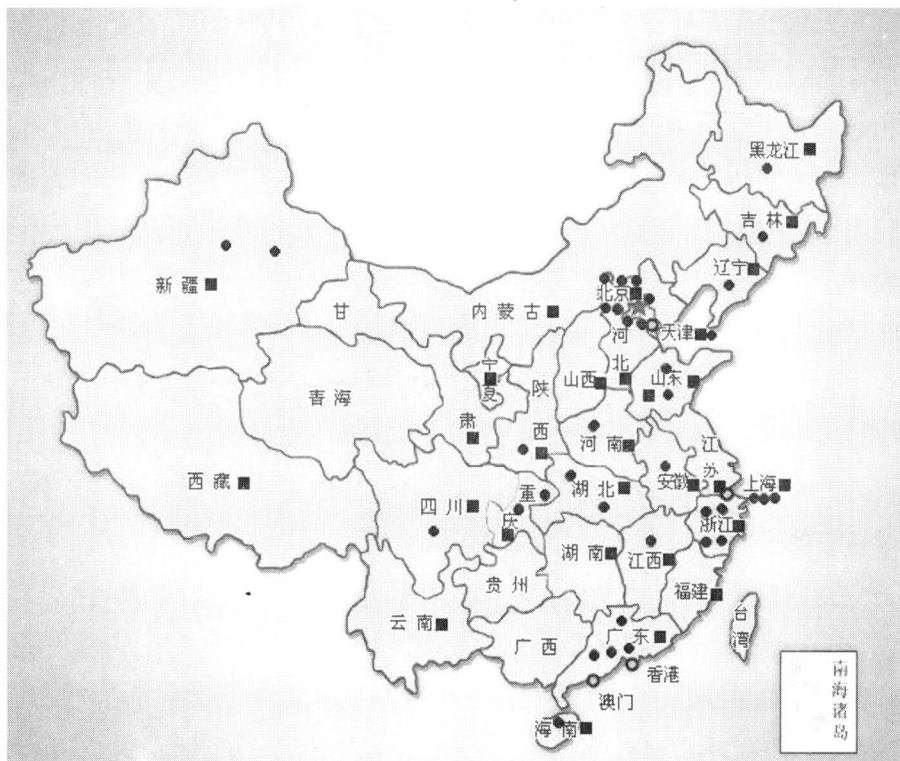

图 13 - 5　农产品质量安全风险评估实验室分布图

注:标"●"的为专业性风险评估实验室(36 家)
　　标"■"的为区域性风险评估实验室(29 家)

(二)应急处置科学有效

为有效应对农产品质量安全突发事件,农业部制订了《农产品质量安全事故应急预案》,对农产品质量安全突发问题,分门别类,建立相应的应急处置机制,增强应急处置工作的针对性和可操作性。近年来,共有力、有序、有效处置了十多起农产品质量安全突发事件,避免了对农业产业产生大的冲击。为全面提升应急管理能力,农业部建立了部省联动、高效畅通的信息共享体系,切实做到在第一时间掌握情况、第一时间启动应对措施。开展了"食品安全宣传周"系列活动,组织编写了《农产品质量安全生产消费指南》、"农产品质量安全知识小折页"、"农产品质量安全知识百科"等宣传材料。2011 年,农业部组织16 个相关领域的专家成立了农产品质量安全专家组,各级农业部门也相继成立了专家组或专家委员会,建立了专家组运行管理机制,重点突出"应急事件应对"和"政策咨询"两项工作,对农产品质量安全问题进行跟踪研究,履行科普解读、技术咨询、生产指导和消费引导职能,我国农产品质量安全应急处置、舆论引导能力显著提升。

六、"三品一标"快速发展,农业品牌化取得重要进展

为发展安全优质农产品,增进消费者身体健康,20 世纪 90 年代,绿色食品开发与管理工作启动。我国农业发展进入新阶段以后,为了适应国内外市场需求,全面提高农产品质量安全水平,按照国务院的部署,2001 年,农业部开始在全国实施"无公害食品行动计划",启动了无公害农产品认证工作。同期启动了农业系统有机农业开发和有机农产品认证。2008 年,农业部决定开展地理标志农产品登记工作。10 年来,我国安全优质品牌农产品形成了以"三品一标"为基本类型、各有侧重、协调发展的格局,"三品一标"发展走出了一条以品牌带动农业标准化生产,以标准化生产提升农产品质量安全水平的新路子,为深化农业结构战略性调整、转变农业发展方式、促进现代农业建设发挥了积极作用。

(一)无公害农产品总量规模不断扩大

无公害农产品强调农产品的无公害化生产,立足保障基本安全,满足大众消费。发展无公害农产品,采取政府推动的方式,实行产地认定与产品认证相结合的工作制度。按照"环境有监测、操作有规程、生产有记录、产品有检验、上市有标识"的要求,构建"从土地到市场"的农产品质量安全全程管理模式。

10 年来,通过政策引导、资金补贴、项目倾斜、便捷入市和强化监

管等有效措施,有力地推动了无公害农产品事业科学发展。截至2012年6月,已认证无公害农产品7.2万个,平均增长率高达59%,总量达3.7亿吨,占食用农产品商品量30%以上,产品质量监测合格率连续多年保持在98%以上;认定无公害农产品产地7.3万个,约占耕地面积45%,平均每个产地种植规模1.5万亩、示范带动农户200多家、600多人。同时建立起了较为完善的部、省、地、县无公害农产品工作体系,培养工作检查员1.7万人,企业内检员6.5万人,组织制定并实施标准化生产技术规程近9万项。目前,无公害农产品已发展成为我国第一大官方认证的安全农产品,为强化农产品质量安全依法监管、加快推进农业标准化生产和促进农业增长方式转变奠定了坚实的工作基础。

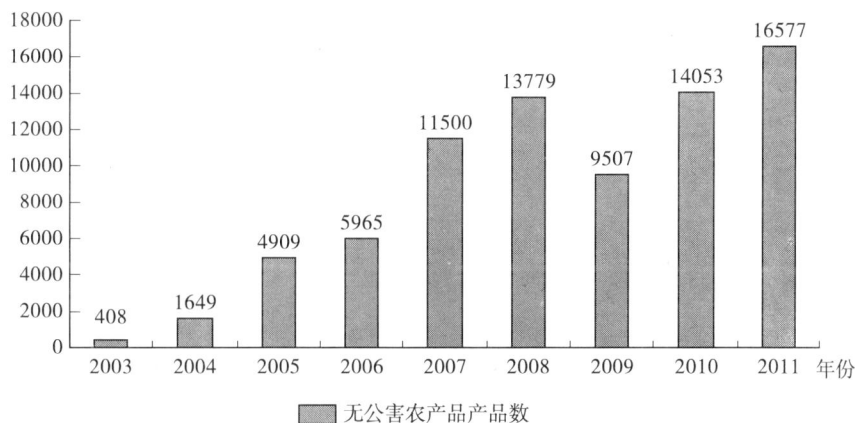

图13-6　近年来无公害农产品发展变化图

(二)绿色食品发展成效显著

绿色食品突出安全优质特色,着力打造我国农产品和加工食品精品品牌。10年来,各级农业部门认真贯彻党中央、国务院关于积极发展绿色食品的决策部署,扎实推进产品发展、基地建设、质量监管、品牌宣传、市场开拓等工作,推动了绿色食品持续健康发展。

2001—2011年,全国绿色食品企业总数由1217家增加到6622家,

产品总数由 2400 个增加到 16825 个,年均增速分别达到 18.5% 、
21.5% 。全国已创建 536 个绿色食品原料标准化基地,总面积 1.1 亿
亩,总产量超过 7000 万吨,每年带动 1812 万个农户增加收入近 10 亿
元。绿色食品产品质量安全稳定可靠,2011 年,绿色食品抽检合格率
达到 99.4% 。发展绿色食品,取得了良好的生态效益、经济效益和社
会效益。2001—2011 年,绿色食品产地环境监测面积由 5800 万亩扩
大到 2.4 亿亩,扩大了 3.1 倍。绿色食品产品国内年销售额由 500 亿
元增长到 3135 亿元,出口额由 4 亿美元增长到 24 亿美元,分别增长了
5.3 倍和 5 倍。绿色食品标志商标已先后在日本、美国、俄罗斯、中国
香港、世界知识产权局等 11 个国家、地区和国际组织注册。

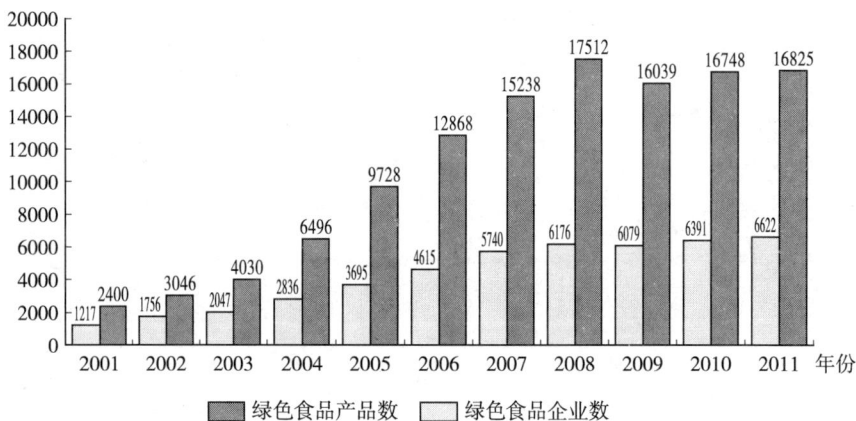

图 13 - 7　近年来绿色食品发展变化图

(三)有机食品稳步推进

　　我国有机食品推行开放式、市场化的发展模式。为满足国内外特
定市场的需求,促进农业生态环境保护和耕地质量的不断提高,各级农
业部门坚持因地制宜的发展原则,积极探索有机农业发展,实现生态效
益和经济效益双赢,受到农民普遍欢迎。

　　2003—2011 年,全国农业系统有机食品企业总数由 102 家增加到

1366 家,产品总数由 231 个增加到 6379 个,分别增长了 13.4 倍和
27.6 倍。认证面积从 928 万亩增加到 3838.3 万亩,增长了 4 倍。全国
已建设 8 个有机农业示范基地,4 个正在创建中,总面积 10 万亩。有
机食品产品抽检合格率多年达到 100% ,产品质量稳定可靠。有机食
品产品国内年销售额从 9.1 亿元增加到 154.7 亿元,出口额从 0.4 亿
美元增加到 4.2 亿美元。

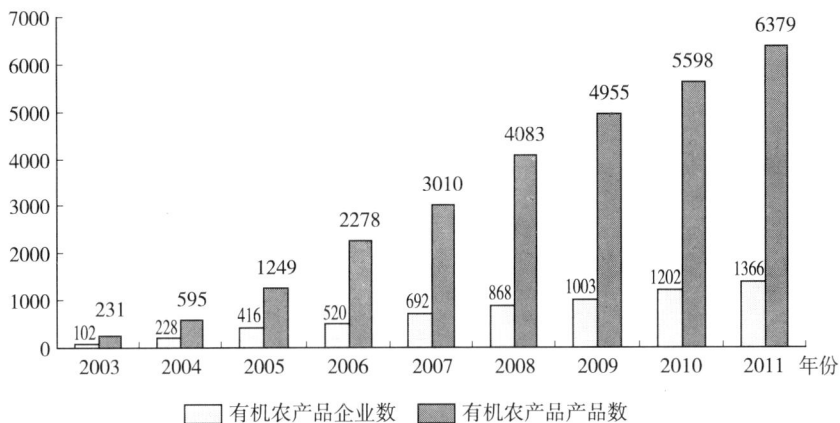

图 13-8　近年来有机农产品发展变化图

(四)农产品地理标志依法启动实施

　　发展地理标志农产品,重在传承祖国农业文化遗产、彰显区域特色
品质。1993 年全国人大审议的《农业法》最早将农产品地理标志纳入
了法律管理范畴,也纳入了各级农业部门的法定职责。2007 年 12 月
25 日,农业部颁布《农产品地理标志管理办法》,把农产品地理标志定
位为地域特色品牌,坚持行政推动的工作方式,实行官方公益性登记保
护,工作重点是推进农产品地理标志登记保护和产业发展。通过政策
引导、项目扶持、强化用标、依法保护等多种措施,有力地推进了农产品
地理标志事业快速发展。

　　截至 2012 年 6 月,农业部批准登记保护了 867 个农产品地理标

志,产品监测合格率连续三年保持在100%;法规制度逐步配套,推进了依法登记和监管;各级农业部门成立了农产品地理标志管理机构,注册3969名农产品地理标志核查员,有力地提升了工作体系队伍能力;国际交流深入开展,通过参加中欧、中瑞知识产权工作组、中欧农业农村对话机制等会议和活动,扩大了双边交流,增强了话语权,推进了合作。通过农产品地理标志登记保护工作的实施,有力地支持了地域特色农产品产业升级和结构调整,助推了农民合作组织的成长和发育,促进了农业增效、农民增收和农村经济发展。

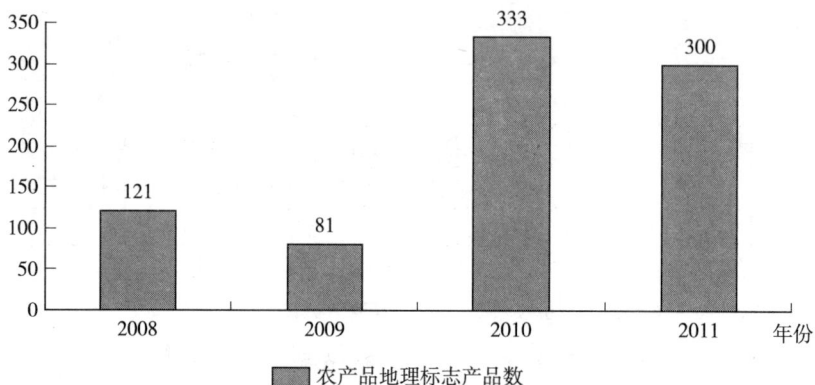

图 13 - 9　近年来农产品地理标志产品发展变化图

经过10年来不懈的努力,我国农产品质量安全管理取得了重大成效,实现了跨越式发展,为今后工作打下了坚实基础,积累了宝贵经验。随着我国工业化、城镇化和农业现代化的快速推进,农业组织化、规模化、标准化水平将不断提高,农业各行业在产业发展中更加注重质量安全,社会各界对质量安全高度关注并大力支持,农产品质量安全监管工作将面临更加有利的外部条件。相应的,随着国内消费结构不断优化升级,公众对农产品质量安全的要求也越来越高,现代农业产业发展与农产品质量安全的关联度会越来越大。在我国农业生产经营小而散的特点短期内还难以从根本上改变,农产品质量安全监管面临的困难多、压力大、任务艰巨。

当前和今后一个时期农产品质量安全监管工作的总体思路是,以邓小平理论和"三个代表"重要思想为指导,深入贯彻落实科学发展观,按照发展高产、优质、高效、生态、安全农业要求,把农产品质量安全作为转变农业发展方式、加快现代农业建设的关键环节,把不断提升农产品质量安全水平、努力确保不发生重大农产品质量安全事件作为主要目标,坚持一手抓专项整治和执法监管,严打违法违规行为,大力推行标准化生产和全程质量控制,确保生产规范、产品安全;一手抓监管能力建设,健全监管机构,提升检验检测、风险评估、应急处置、科学研究的能力,为农业产业健康稳定发展和农产品消费安全奠定基础,提供保障。

在具体措施上,着力深化专项整治,围绕主产区、突出的问题和隐患,有针对性地进行集中治理,对违法违规行为保持高压严打态势。着力加强风险评估和检验检测,建立健全监测预警系统,及时发现和防范问题隐患。着力加强应急体系和应急能力建设,不断完善应急机制,遇到突发性问题做到快速反应、科学处置。着力推进农业标准化,以标准化整体推进示范县和"三园两场"为重点,强化生产过程质量控制,加快转变农业发展方式。着力发展"三品一标",以品牌化带动标准化生产,以标准化生产提升农产品质量安全水平。着力构建和完善农产品质量安全标准、检测、认证、风险应急和执法监管等五大体系,重中之重是全面建立乡镇农产品质量安全监管公共服务机构,切实提高农产品质量安全执法监管和服务指导等能力。

农业生态环境保护稳步推进

党的十六大以来,党中央、国务院高度重视农业资源环境保护和农村能源生态建设,历年中央 1 号文件都明确提出加强农业生态环境建设。10 年来,农业生态环境保护政策规划陆续出台、队伍体系不断壮大、科技攻关取得突破、示范建设成效显著,农业生态环境保护与建设进入了又好又快发展的新阶段。

一、农业生物资源保护全面加强

党的十六大以来,我国农业生物资源保护工作进展迅速,种质资源收集和保存成绩斐然,草原种质资源保护成果显著,水生生物资源养护取得突破,农业野生植物保护成效突出,畜禽遗传资源保护日益加强,外来入侵生物防治深入推进,为维护我国生物多样性和促进农业资源的永续利用作出了重大贡献。

(一)农作物种质资源保护成绩斐然

10 年来,我国农作物种质资源保护基本实现了从国内收集为主到注重国外引进、从追求保存数量到提高保存质量、从单一保存到强化分发利用的三大转变,我国农作物种质资源保护跻身世界前列。一是基本建立了农作物种质资源异位保存体系。目前,已基本建成了包括 1 座长期库、1 座复份库、10 座中期库和 43 个种质圃相配套的国家农作物种质资源异位保存体系,长期保存各类农作物种质资源41万多份。二是进一步丰富了我国农作物种质资源基因库。新收集和从国外引进水稻、小麦、玉米、大豆、棉花、油料、糖类、茶叶、烟草、蔬菜和果树等作物种质资源6.7万份,隶属于1594个物种,其中从国外引进占总数的34%。三是提高了农作物种质资源利用效率。繁殖更新国家库中种质24.6万份,提纯复壮种质圃中种质5.5万份。累计向5500个单位提供了27.4万份(次)种质,供种能力比10年前提高了3倍多,种质资源的供种目的性更强,数量更足,质量更好。四是筛选、创制和新基因发掘能力全面提升。筛选出3170份特性突出、有育种价值的种质资源,创制了各类作物新种质500余份,利用这些种质培育出粮、棉、油、糖、茶、烟、蔬菜、水果等新品种350余个,推广面积近2亿亩。建立水稻、小麦、大豆、玉米等十余种作物的核心种质和微核心种质,完成了约1.5万份(次)主要作物种质资源的抗病虫、抗逆和品质性状的特性鉴定,精准鉴定了3000余份种质资源,评价出一批具有重大利用前景的资源。建立了1000余份优异种质分子标记指纹图谱数据库和指纹图谱数码标识系统,精细定位和克隆了水稻等作物的一批重要基因。

(二)草原种质资源保护成果显著

始终坚持"广泛收集,有效保护,深入研究,积极创新,永续利用"的原则,在种质保存、优良品种筛选利用、农艺性状鉴定评价及信息管理系统建设等方面取得了显著成果。目前我国已建成了包括1个中心库、2个备份库、17个资源圃、10个生态区域技术协作组在内的覆盖全国31个省(区、市)的国家级草种质资源保存利用体系。低温种质库共保存草种质材料1429种3.6万份,资源圃田间保存无性材料69种588份,离体保存草种质材料6种482份,抗性评价鉴定1万多份,累计分发种质材料6568份,繁殖更新种质材料3252份,为有效保护草原生物多样性及珍稀濒危物种资源,推进草业和草原畜牧业持续健康发展作出了贡献。

（三）水生生物资源养护取得突破

各级渔业系统深入贯彻落实国务院印发的《中国水生生物资源养护行动纲要》，全面推进增殖放流、休渔禁渔、生物多样性保护与生态修复等资源养护行动，取得了一系列突破性进展。一是增殖放流力度不断加大，由区域性、小规模发展到全国性、大规模的资源养护行动，形成了全国性规模声势和社会各界广泛参与的新局面。"十一五"期间，全国累计投入增殖放流资金近 21 亿元，放流各类苗种约 1090 亿尾。二是休渔禁渔制度不断完善，每年休渔禁渔渔船达 20 余万艘、渔民上百万人，涉及范围广、渔民人数多，影响进一步扩大。三是创建水产种质资源保护区，划定和公布了五批 282 个国家级保护区，初步构建了覆盖各海区和内陆主要江河湖泊的水产种质资源保护区网络。四是全国已建立水生生物保护区 200 多个，总面积十多万平方公里，濒危水生动物保护救护水平日益增强。五是积极参与审查涉渔工程的环境影响评价，维护渔民利益和渔业权益，促进工程建设与水生生物资源养护相协调。

（四）农业野生植物保护成效突出

坚持以体系建设为先导、本底调查为基础、安全保护为重点、可持续利用为目标的原则，全面实施农业野生植物保护战略，取得了显著成绩。一是建立农业野生植物保护工作体系，形成了从中央到省、市、县各级农业野生植物保护管理体系，配备了专职管理人员。二是编制了《农业野生植物保护与利用规划》和农业野生植物调查、原生境保护点建设、监测预警等系列技术规范。三是完成了《国家重点保护野生植物名录（第一批）》所列 172 个农业野生植物物种在全国的分布状况调查，采集、鉴定并制作植物标本 13533 份，对各物种的 6878 个分布点进行了 GPS 定位，建立了 GPS/GIS 信息系统。四是抢救性收集了野生稻、大豆、小麦、果树、蔬菜、苎麻等重要农业野生植物资源 1.5 万余份，发现了 43 个野生稻的新分布点、3 个猕猴桃种或变种、野生茶树等珍贵资源。五是建立了 154 个农业野生植物原生境保护点，共保护野生稻、大豆、莲、花卉、中药材、果树等 59 个野生物种。六是筛选出 17 份抗病虫和抗逆野生稻、61 份抗病虫和抗旱耐盐野生大豆、11 份耐盐碱、抗风沙的小麦野生近缘植物资源;从野生稻中检测到 4 个控制飞虱抗性的数量性状位点和 2 个耐寒性状的数量性状位点;克隆野生大豆抗旱耐盐基因 2 个、耐低温基因 1 个。

（五）畜禽遗传资源保护日益加强

建立了一整套科学规范的管理制度,实施了畜禽遗传资源保护项目,成立了国家畜禽遗传资源委员会,畜禽遗传资源保护工作全面加强。一是基本查清了我国畜禽遗传资源状况。完成了第二次全国性畜禽遗传资源调查,摸清了近 30 年来畜禽资源变化状况,认定畜禽品种 901 个,编纂出版了《中国畜禽遗传资源志》7 卷志书。二是完善了我国畜禽种质资源保存体系。投入 50 多亿元实施畜禽种质资源保护和良种工程,认定国家级畜禽保种场 109 个、保护区 22 个和基因库 6 个,建设 185 个资源保护场、1143 个原良种场、39 个性能测定中心、7 个胚胎移植中心、15 个种公牛站、37 个种公猪站,支持培育了 14 个新品种,初步建立了以保种场保护区为主、基因库为辅的畜禽遗传资源保护体系,抢救了五指山猪、矮脚鸡等一批濒危畜禽品种,保存了大量珍贵育种素材。三是推动了畜禽种质资源自主创新开发利用。成功培育了苏太猪、京红蛋鸡、夏南牛等 90 个新品种(配套系)。自主培育的蛋种鸡市场占有率提高到 40%;长毛兔新品种的产毛性能居国际领先水平,实现了自我供种。一定程度上缓解了对国外引进品种的依赖。

（六）外来入侵物种防治深入推进

坚持"突出重点、整体推进、综合治理、注重实效"的原则,建立健全了组织管理与应急防控体系,广泛开展外来入侵物种集中灭除行动,探索外来入侵物种变废为宝、化害为利的综合利用途径,取得了很好的成效。一是健全外来入侵物种管理组织体系。成立了外来入侵物种管理办公室和农业部外来入侵生物预防与控制研究中心,起草了《外来物种管理办法(草案)》,发布了《农业重大有害生物及外来入侵生物突发事件应急预案》,形成了一套程序化、标准化的管理体系。湖南省率先在全国出台了省级外来物种管理条例。二是建立了外来入侵物种早期监测预警体系。开展了全国外来入侵物种普查工作,建立了520种外来入侵物种的信息数据库,制定了40种农业重大外来入侵物种应急防控技术指南,发布了17项外来入侵物种监测、评估、防控行业技术规范,建立了3000余个监测站点,初步形成了中央、省、地、县监测体系。三是开展了外来入侵生物灭毒除害行动。十年来,组织全国22个省(区、市)600多个县市分别开展了以豚草、水花生等20种外来入侵物种为重点的集中灭除,动员4272余万人次,累计铲除(防治)外来入侵物种面积达到8600余万亩次,挽回直接经济损失约44.6亿元。四是加强了防控技术研究示范。开展了外来入侵物种的化学、生物、替代防治技术研究与示范,开发出低容量喷雾、静电超低量喷雾等高效施药技术,筛选研制了利用牧草、灌木、农作物等替代入侵植物生态调控技术,建立4个椰心叶甲天敌工厂,防治面积达150万亩。五是强化了宣传培训力度。先后出版《农业外来入侵物种知识100问》、《农业重大外来入侵生物应急防控技术指南》、宣传挂图、挂历、明白纸等材料200多万册,不断提高各级管理、技术人员和普通群众防治外来入侵物种的意识和知识水平。

二、农业生态环境建设不断强化

加强农产品产地环境保护,推进农田保护性耕作,推广节水农业技术模式,提高秸秆综合利用,大力保护草原生态,改善了农业生产发展赖以生存的生态环境条件,维护了农业生态环境安全。

(一)农产品产地环境保护全面展开

一是农产品产地安全管理法制化、规范化程度不断提高。农业部颁布了《农产品产地安全管理办法》,发布了《农业环境污染突发事件应急预案》。目前已颁布了相关国家标准50项、行业标准72项。二是重点区域性调查监测工作基本完成。先后组织小麦、玉米、水稻、大豆等四大优势农产品生产区域开展了土壤环境质量调查与监测评价,工矿企业周边、大中城市郊区、污水灌区等重点区域农产品产地污染状况调查监测,基本摸清了农产品产地污染风险区。三是推进全国农产品产地重金属污染防治工作。2012年,农业部、财政部联合启动了农产品产地土壤重金属污染防治工作,计划在"十二五"期间在全国开展重点区域农产品土壤重金属污染普查、污染监测预警、修复治理示范与禁产区划分试点工作。四是农产品产地重金属污染防治关键技术研究成果显著。"十一五"期间,实施了"农田污染综合防控关键技术研究与示范"和"主要农产品产地土壤重金属阈值研究与防控技术集成示范"等项目,研发了一批具有推广应用价值的实用技术。

(二)保护性耕作效益显著

从2002年起,国家连续安排专项资金,开展保护性耕作技术示范推广。2010年启动实施了《保护性耕作工程建设规划(2009—2015年)》,累计投入资金8.77亿元。截至2011年,已建设保护性耕作技术推广和工程建设项目县(团、场)662个,保护性耕作面积达到8500多万亩,取得了显著的生产和生态效益。一是节能减排。每年可节省燃油9.6万吨—19.2万吨,减少农田风蚀4250万吨,减少扬尘1020万吨以上,减少CO_2排放345.7万吨—719.8万吨。二是节水。增加土壤蓄水量16%—19%,提高水分利用效率12%—16%,同时0—50厘米土层的贮水量平均提高了16.7%,每年每亩地可减少一次灌溉用水50立方米。三是提高土壤肥力。每年可增加土壤有机质含量0.01—0.06个百分点,促进了作物的稳产增产。四是节本增效。采用保护性耕作可降低作业成本30%以上,同时增产5%—15%。一年一熟区保护性耕作的亩均综合节本增效40元以上,一年二熟区亩均综合节本增效约100元。

（三）节水农业不断推进

一是强化节水农业规划引导。农业部编制了《旱作节水农业示范工程建设规划》、《旱作节水农业项目管理办法》、《节水农业建设标准与投资估算指标》、《土壤墒情与旱情监测技术规范》等指导性文件，印发了《关于推进节水农业发展的意见》。二是强化农田节水基础设施建设。启动实施了旱作节水农业示范基地项目和农田节水技术示范项目，设立旱作节水农业示范基地 500 多个，核心示范区面积 1000 余万亩，建成了一批以坡改梯生土熟化农田工程、集雨节水补灌农业、旱区农业结构调整、现代节水灌溉设备等为重点的高标准基础设施。三是强化节水农业技术示范推广。研究开发了一批适合不同地区、不同种植结构、不同气候条件的农田节水技术，推广应用地膜覆盖、膜下滴灌、抗旱坐水种、垄膜沟灌、测墒灌溉、集雨补灌、秸秆覆盖保墒、深松深耕等节水农业技术面积 4 亿多亩。其中仅应用膜下滴灌技术，每亩可节水 150 立方米，节肥 20%—30%，棉花每亩节本增效 200 元以上，果蔬 500 元以上，大田粮食作物 100 元以上。四是推行适宜性种植主动避旱防灾。针对北方水资源短缺问题，因水布局，合理安排农作物种植结构，优化种植作物和品种，新疆、甘肃、陕西等地压缩冬小麦面积，发展地膜玉米，河北等地积极培育推广高产耐旱小麦品种，吉林等地积极示范推广玉米宽窄行交替免耕种植模式。

（四）秸秆综合利用大力推广

我国具有丰富的农作物秸秆资源，每年农作物秸秆产量约有 7 亿吨。近年来，为推进农作物秸秆综合利用工作，国务院办公厅专门下发了《关于推进农作物秸秆综合利用的意见》，国家发展改革委、农业部专门建立了秸秆综合利用统筹协调机制，印发了《"十二五"农作物秸秆综合利用实施方案》，明确提出到 2015 年秸秆综合利用率要超过 80%，农业部制定了《全国秸秆养畜项目建设发展规划（2011—2015年）》。各地各有关部门积极采取措施，大力推广秸秆机械化直接还田、快速腐熟还田和过腹还田,鼓励利用秸秆生产优质饲料,发展秸秆养畜,发展秸秆为基料的食用菌生产。示范推广秸秆固化、气化、炭化,实施保护性耕作和土壤有机质提升行动,推进秸秆燃料化、肥料化、饲料化利用。截至2011年,有机质提升行动覆盖面积达到3000万亩,项目区秸秆还田率达到95%以上。在全国建成秸秆气化集中供气工程950多处、秸秆成型燃料生产示范点750多处。

(五)草原生态保护大力实施

国务院印发了《国务院关于加强草原保护与建设的若干意见》,提出了基本草原保护、草原禁牧休牧和草畜平衡等草原管护基本制度。农业部组织编制了《全国草原保护建设利用总体规划》,陆续启动实施了退牧还草、京津风沙源草原治理、游牧民定居、草原防火等一系列草原保护建设工程项目,累计投入近600亿元,组织开展草原围栏封育和人工种草,实施严重退化草原补播改良,建设边境草原防火隔离带和无鼠害示范区,推行禁牧休牧和草畜平衡制度,保护和恢复草原生态环境,取得了显著成效。近十年,全国累计建设草原围栏11亿亩,种草保留面积1.57亿亩,开设边境草原防火隔离带3亿亩,防治草原鼠虫害16.8亿亩次。经过十年的持续治理,全国草原生态恶化的势头得到初步遏制,局部地区草原生态环境明显好转。2011年全国天然草原鲜草产量达10亿吨,综合植被盖度达到51%。草原保护建设工程项目治理区较之非工程区,植被盖度平均提高10个百分点,高度平均提高42.8%,鲜草产量平均提高49.9%。

三、农村能源建设蓬勃发展

(一)沼气建设成效显著

2003年以来,在各级政府的大力支持下,我国沼气建设已形成了户用沼气、养殖场大中型沼气工程、养殖小区和联户沼气工程和秸秆集中供气沼气工程等共同发展的新格局。沼气建设进入了建管并重、多元发展的新阶段,成为重要的民生工程和新农村建设的亮点,在改善农村生产生活条件,促进农业发展方式转变,推进农业农村节能减排以及保护生态环境等方面发挥了重要作用。目前,全国沼气用户达到4000多万户,年产量150亿立方米,受益人口1.6亿人,形成近2500万吨标准煤的节能能力,减排二氧化碳6000万吨,生产有机沼肥4亿吨。

(二)多能互补格局形成

在大规模推广农村沼气的过程中,农业部始终坚持"因地制宜、多能互补、综合利用、讲求效益"的农村能源建设方针,积极开展省柴节煤炉灶炕升级换代工程建设,在资源和条件成熟的地区推广太阳能热水器、太阳灶、被动式太阳房、太阳户用光伏系统、小型风力发电机和微水电等农村可再生能源产品与技术。据统计,全国已推广应用太阳能热水器5498万平方米,太阳灶162万台,太阳房2060万平方米。全国省柴节煤炉灶炕达到1.87亿台,为国家的节能减排作出了巨大的贡献。

(三)技术标准支撑有力

截至2010年年底,由农业部颁布实施的农村能源标准已达98项,包括管理、产品技术条件、检测方法、施工规程等。其中,沼气37项、生物质能19项、太阳能15项、小型风力发电2项、微水电9项、省柴节煤炉灶炕10项,新型液体燃料6项。另有9项标准已审定待批,20余项正在编制。在国标委和有关部门的支持下,还成立了全国沼气标准化技术委员会等组织,为规范农村能源行业发展提供了技术支撑。

(四)国际合作全面展开

党的十六大以来,农业部积极拓展双边和多边技术合作,相继与联合国开发计划署、亚洲开发银行、世界银行、欧盟、东盟以及荷兰、美国、德国等多个国际组织和国家,开展了富有成效的合作,吸引国际资金2亿多美元。通过各种形式,已成功举办了数十期国际农村能源技术培训班,为非洲40多个国家培训了上百名各类学员。近些年,农业部还利用中日韩与东盟10国("10+3")生物质能合作机制,分别在泰国、柬埔寨、老挝等东盟国家开展了农村能源技术示范,培养了一批当地技术人员,受到了所在国政府和农户的好评。

四、农业清洁生产稳步推进

国家十分重视农业面源污染防治和农业农村环境治理工作,不断加大资金投入,推广清洁生产技术,开展示范建设,实施测土配方施肥工程、畜禽污染防治和水产健康养殖,为减少农业源污染、美化乡村环境发挥了重要作用。

(一)农业面源污染监测与防治不断加强

一是全面开展了普查工作。第一次全国污染源普查,安排资金2.3亿元,组织100余万名普查员和普查指导员,对全国31个省(区、市)、342个地区(市、州、盟)、2746个县(区、市、旗)的种植业、畜禽养殖业和水产养殖业的290万个对象进行了全面普查,初步摸清了全国农业源污染底数。二是实施了长期定位监测。初步建立了全国农业面源污染监测网络,获得了全国种植业源、畜禽养殖业源、水产养殖业源和重点流域农村生活源四大类农业污染源产排污系数。三是开展了综合防治研究。依托项目实施,在太湖流域、三峡库区、洱海流域、巢湖流域、滇池流域建成了一批农业面源污染防治示范区。四是建立了有效保障体系。全国已有20个省份出台了《农业生态环境保护条例》,为农业面源污染监测、防治提供了法律支撑与保障。五是积极开展农业面源污染研究平台建设。2011年成立"农业部面源污染控制重点实验室",不断凝聚和培养优秀人才,加强农业面源污染防治的科技创新能力。

(二)科学施肥用药全面实施

一是测土配方施肥技术全面推广。2005年,国家启动了测土配方施肥补贴项目,截至2011年,累计投入57亿元,项目县(场、单位)达到2498个,基本摸清了我国耕地土壤的"家底",初步建立了主要农作物的施肥指标体系,推广面积12亿亩以上,惠及全国2/3的农户。全国累计减少不合理施肥700多万吨,相当于节约燃煤1820万吨、减少二氧化碳排放4730万吨。同时,减少氮、磷流失6%—30%,示范区粮棉油作物氮、磷、钾肥平均利用率分别提高6个、4个和1个百分点,对促进粮食稳定增产、农业节本增效、农民持续增收和节能减排发挥了积极作用。二是农药管理不断加强。对于生态环境安全存在隐患的农药,一律不予登记。同时,加强已登记农药安全性评价,一旦发现存在安全隐患,立即予以禁止或限制使用。先后禁用了甲胺磷等33种高毒高风险农药,推荐了近50种高毒农药替代品种和160多项配套技术。

(三)畜禽污染防治有效开展

一是建立了有效的法律法规保障体系。《畜牧法》专门对畜禽养殖场、养殖小区的养殖污染防治设施做出明确规定。国务院正在对《畜禽养殖污染防治条例》征求意见,不断推动畜禽养殖污染防治工作的法制化和规范化。二是加大了畜禽养殖污染防治的投入力度。2007年以来,累计投入142亿元,支持了40915个生猪养殖场和2747个奶牛养殖场的标准化改造,将粪污处理利用作为重要建设内容。三是加强了示范创建活动。2010年启动畜禽养殖标准化示范创建活动,已创建国家级畜禽养殖标准化示范场2109个,推动畜禽养殖废弃物的无害化处理和资源化利用。结合实施扶持"菜篮子"项目,安排11亿元,采取以奖代补方式优先支持生猪、蛋鸡、肉鸡、肉牛和肉羊示范场开展标准化生产改造、粪污处理。四是畜禽养殖粪污治理技术推广初具成效。

研究推广了"粪便污水贮存+农田利用技术模式"、"干湿分离+固体粪便堆肥+污水达标排放技术模式"和"厌氧沼气发酵+生态处理技术模式"等系列畜禽养殖粪污治理技术和模式。

（四）水产健康养殖积极推广

一是积极推动水产养殖发展规划,将规划和产业结构调整结合起来,纠正不合理的养殖布局,减少浪费资源的水产养殖生产活动,推进水产养殖业步入依法、有序、健康的良性发展轨道。二是加强水产养殖管理制度建设,颁布《水产养殖质量安全管理规定》,对水产养殖过程中用水、苗种、饲料、药物使用提出了严格要求。三是加强水产健康养殖示范场的创建。目前,已创建水产健康养殖示范场 2610 个。四是积极推广有利于减少污染排放的生态养殖技术。目前,我国许多地区已经推广了池塘生态环境修复、湖泊水库和海洋生态增养殖以及节能型工厂化养殖等技术,有效保护和改善了水域生态环境。

（五）农村清洁工程亮点纷呈

为从根本上解决农村生活垃圾、污水、农作物秸秆和人畜粪便造成的农村环境污染问题,2005 年农业部组织在湖南、四川、重庆、河北等省市启动了农村清洁工程建设试点。目前全国建成农村清洁工程示范村 1500 多个,开发了一系列较为成熟的生活垃圾、污水、人畜粪便处理工艺与配套设备,制定了《农村清洁工程建设技术规范》,取得了良好成效。示范村的生活垃圾、污水、农作物秸秆、人畜粪便处理利用率一般达到 90% 以上,化肥、农药减施 20% 以上,有效改善了农村生产生活环境。农村清洁工程建设实现了家园清洁、田园清洁和水源清洁,推动了农业生产方式、农村生活方式和农村社会服务方式的转变,带动了无公害农产品、绿色食品生产和乡村旅游发展,改变了农村脏乱差面貌,受到各级政府的高度重视和广大农村居民的热烈欢迎。

（六）农业清洁生产示范项目启动实施

为贯彻落实《中华人民共和国清洁生产促进法》，进一步推进农业清洁生产，建设现代农业，促进农业农村经济又好又快发展，2011 年农业部出台了《关于加快推进农业清洁生产的意见》，指导全国农业清洁生产工作的开展。2012 年，启动了农业清洁生产示范项目，先行在新疆、湖南、山东等省区，选择示范效果明显、环境效益突出、推广前景明确的地膜回收利用、生猪清洁养殖和蔬菜清洁生产三类农业清洁生产技术进行试点示范，积极解决农业生产过程中农业废弃物不合理处置、利用所造成的环境污染等问题。

五、进一步强化农业生态环境保护的对策措施

我国正处在发展现代农业的关键时期，资源环境瓶颈约束十分明显。农业生物资源保护压力越来越大，工业"三废"和城市生活垃圾不断向农村转移排放，农业面源污染防控面临新的挑战，水、肥、药等农业投入品利用效率仍然较低，农业节能减排和清洁生产压力巨大，我国的农业生态环境形势依然严峻。应对新情况、化解新矛盾、迎接新挑战，必须大力转变发展方式，创新发展理念，把握发展规律，从战略高度认识农业生态环境保护工作的重要性和迫切性，不断加大保护力度，促进我国农业农村经济的可持续发展。

（一）加强法制建设，逐步健全法规体系

切实加强领导，抓紧建立健全有关农业生物资源保护、农业面源污染防治、农产品产地环境保护、农村废弃物管理等法律法规，逐步建立和完善农业资源环境保护和农村能源生态建设的法规体系，实现农业生态环境保护的法制化和规范化。同时，进一步出台配套的技术规范、操作规程和相关标准，规范和引导人们的生产生活方式，提高农业资源利用效率，减少农业源污染物排放，促进农业废弃物资源化。各级政府

要充分认识农业生态环境保护的重要性,强化管理,履行好环境职责。

(二)完善政策措施,持续加大资金投入

进一步创新思路,从生态补偿、优惠政策、投资方式等方面,建立完善农业资源环境与农村能源生态建设政策与资金保障机制。及时总结我国示范经验、借鉴国外成功做法,尽快建立生态补偿机制,激励农民采用环境友好型的农业技术和农业生产资料。探索制定有关投资、税收、信贷和价格等方面的优惠政策,调动社会各方面参与农业生态环境保护的积极性。进一步拓宽投资渠道,引导社会、企业和公众投入,同时利用国际社会关注环境保护的有利时机,开展国际合作,积极引进外资,建立多渠道、多元化的投入机制。

(三)抓好重点工程,推进农业清洁生产技术

注重规划先行,抓紧编制实施农业生物资源保护规划、农业面源污染防治规划和全国畜禽养殖污染防治规划等,针对农业生态环境保护面临的突出问题,抓好农业生物资源保护、农业面源污染防治、农业废弃物循环利用、大中型沼气建设和农村生活垃圾处理与再利用等重点工程。大力推广应用节地、节水、节肥、节药、节能和生态健康养殖等资源节约型农业清洁生产技术,有效降低农业生产对水、肥、药、能的消耗,加快农业生产和农村生活废弃物的循环利用。

(四)强化科技支撑,加快新技术推广应用

通过科技支撑计划、公益性农业行业科研、引进国际先进农业科学技术计划等途径,不断整合优势科研力量,集中开展农业资源环境保护与农村能源生态建设的关键和共性技术攻关,研发出一批新型实用技术、工艺和设备。不断加强队伍建设,创新工作机制,加大资金投入,完善科技推广体系,加大农业资源环境保护和农村能源生态建设先进技术和国际成功经验的推广应用。

（五）加强宣传教育，增强生态环保意识

全国各级农业资源环境保护和农村能源生态建设部门，要充分利用广播、电视、报纸、网络等多种媒体，加强农业生态环境保护重要性和迫切性宣传，营造良好的社会氛围。结合"国际生物多样性日"、"世界环境日"和"节能环保周"，广泛开展形式多样的宣传活动，不断提高农民的节能环保意识，自觉参与到农业资源环境保护和农村能源生态建设行动中来。

统筹城乡发展迈出坚实步伐

党的十六大以来,中央坚持统筹城乡发展基本方略,坚持工业反哺农业、城市支持农村和多予少取放活的基本方针,把构建新型工农城乡关系作为加快推进现代化的重大战略,把改善农村民生作为全面建设小康社会的重要内容,积极调整国民收入分配结构,不断加强农村基础设施建设,加快发展农村公共服务和社会事业,着力破除制约城乡经济社会一体化发展的体制机制,农民生活和农村面貌发生了翻天覆地的变化。10年来,农民收入持续较快增长,增收渠道不断拓宽;农民支出水平稳步提高,农村消费市场逐步升温;农村劳动力平稳有序转移,城乡一体的劳动力市场基本建立;农村基础设施建设步伐加快,农民生产生活环境显著改善;农村社会事业全面发展,经济社会协调发展的局面日趋形成。可以说,过去10年是我国城乡关系发生历史性巨变的10年,是农民得到实惠最多的10年。

一、拓宽增收渠道,农民收入持续较快增长

长期以来,农民增收困难,城乡收入差距扩大,是我国农业和农村发展中存在的突出问题和矛盾。党的十六大以来,中央把促进农民增收作为农业农村工作的主要目标和全面建设小康社会的核心任务,千方百计拓宽农民增收渠道,出台了一系列强农惠农富农政策。取消农业税费,实行农业补贴,加大"三农"投入,全面放开农产品市场,稳步

提高粮食最低收购价格,促进农村劳动力转移就业。在一系列政策措施的推动下,农民收入持续较快增长,收入来源渠道进一步拓宽,区域间收入相对差距逐步缩小,城乡间收入相对差距初步显露缩小迹象。

(一)农民收入持续较快增长

2004 年以来,农民收入摆脱了持续徘徊局面,每年增速均超过了6%,且增速总体呈加快态势,实现了农民收入增长"八连快"。2011年,全国农村居民人均纯收入 6977 元,比 2002 年增加 4501 元,增长1.82 倍,年均递增 12.2%。剔除价格因素影响,年均实际增长 8.1%,比上一个十年提高 3.5 个百分点。

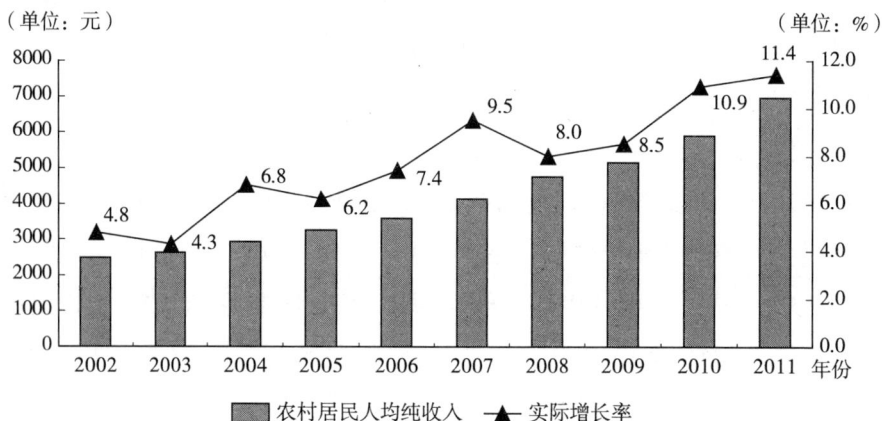

图 15-1　2002 年以来农村居民人均纯收入增长变化

资料来源:历年《中国统计年鉴》,中国统计出版社。

(二)增收来源渠道不断拓宽

从来源结构看,农民收入增长主要表现出以下特点:一是工资性收入快速增长,占农村居民纯收入的比重明显提高。随着农村劳动力转移步伐的加快和劳动力市场供求格局的变化,农民工工资水平显著提高,工资性收入已成为农民增收的主要渠道。2011 年农村居民工资性收入人均达到 2963 元,比 2002 年增加 2123 元,增长 2.53 倍。工资性收入增长对农村居民增收的贡献率达47.2%。工资性收入占农村居民纯收入的比重达42.5%，比2002年提高8.6个百分点。二是家庭经营纯收入稳步提高,占农村居民纯收入的比重显著下降。2011年农村居民家庭经营人均纯收入3222元,比2002年增加1735元,增长1.17倍,对农村居民增收的贡献率为38.6%,占纯收入的比重为46.2%,比2002年下降13.8个百分点。其中,家庭经营第一产业人均纯收入2520元,比2002年增加1385元,增长1.22倍;第二产业人均纯收入193元,增加84元,增长77.7%;第三产业人均纯收入509元,增加266元,增长1.09倍。三是财产性收入大幅增长。2011年农村居民财产性收入人均229元,比2002年增加178元,增长3.52倍,占农村居民纯收入的比重上升到3.3%,比2002年提高1.3个百分点。四是转移性收入对农民增收的作用日益突出。农业补贴逐年增加,新型农村合作医疗、新型农村养老保险和最低生活保障等制度逐年推进,国家对农民的转移支付水平迅速提高。2011年农村居民转移性收入人均563元,比2002年增加465元,增长4.73倍,对农民增收的贡献率达到10.3%。转移性收入占农村居民纯收入的比重达到8.1%,比2002年提高4.1个百分点。

表15-1 2002年以来我国农村居民纯收入来源构成变化情况 单位:元

年份	农民人均纯收入	工资性收入	家庭经营纯收入	财产性收入	转移性收入
2002	2476	840	1487	51	98
2003	2622	918	1541	66	97
2004	2936	998	1746	77	116
2005	3255	1175	1845	88	147
2006	3587	1375	1931	101	181
2007	4140	1596	2194	128	222
2008	4761	1854	2436	148	323
2009	5153	2061	2527	167	398
2010	5919	2431	2833	202	453

续表

年份	农民人均 纯收入	工资性 收入	家庭经营 纯收入	财产性 收入	转移性 收入
2011	6977	2963	3222	229	563

资料来源:历年《中国统计年鉴》,中国统计出版社。

(三)区域间农民收入相对差距逐步缩小

过去 10 年,随着西部大开发战略的深入推进,以及振兴东北地区等老工业基地和中原崛起战略的稳步实施,中西部地区经济发展速度加快;国家对农业特别是主产区扶持力度的持续加大,农产品市场价格的稳步提高,为中西部地区农民增收创造了有利条件。中部地区、西部地区和东北地区的农民收入增长速度总体上快于东部地区,区域收入差距呈现出逐步缩小的良好态势。2011 年,东、中、西和东北地区的农村居民人均纯收入分别为 9585 元、6530 元、5247 元和 7791 元,分别比2002 年增长 1.65 倍、1.88 倍、1.83 倍和 2.09 倍,年均名义增长率分别为 11.5%、12.5%、12.3% 和 13.4%,中部地区、西部地区和东北地区年均增长率分别比东部地区快 1.0、0.8 和 1.9 个百分点。特别是作为粮食主产区的东北地区和中部地区,农民收入增速明显快于全国平均水平,其中东北地区的农民收入已比全国平均水平高出 11.7%。

表 15-2　2002 年以来各区域农民人均纯收入增长变化　　　单位:元

年份	2002	2003	2004	2005	2006	2007	2008	2009	2010	2011
全国平均	2476	2622	2936	3255	3587	4140	4761	5153	5919	6977
东部地区	3611	3839	4233	4682	5188	5855	6598	7156	8143	9585
中部地区	2270	2351	2676	2940	3283	3844	4453	4793	5510	6530
西部地区	1851	1958	2181	2403	2588	3028	3518	3816	4418	5247
东北地区	2520	2689	3128	3424	3745	4348	5101	5487	6435	7791

资料来源:历年《中国统计年鉴》,中国统计出版社。

（四）城乡居民收入相对差距开始显露缩小迹象

国家积极调整国民收入分配格局和城乡利益关系，不断拓宽农民增收空间，为缩小城乡居民收入差距创造了极为有利的政策环境。2010年和2011年农村居民人均纯收入的实际增长速度分别比城镇居民人均可支配收入的增长速度快3.1和3.0个百分点，城乡居民收入之比连续两年缩小，由2009年的3.33∶1，缩小到2010年的3.23∶1和2011年的3.13∶1，并接近2002年3.11∶1的水平。城乡居民收入相对差距初步显露出缩小的可喜迹象。

（单位：元）

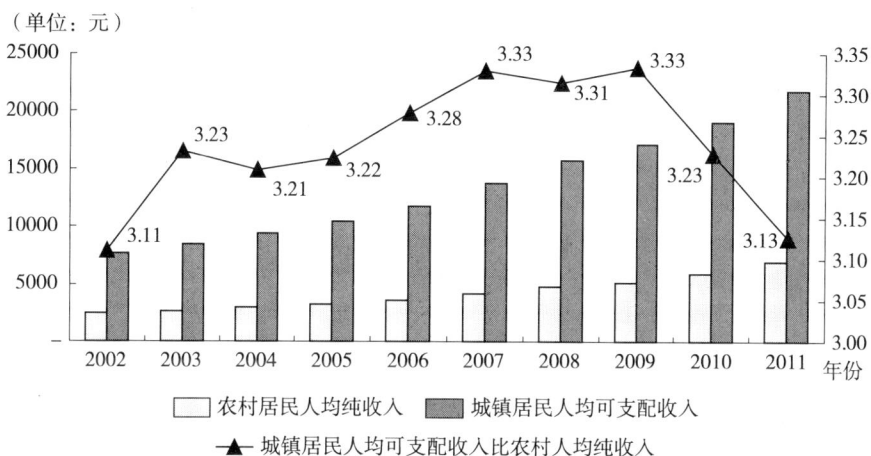

图 15－2　2002 年以来城乡居民收入差距变化

资料来源：历年《中国统计年鉴》，中国统计出版社。

近年来，尽管农民收入持续较快增长，但农民总体收入依然偏低，城乡居民收入的绝对差距、不同区域农民收入的绝对差距、农民之间的收入差距依然较大。与2002年相比，2011年城乡居民收入的绝对差距扩大了9606元；东部地区农民收入与中部、西部和东北地区的绝对差距分别扩大了1714元、2578元和703元；农村居民人均纯收入基尼系数为0.3897，扩大了0.0251。

从当前来看，要保持农民收入持续较快增长的好势头，还有许多困难和问题需要解决。一是影响国民经济发展的不确定因素增多，不可避免地会对农民增收带来不利影响;二是农业比较效益仍然偏低,依靠农业增收的难度越来越大;三是农业补贴与农民转移性收入总体水平仍然不高,对农民增收的作用尚未得到充分发挥;四是农村土地制度和产权制度改革相对滞后,农民财产性收入偏低。

但是,随着我国改革开放向纵深发展,原有的体制机制性障碍将不断被突破,城乡分割的二元结构终将被打破,农民将有越来越多的机会平等地分享改革开放的成果;国民经济仍有较强的持续增长潜力,农民就业增收的外部环境总体良好;国家强农惠农富农政策将不断强化,促进农民增收的长效机制日益健全;现代农业建设步伐明显加快,农业比较效益偏低的问题有望进一步缓解。综合分析,未来几年我国农民收入有望继续保持较快增长势头,城乡居民收入差距和区域收入差距缩小的转折点可能即将到来。

二、改善农村消费环境,农民生活水平不断提高

党的十六大以来,国家着力加强农村市场设施建设,不断完善农村消费品流通体系,积极发展新型流通业态,制定出台了一系列促进农村消费的政策,农村消费环境明显改善。随着收入的持续增长,农村居民购买力不断提高,消费结构加快升级,农民生活整体迈入小康阶段。

(一)购买能力显著增强

2002—2011 年,农民购买能力显著提高,生活消费支出大幅增加。这一时期,农村居民人均现金收入由 2713.0 元增加到 8638.5 元,年均增长 13.7%;人均生活消费支出由 1834.3 元增加到 5221.1 元,年均增长 12.3%。

农民消费支出的增加,带动了农村消费品市场的繁荣。2002—2009 年,我国县及县以下消费品零售额由 16759 亿元增加到 40210 亿元,年均增长 13.3%。特别是在国家实施"家电下乡"等一系列刺激农

村消费的政策以后,农村消费市场迅速升温。2007—2009 年,农村消费品零售额年均增长速度达到 18.2% 。

(二)消费结构加快升级

随着购买力的增强,农村居民的消费支出结构逐步改善,生活水平明显提升。2002—2011 年,农村居民恩格尔系数(食品消费支出占生活消费总支出的比重),由 46.3% 下降到 40.4% 。根据联合国粮农组织提出的划分贫困和富裕的标准,恩格尔系数大于 60% 为贫穷,50%—60% 为温饱,40%—50% 为小康,30%—40% 属于相对富裕,20%—30% 为富裕,20% 以下为极其富裕。据此判断,我国农村居民的生活水平总体上已步入小康阶段,正向相对富裕的阶段迈进。

在基本生活需要得以满足的基础上,农村居民的消费正逐步向享受型、发展型结构转变。2002—2011 年,衣着支出占农村居民人均生活消费支出的比重由 5.7% 上升到 6.5%;居住支出的比重由 16.4% 上升到 18.4%;家庭设备用品及服务支出的比重由 4.4% 上升到 5.9%;交通和通信支出的比重由 7.0% 上升到 10.5%;医疗保健支出的比重由 5.7% 上升到 8.4% 。

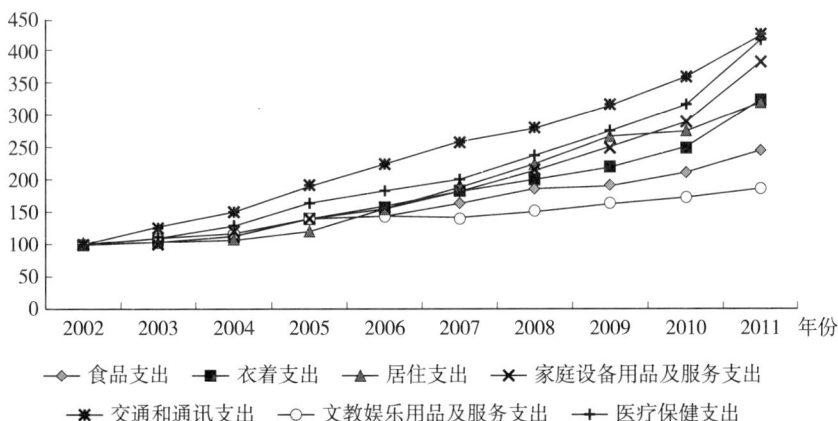

图 15-3 2002—2011 年农民人均各种消费支出变化(2002 年=100)

资料来源:历年《中国统计年鉴》,中国统计出版社。

（三）营养状况明显改善

2002—2011 年,农村居民人均粮食、蔬菜的消费量呈现出逐渐下降趋势,肉蛋奶等食品消费量均呈增长态势,营养水平较快提高。2002—2011 年,农村居民人均粮食消费量由 236.5 千克下降到 170.7 千克,年均下降 3.6%;蔬菜消费量由 110.6 千克下降到 89.4 千克,年均下降 2.3%;食用油消费量稳定在 7.5 千克;猪牛羊肉消费量由 14.9 千克增加到 16.3 千克,年均增加 1.0%;家禽消费量由 2.9 千克增加到 4.5 千克,年均增加 5.0%;禽蛋及制品由 4.7 千克增加到 5.4 千克,年均增加 1.6%;水产品消费量由 4.4 千克增加到 5.4 千克,年均增加 2.3%;酒的消费量由 7.5 千克增加到 10.2 千克,年均增加 3.5%。

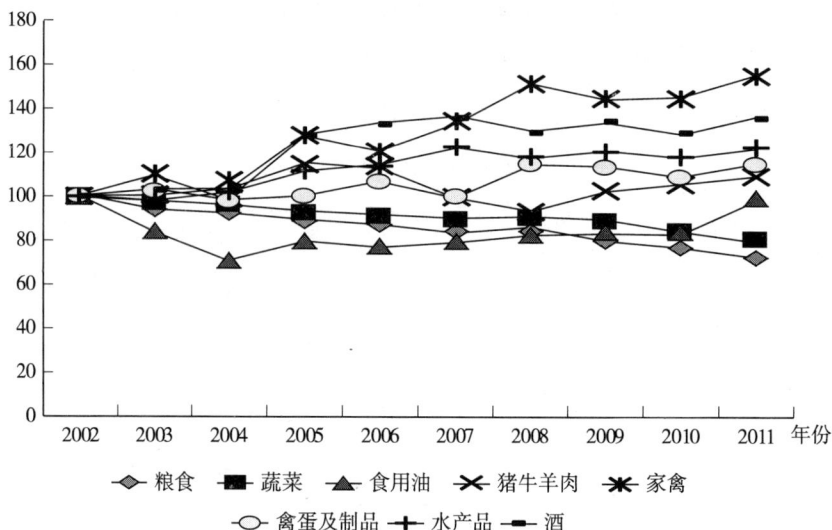

图 15－4　2002—2011 农村居民人均主要食品消费量变化（2002 年＝100）

资料来源:历年《中国统计年鉴》,中国统计出版社。

（四）物质生活水平不断提高

农村居民家庭年末主要耐用消费品拥有量不断增加。2002—2011

年,平均每百户农村居民家庭拥有洗衣机数量由 31.8 台增加到 62.6 台,年均增长 7.8%;电冰箱由 14.8 台增加到 61.5 台,年均增长 17.1%;摩托车由 28.1 辆增加到 60.9 辆,年均增长 9.0%;彩色电视机由 60.5 台增加到 115.5 台,年均增长 7.5%。近年来,在农村消费政策刺激下,一些体现现代生活方式的家电产品拥有量呈现爆发式增长。2007—2011 年,空调机每百户平均拥有量由 8.5 台增加到 22.6 台,年均增长 27.7%;移动电话由 77.8 部增加到 179.7 部,年均增长 23.3%;家用计算机由 3.7 台增加到 18.0 台,年均增长 48.5%。

(五)城乡和区域消费差距趋于缩小

2002—2011 年,城乡居民消费的恩格尔系数均呈现下降趋势,其中农村居民的恩格尔系数下降速度快于城镇,表明我国城乡居民消费水平的相对差距正逐步缩小。这一时期,城镇居民的恩格尔系数年均下降0.2 个百分点,农村居民的恩格尔系数年均下降0.6 个百分点。城镇和农村恩格尔系数的绝对差由 2002 年的 8.5 缩小到了 2011 年的 4.1。

表 15-3   2002—2011 年城乡恩格尔系数及其差距变化   单位:%

年份	2002	2003	2004	2005	2006	2007	2008	2009	2010	2011
城镇	37.7	37.1	37.7	36.7	35.8	36.3	37.9	36.5	35.7	36.3
农村	46.2	45.6	47.2	45.5	43.0	43.1	43.7	41.0	41.1	40.4
绝对差	8.5	8.5	9.5	8.7	7.2	6.8	5.8	4.5	5.4	4.1

资料来源:历年《中国统计年鉴》,中国统计出版社。

从不同地区来看,各大区域农民生活消费支出均保持了较快增长,但中部、西部和东北地区的增长速度均快于东部地区。2002—2011 年,东部地区的农村居民人均生活消费支出由 2754.6 元增加到 7495.7 元,年均增长 11.8%;中部地区由 1646.8 元增加到 4785.7 元,年均增长 12.6%;西部地区由 1399.9 元增加到 4127.6 元,年均增长

12.8%；东北地区由 1711.9 元增加到 5348.6 元，年均增长 13.5%。2002 年，东部地区农村居民人均生活消费支出分别是中部地区的 1.7 倍、西部地区的 2.0 倍和东北地区的 1.6 倍，到 2011 年，已分别下降到 1.6 倍、1.8 倍和 1.4 倍，区域差距有所缩小。

总体来看，过去 10 年的农民生活消费水平显著提高。但是也要看到，与城镇居民相比，农村居民的消费水平和消费层次还明显偏低，城乡居民生活消费差距依然很大。2011 年，城镇居民人均生活消费支出仍是农村居民的 2.9 倍。

展望未来，随着农民收入的持续增加，农村社会保障体系的逐步完善，农村基础设施建设的不断加强，农村消费品流通体系的日趋完善，农村居民的生活消费水平将会稳步提高，城乡居民的消费差距有望进一步缩小。

三、统筹城乡就业发展，农村劳动力转移就业步伐加快

调整优化农村劳动力就业结构，合理配置城乡劳动力资源，是农民增收的重要途径，是农业增效的必然选择，是推进工业化、城镇化和农业现代化协调发展的内在要求。中央明确提出"就业是民生之本，扩大就业是我国当前和今后长时期重大而艰巨的任务"。各级各部门认真贯彻中央的决策部署，努力拓展农村非农就业空间，积极引导农民进城务工，大力扶持农民工返乡创业，着力构建城乡统一的劳动力市场和公平竞争的就业环境，我国的农村劳动力转移步伐明显加快，就业结构明显改善，为促进农民收入增长和经济社会发展作出了重要贡献。

（一）农村非农就业比重稳步提高

改革开放以来，农村非农产业特别是乡镇企业的迅猛发展，有力地促进了国民经济增长，有效地带动了农村剩余劳动力的转移。

为促进乡镇企业和农村非农产业持续发展，2004 年中央 1 号文件

明确提出:"农村中小企业对增加农民就业作用明显,只要符合安全生产标准和环境保护要求,有利于资源的合理利用,都应当允许其存在和发展"。"大力发展农村个体私营等非公有制经济。法律法规未禁入的基础设施、公用事业及其他行业和领域,农村个体工商户和私营企业都可以进入"。各级各地也采取了一系列措施,推进乡镇企业结构调整和产业升级,发展农村非农产业,农村非农就业比重不断提高。

根据国家统计局农民工调查监测报告,2008—2011 年,我国本地就业的农民工由 8501 万人增加到 9415 万人,占农民工的比重在 37%左右。另据国家统计局对劳动就业统计,2002—2010 年,乡村就业人员中,在私营和个体经营部门就业的比重由 9.4% 提高到 14.2%;在乡镇企业就业的比重由 27.6% 提高到 40.0%。随着农村分工分业的发展,基本脱离农业生产的农户比重逐步提高。据全国农村观察点调查,2003—2011 年,农村纯非农户比重从 9.7% 上升到 11.1%。

(二)外出就业规模逐年扩大

2002 年,中央明确提出对农民进城务工要坚持"公平对待,合理引导,完善管理,搞好服务"的十六字方针,标志着我国的农村劳动力转移就业政策发生重大调整。

过去 10 年是中央和地方出台扶持农村劳动力转移就业政策措施最多的时期。党的十六大报告特别强调:"农村富余劳动力向非农产业和城镇转移,是工业化和现代化的必然趋势"。2006 年 3 月,国务院专门出台了《关于解决农民工问题的若干意见》,提出了新时期农民工工作的指导思想和基本原则,并着重围绕保护农民工权益从 8 个方面做出政策安排。2007 年颁布的《就业促进法》明确指出,国家实行城乡统筹的就业政策,建立健全城乡劳动力平等就业制度,引导农业富余劳动力有序转移就业。2008 年党的十七届三中全会进一步指出,统筹城乡劳动就业,加快建立城乡统一的人力资源市场。随着政策体系的日趋完善,农村劳动力外出就业规模迅速扩大。2002—2011 年,我国农村外出就业劳动力总量从10469万人增加到15863万人,年均新增599万人,增幅达4.7%。

长期以来,中西部地区是我国农村劳动力的主要输出地。而从近年来的情况看,伴随着各地经济的持续发展和劳动力市场供求格局的发展变化,农村劳动力外出就业正在呈现出一些新的特点。根据国家统计局农民工调查监测,2008—2011年,在东部地区务工的农民工占农民工总量的比重由71.0%下降到65.4%,在中部地区务工的农民工比重由13.2%上升到17.6%,在西部地区务工的农民工比重由15.4%上升到16.7%;在省内务工的农民工比重由46.7%上升到52.9%。从收入来看,2008—2011年,在东部地区务工的农民工月均收入增长了51.8%,而在中西部地区务工的农民工月均收入则分别增长了57.3%和56.3%,增幅明显超过东部地区。在中西部地区务工的农民工增长较快、省内务工的农民工比重明显上升、各地的农民工工资收入趋同表明,以劳动力输出为主的中西部地区经济增长势头良好,就业环境明显改善,全国统一的劳动力市场正在逐步形成。

(三)农民工返乡创业潮悄然兴起

面对农村劳动力的大量外流,一些劳动力输出比较集中的地区早在20世纪90年代后期,就力图通过实施"回引工程"、评选"创业之星"等活动,吸引农村劳动力返乡创业,但由于就业和创业条件不成熟,收效甚微。农业部农村经济研究中心的调查表明,截至2000年,以回乡投资为目的的返乡劳动力仅占全部回流劳动力的2.5%。

党的十六大以来,随着新型工业化战略的实施,沿海地区劳动密集型产业向中西部地区转移步伐加快;随着新农村的建设平稳推进和区域经济的持续发展,中西部地区的发展环境逐步改善,农民工返乡创业热潮悄然兴起,并逐渐成为趋势。据国务院农民工办组织的调查,2003—2007年平均每年回乡创业的农民工人数是20世纪90年代年平均数的3.1倍。

适应农民工返乡创业数量不断增多的新形势,党中央国务院积极采取措施加以扶持和引导。2008 年国际金融危机发生后,面对返乡农民工迅速增加的新情况,国务院办公厅及时下发了《关于切实做好当前农民工工作的通知》,国务院也随后发出了《关于做好当前经济形势下就业工作的通知》,就应对国际金融危机、促进农村劳动力转移就业、支持农民工返乡创业和投身新农村建设做出了系统安排。近年来,中央出台了一系列扶持政策,进一步优化农民工的就业创业环境。2009 年中央 1 号文件指出,要落实农民工返乡创业扶持政策,在贷款发放、税费减免、工商登记、信息咨询等方面提供支持。2010 年中央 1 号文件提出,要增强农民科学种田和就业创业能力,完善促进创业带动就业的政策措施,将农民工返乡创业和农民就地就近创业纳入政策扶持范围。2012 年中央 1 号文件提出,对符合条件的农村青年务农创业和农民工返乡创业项目给予补助和贷款支持。近几年,各地各部门也把促进农民创业作为壮大县域经济、带动农民就业增收的重要举措,出台了一系列政策和措施,为农民创业提供了良好的服务、营造了宽松的氛围。据统计,目前全国已累计约有 520 万农民工回到农村创业,平均每个创业者带动 3.8 人就业。

(四)农村劳动力供求关系逐步转变

根据国际经验,农业劳动力绝对数量和就业份额双双下降,标志着农业剩余劳动力转移进入加速时期。我国第一产业就业人数在 1991 年达到最高峰,从 1992 年开始,农业劳动力绝对数量和就业份额都呈现出下降趋势,2003 年以来,这一趋势日益明显。2003—2011 年,第一产业就业人员年均减少 1201 万人,是 1992—2002 年年平均减少数量的 5.8 倍;第一产业就业占总就业的比重年均下降 1.8 个百分点,是 1992—2002 年年平均减少幅度的 2.1 倍,表明我国的农业劳动力转移进入了新阶段。

随着转移步伐的加快,我国农村劳动力的剩余状况显著改善。根据已有的研究,改革开放以后,我国的农村剩余劳动力数量经历了一个逐步释放的过程,到2000年前后达到1.5亿人左右;从近年的情况来看,用各种方法测算的农村剩余劳动力数量已经下降到8000万人左右,比前一时期明显减少。农村剩余劳动力数量的绝对减少,表明我国劳动力供求关系正在发生深刻变化,劳动力市场进入了加速转型的重要时期。

农村劳动力转移推动了城乡之间劳动力资源和生产力布局的优化配置,为工业增强了竞争力,为城市增加了活力,为改革开放增添了动力,为促进农民增收、农村经济发展乃至整个国民经济增长,作出了重要贡献。农村劳动力转移,优化了国民经济结构,2002—2011年,第一产业就业比重与第一产业GDP比重之差由36.3个百分点缩小到24.7个百分点;促进了国民经济的持续健康发展,研究表明,中国实施改革开放政策以来的经济增长20%左右的份额来源于劳动力重新配置所带来的生产率提高;推动了二三产业的发展,2011年,在二三产业从业的农民工占二三产业就业人员的比重达到44.6%;带动了农民收入的持续增长,近年来工资性收入一直是支持农民收入增长的主要来源;加快了农村经济社会发展,农民工群体每年带回寄回家乡的现金数以千亿计,大量外出者回乡创业,带动了农村各行各业的繁荣和发展。

今后一段时期,推进农村剩余劳动力转移、加快构建城乡统一的劳动力市场,任务依然艰巨。农村剩余劳动力总量依然偏大,平均年龄偏高、素质结构偏低的问题突出,劳动力供求的结构性矛盾日益突显;农民工的利益诉求表达渠道不畅,农民工的权益保护机制仍不完善,合法权益受损害的状况仍然严重;制约农村劳动力转移的制度障碍仍未消除,农民工在就业、居住、医疗、社保、子女入学等方面仍不能享有平等待遇,城乡社会管理和公共服务仍需改进。

适应农村劳动力供给结构变化的要求,要进一步加强教育培训和就业服务工作,提高劳动者素质,增强农村劳动力就业竞争能力;要进一步深化户籍制度改革,适时调整城镇化战略,不断扩大农民工就业规模;要进一步完善农村土地制度,健全农民工社会保障体系,实现农村转移劳动力稳定就业;要进一步发挥政府部门、城市社区和民间组织的服务职能,构建社会融合机制,加快农民工市民化进程;要进一步完善政策措施,着力健全服务管理和投入保障、工作监督机制,做好新时期的农村劳动力转移就业工作。在充分发挥市场机制对劳动力资源配置作用的同时,加强政府对转移就业的宏观调控,促进全国统一、开放、竞争、有序、城乡一体的劳动力市场早日形成。

四、加强农村基础设施建设,农民生产生活条件显著改善

中央从统筹城乡经济社会发展的要求出发,高度重视农村生产生活设施建设,明确要求各级政府要把基础设施建设重点转向农村,并进行了一系列重大的政策调整。1. 改革农村公共产品供给制度,将农村基础设施建设逐步纳入公共财政支出范围,公共财政向农村覆盖,公共产品供给向农村延伸,农村基础设施建设逐步由农民主导向政府主导转变。2. 拓展公共财政对农业和农村支持的领域,财政支持农村基础设施建设逐步由单纯支持农业发展,解决全国人民的吃饭问题,转向全面支持农村发展,着力解决农民民生问题和农村经济社会可持续发展问题。3. 强调建设资金安排要向中西部地区倾斜,向农产品主产区倾斜,向困难地区、困难人群倾斜,促进公共服务均等化。经过多年的努力,农村基础设施建设得到全面加强,水、电、路、气、房等基础设施条件迅速改善,农村面貌得到明显改观。

(一)饮水安全规划提前完成

2002—2010 年中央和地方共投资 1848.8 亿元,解决了 3.4 亿人的饮水安全问题。截至 2010 年年底,农村饮水安全人口已达 6.7 亿人,农村自来水普及率达 54.7%,提前 1 年完成了"十一五"饮水安全规划任务,提前 6 年实现了联合国千年宣言提出的到 2015 年将饮水不安全

人口比例降低一半的目标。农村饮水安全工程建设项目的实施,提高了农民健康水平,改善了农村生产生活条件。

表 15-4   安全饮水工程建设情况

年份	当年农村饮水安全工程在建投资规模（亿元）	累计完成投资（亿元）	当年解决饮水安全问题的人数（万人）	农村饮水安全人口数（亿人）
2002	—	81.0	2500	2.60
2003	—	53.6	1500	2.82
2004	—	33.2	1473	2.97
2005	—	32.7	1797	3.04
2006	254.1	107.7	2945	5.59
2007	345.1	201.9	4468	5.8
2008	470.1	293.1	5378	6.2
2009	583.8	508.6	7295	6.3
2010	592.5	537.0	6717	6.7

数据来源:2000—2004 年《水利统计公报》,2005—2010 年《全国水利发展统计公报》。

（二）农村水电持续发展

2002 年,国务院启动 400 个水电农村电气化县建设,涉及 24 个省(区、市)的近 2 亿人口,总投资 500 多亿元。2002—2010 年,新建水电站达到 14503 座,投产装机 3516 万千瓦。截至 2010 年年末,全国共建成农村水电站 44815 座,装机容量 5924 万千瓦,占全国水电装机容量的 28%。全国农村水电年发电量达到 2044 亿千瓦时,占全国水电发电量的 30%。小水电代燃料建设规模持续扩大。2009—2011 年建设项目达到 204 个、装机 51 万千瓦,可解决 45 万户、170 多万农民的生活燃料问题,保护森林面积 420 多千公顷,建设范围扩大到全国 22 个省(区、市)和新疆生产建设兵团的 193 个县(市、区)。

表 15-5 农村水电建设情况

年份	新增农村水电站 （座）	装机容量 （万千瓦）	解决无电人口数 （万人）
2002	919	121	—
2003	2111	202	—
2004	1865	309	167
2005	1876	408	122
2006	2437	640	140
2007	1945	658	183
2008	1320	419	100
2009	1213	380	80
2010	817	379	32

数据来源:2000—2004 年《水利统计公报》,2005—2010 年《全国水利发展统计公报》。

（单位：万千瓦）

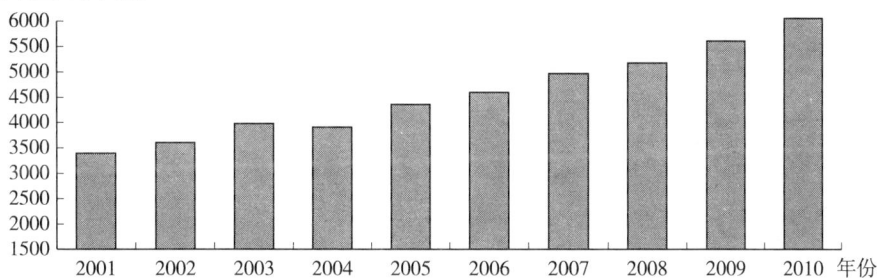

图 15-5 农村水电装机容量变化

数据来源:2010 年《全国水利发展统计公报》。

（三）农村公路建设快速发展

中央财政对农村公路的投资力度不断加大,向西部地区、"老少边穷"地区倾斜力度不断加大。2002—2011 年,中央投资从 23.6 亿元增加到 438 亿元,增长了 16 倍,年均递增 30% 以上,农村公路发展步入"快车道"。全国新改建农村公路 272 万公里,新增通车里程 220 万公里,新增农村客运线路 5 万余条,新增日发班次 60 余万个。截至 2011

年年底,全国农村公路通车里程已达353.7万公里,农村公路列养里程
已经占到总里程的96.1%,乡镇通公路率达到99.98%,建制村通公路
率达到99.39%。全国乡镇、建制村通客运班车率分别达到98.12%和
91.47%。到2010年年底,全国农村客运车辆达38万辆,农村客运线
路达9万余条,日均发班120万个班次,极大地方便了农民群众出行。
农村公路的发展为加快社会主义新农村建设发挥了重要作用,集中体
现在六个"改变"和六个"促进"上。一是改变了农村交通落后面貌,促
进了农民生活宽裕;二是改变了农村消费结构,促进了经济增长;三是
改变了农村产业结构,促进了农业现代化;四是改变了乡风村容,促进
了农村文明;五是改变了农村干群关系,促进了基层管理民主;六是改
变了二元结构,促进了城乡一体化。

表 15-6　2006 年以来农村公路建设情况

年份	当年全社会完成投资(亿元)	新改建农村公路(万公里)
2006	1513	32.5
2007	1800	42.3
2008	2044	43.1
2009	2051.6	38.1
2010	2091.4	30.8
2011	1901.6	19.03

数据来源:2007—2010年冯正霖副部长在全国农村公路工作电视电话会议上的讲话。

(四)农村沼气建设成绩显著

2002—2010年,中央累计投入农村沼气建设资金246亿元,支持
建设户用沼气近3000万户。在中央投资带动和各方面共同努力下,农
村沼气实现了跨越式发展。截至2010年年底,全国沼气用户已达
4000万户,受益人口1.55亿人,形成了户用沼气、小型沼气、大中型沼
气共同发展的新格局。各级农业部门积极推进沼气池建设与改圈、改
厕、改厨结合,鼓励与改路、改水相结合,因地制宜开展"四位一体"、

"猪沼果"和"五配套"等生态家园模式建设,使土地、太阳能和生物质资源得到更有效的利用,形成农户生产、生活的良性循环,实现家居温暖清洁化、庭院经济高效化和农业生产无害化,使沼气建设成为重要的民生工程和新农村建设的亮点,在改善农村生产生活条件,促进农业发展方式转变,推进农业农村节能减排以及保护生态环境等方面发挥了重要作用,被广大农民誉为民心工程和德政工程。

表 15-7　农村沼气建设情况

年份	中央投入资金（亿元）	累计推广农村户用沼气池（万户）	沼气年产气量（亿立方米）
2002	4	1100	—
2003	10	1309	46
2004	10	1453	56
2005	10	1700	65
2006	25	2260	87
2007	30	2650	100
2008	60	3050	119
2009	52	3507	130
2010	45	4000	—

数据来源:2003—2011 年《中国农业发展报告》,中国农业出版社。

(五)扩大农村危房改造试点工作顺利开展

2009 年开始,扩大农村危房改造试点工作正式启动。到 2011 年,中央共投入资金 281 亿元,累计完成了 465 万户农村贫困户危房改造。2011 年的中央补助标准为平均每户 6000 元,比 2009 年增加了 1000 元。

过去 10 年,农民的居住条件持续改善。一是居住面积增加。2011年农村居民人均居住面积 36.2 平方米,比 2002 年增长 36.6%。其中69.7% 的农户人均居住面积大于 25 平方米,比 2002 年提高 21.5 个百分点。二是住房质量提高。2010 年农村居民人均钢筋混凝土结构住房面积 15.1 平方米,比 2004 年增长 64.1%。人均砖木结构住房面积

15.2平方米,比2004年增长7.8%。三是居住条件和环境明显改善。2011年有94.1%的农户居住的住房拥有卫生设备,其中住房有水冲式卫生厕所的农户占22.9%,比2004年提高7.4个百分点。43.5%的农户住房拥有取暖设备,其中使用空调和暖气的农户占20.9%,比2004年提高13.9个百分点。使用清洁燃料的农户占38.2%,比2004年提高27.7个百分点。79%的农户饮用安全卫生水,其中饮用自来水的农户占55.1%,提高20.1个百分点。52.9%的农户住宅外有水泥或柏油路面,比2004年提高18.9个百分点;住宅外有石头或石板等硬质路面的农户占22.4%,比2004年下降1.1个百分点;住宅外为土路等非硬质路面的农户占24.7%,比2004年下降24.9个百分点。

过去10年,虽然农村生产生活条件得到很大改善,但从总体上看农村基础设施依然薄弱。一是农村供水保障水平仍然较低,饮水安全工程建设任务十分繁重。二是个别地方农村水电建设缺乏科学合理的资源开发利用规划,部分电站设备和设施老化失修严重。三是农村公路网尚未形成,全国仍有1080个乡镇、103095个建制村不通沥青(水泥)路。农村公路养护问题较为突出,农村客运服务相对滞后。四是农村沼气服务体系仍不健全,沼气池利用率低。五是农民家居配套设施尚不完善,居住质量尚有较大提升空间。镇村建设尤其是村庄建设规划明显滞后,农村废物垃圾得不到及时处理。

未来一段时期,应进一步加大投入力度,加快农村基础设施建设步伐。继续实施饮水安全工程,全面解决2.98亿农村人口和11.4万所农村学校的饮水安全问题,使全国农村集中式供水人口比例提高到80%左右;加快农村水电建设,解决81万无电人口和228万缺电人口用电问题;加快推进农村公路网络化,改善通行条件,改革养护机制,发展农村客货运输;加强农村沼气建设,重点发展户用沼气、小型沼气工程和大中型沼气工程,健全沼气服务体系,强化沼气管护,推进沼气产业化发展;加快农村危房改造,实施农村清洁工程,推进农村环境综合整治,使农民居住条件和环境得到显著改善。

五、推进城乡基本公共服务均等化，
农村社会事业取得长足发展

党的十六大以来，中央确立了以政府投入为主的农村社会事业发展经费保障机制，并采取了一系列措施，推动城乡基本公共服务均等化发展。2003 年中央提出"国家今后每年新增教育、卫生、文化等事业经费，主要用于农村"，2004 年中央 1 号文件提出"要落实新增教育、卫生、文化、计划生育等事业经费主要用于农村的规定，用于县以下的比例不低于 70%"。随着投入力度的不断加大和各项措施的出台，农村社会事业发展取得巨大进步，初步建立起了覆盖生育、教育、医疗、养老全过程，涵盖生活保障、住房保障、就业保障等全方位的农村社会保障制度框架。

（一）农村教育条件明显改善

政府财政对农村义务教育的投入力度逐渐加大，农村义务教育财政体制逐渐完善，为农村义务教育持续健康发展提供了有力保障。2005 年，国务院《关于深化农村义务教育经费保障机制改革的通知》要求，将农村义务教育全面纳入公共财政保障范围，建立中央和地方分项目、按比例分担的农村义务教育经费保障机制；中央财政安排专项资金改造农村中小学危房，改善农村中小学办学条件；实施农村寄宿制学校建设工程，在西部地区新建、改扩建一批以农村初中为主的寄宿制学校；对农村义务教育阶段贫困学生，采取国家助学奖学金、助学贷款等资助措施。2006 年《新义务教育法》修订实施，用法律形式规定了教育经费的增长比例。投入体制的变革带来了农村义务教育的明显变化。一是农村义务教育学校公用经费标准逐年提高。农村中小学生均公用经费最低标准从 2009 年的中西部地区小学 300 元和初中 500 元，东部地区小学 350 元和初中 550 元，分别提高到 2011 年的中西部地区小学

500 元和初中 700 元,东部地区小学 550 元和初中 750 元。2007 年,农村中小学校舍维修改造测算单价标准西部地区由 300 元提高到 400 元,中部地区由 400 元提高到 500 元,对高寒地区进一步提高单价测算标准。二是义务教育阶段学生的家庭负担明显减轻。2005 年,对国家扶贫开发工作重点县实施"两免一补"(免除学杂费和免教科书费、寄宿生生活补贴)政策,2007 年起全国农村普遍实行"两免一补"。2011 年,全国约 1.3 亿名农村学生全部享受该政策,约 3000 多万名农村寄宿制学生免除住宿费,中西部地区约 1228 万家庭经济困难寄宿生获得生活费补助,2600 万名学生得到营养膳食补助,有效减轻了农村学生家庭负担。三是农村义务教育学校的办学条件逐步改善。2010 年启动实施第二期"中西部农村初中校舍改造工程"、"农村义务教育薄弱学校改造计划"和"边远艰苦地区农村学校教师周转宿舍建设试点项目"等,改善了农村学校食宿条件和图书、教学仪器设备条件,提高了农村初中巩固率,"农村义务教育阶段学校教师特设岗位计划"吸引优秀人才到农村任教,聘用特岗教师 49870 人,覆盖 21 省份 16536 所农村学校。四是进城务工人员随迁子女入学难问题逐步好转。2011 年,全国进城务工人员随迁子女在公办学校就读率达到 79.2%。

(二)农村医疗卫生保障体系基本形成

为缓解农村居民看病难、看病贵问题,国家加大投入力度,加强农村三级医疗卫生服务体系建设,按照"保基本、强基层、建机制"的要求,不断完善农村地区基本公共卫生、基本医疗服务、基本药物和新农合制度四位一体的新型农村合作医疗制度,使农村医疗卫生服务体系日趋健全。一是新型农村合作医疗制度不断完善。2003 年,国家启动了新型农村合作医疗制度试点。到 2011 年,全国参合人数已达 8.3 亿人,参合率超过 97%,筹资总额 2047.6 亿元,补偿受益 13.2 亿人次;超过 2/3 的省(区、市)实现新农合省市级定点医疗机构即时结报,参合农民特别是参合农民工异地就医享受到更便捷的服务。通过实施基本药物制度,农村居民可以获得安全、有效、低廉的药品。2011年,基本药物零差率销售在政府所属乡镇卫生院实现全覆盖。到2012年1月,58.1%的村卫生室实行零差率销售基本药物。二是农村医疗卫生服务体系更加健全。2005—2010年,中央和地方财政共安排资金216.8亿元,建设和改造中西部和东部贫困地区约2.2万所乡镇卫生院、1300所县医院、400所县中医(民族)医院和950所县妇幼保健机构。各地切实加强乡镇卫生院管理,积极推行乡村一体化管理。2003—2011年,乡村医生和卫生员数从87.7万人增加到112.6万人。2009年以来,中央投入7.7亿元用于农村卫生人员岗位技能培训,共培训175万人次;投入6亿元派出3.3万人次,开展二级以上医疗卫生机构对口支援乡镇卫生院工作。实施农村订单定向免费培养项目,为中西部乡镇卫生院定向招收1万余名免费学生。这一系列举措为完善农村三级医疗预防保健网奠定了基础。三是新增多项惠及农村居民的医疗项目。2010年启动了农村儿童先天性心脏病、急性白血病等重大疾病医保试点,2011年启动终末期肾病等6类新增疾病医保试点。到2011年年底,累计超过23万个8类重大疾病患者家庭受益,近3万个先心病患儿家庭得到帮助。农村医疗卫生服务能力的提高为改善农村居民健康水平发挥了重要作用。2003—2011年,农村婴儿死亡率从28.7‰下降到12.1‰,农村孕产妇死亡率从65.4/10万下降到26.1/10万。

(三)农村社会保障制度框架基本形成

2003年以来,我国农村社会保障建设步伐加快,以农村最低生活保障制度、农村五保供养制度、农村养老保险制度、自然灾害生活救助制度等为主要内容的农村社会保障体系初步形成,被征地农民、农民工社会保障工作取得长足进展。一是农村居民最低生活保障制度向"应保尽保"迈进。2007年国务院《关于在全国建立农村最低生活保障制度的通知》提出,中央财政要安排资金支持财政困难地区建立农村最低生活保障制度,提供农村五保供养补助。2008年全国所有涉农县都建立了农村低保制度。到 2012 年 2 月,全国农村居民最低生活保障人数达 5282.5 万人,保障户数达 2686.3 万户,覆盖全部有农业人口的县(市、区),并正向应保尽保迈进。各地还根据物价变化逐步提高保障标准。2007—2009 年,全国农村低保平均补助水平从每月 39 元提高到 64 元,五保供养标准由每人 417 元/年提高到 2215 元/年。2011 年全国农村低保平均标准提高到 143.2 元/人,农村五保集中供养年平均标准提高到 3399.7 元/人,农村五保分散供养年平均水平提高到 2470.5 元/人。截至 2011 年年底,全国有农村五保供养对象 530.2 万户,551 万人,有农村低保对象 2672.8 万户、5305.7 万人。二是农村居民养老制度"破题"并加速推进。2009 年,新型农村社会养老保险制度开始试点,覆盖全国 10% 县(市、区、旗)。到 2011 年,新农保试点覆盖面迅速提高到 60%,全国 27 个省(区)的 1914 个县(市、区、旗)和 4 个直辖市的部分区县开展试点,参保人数 32643 万人,其中实际领取待遇人数 8525 万人;全年新农保基金收入 1070 亿元。2012 年,农村新型社会养老保险制度将实现全覆盖。三是失地农民、农民工被逐步纳入国家社会保障体系。国家出台了一系列政策法规,对被征地农民社会保障的资金来源、待遇水平等内容作了明确规定。2004 年《工伤保险条例》施行,农民工被纳入政府工伤保障。2006 年出台的《国务院关于解决农民工问题的若干意见》,将农民工正式纳入城镇企业职工基本养老保险制度覆盖范围。2011 年正式实施的《社会保险法》为农民工参加社会保险提供了法律保障。到 2010 年年底,农民工参加养老、医疗、工伤、失业等保险人数分别达 3284 万人、4583 万人、6329 万人和 1990 万人。四是针对孤残优抚等人员的保障机制基本建立。建立了社会救助和保障标准与物价上涨挂钩的联动机制,提高了孤儿基本生活补助标准,增加救助流浪乞讨人员的补助,支持残疾人社会保障和服务体系建设。落实优抚对象等人员抚恤和生活补助待遇,适时调整抚恤补助标准。对遭受特大自然灾害的地区安排补助资金,保障受灾群众基本生活。将农村危房改造和游牧民定居工程纳入保障性安居工程建设,部分地区还将农民工纳入公租住房享受范围。

(四)农村文化体育事业蓬勃发展

近年来,国家对农村文化体育建设的投入力度加大,农村文体基础设施逐步完善,农村公共文体服务体系初步形成,农民业余生活日渐丰富。一是设立中央、省、市三级农村文体建设专项资金。截至2010年,全国已有2.7万个乡镇综合文化站建设获得中央补助,基本实现乡乡有综合文化站;10万个行政村农民健身场地设施建设完成,1/6的行政村拥有了公共体育场地设施,建成农民体育健身工程23万多个,新增体育场地面积2.3亿平方米,受惠人数3.3亿,农村人均新增场地面积0.7平方米,极大改善了农村文体场地设施匮乏的局面。二是公共文化设施网络基本建立。至2011年,全国共有县级以上独立建制公共图书馆2952个,文化馆(含群艺馆)3285个,乡镇(街道)文化站40390个,村文化室20余万个,国家、省、市、县、乡、村6级均有公共文化设施并形成网络,基本实现了公共文化服务体系全覆盖。各地加强业余文艺队伍培训,鼓励农民自办文化大院、文化中心户、文化室、图书室,支持农民群众兴办农民书社、电影放映队等。到2010年,全国共有农村群众业余演出团7万多个,文化专业户约55万户,民间职业剧团五千余个,丰富了农民文化生活。三是实施文化惠民工程和农民体育健身工程。"十一五"期间,通过广播电视村村通、农村电影放映、乡镇综合文化站建设和流动综合文化服务车等农村文化建设重点工程,大幅提升了农村无线覆盖水平,全国广播、电视人口综合覆盖率分别达到97.1%和97.8%;组建农村数字电影院线228条,数字电影放映队3.8万支,年放映公益电影达780万场次;到2010年,全国文化信息资源共享工程已覆盖90%的行政村,累计服务近10亿人次;到2011年,全国有50多万个行政村建立了农家书屋;"十一五"期间,送书下乡工程为国家级扶贫开发重点县和乡镇配送图书总数达787万册。至2010年,全国建设完成农民体育健身工程23万多个,配置篮球架19.7万副、乒乒球台30.4万个,室外器材81.1万件。至2011年年底,全国有30万个行政村建有农村体育健身工程,农村最基础的体育设施得到了改善,农村有了最基本的体育设施保障。四是采取政府采购、补贴、发放文化消费券等措施,将农民、进城务工人员等纳入特殊群体范围,推动公共文化资源向特殊群体倾斜。2011文化部联合相关部门印发《关于进一步加强农民工文化工作的意见》,提出把农民工文化工作纳入公共文化服务体系。

加快发展农村社会事业,是改善人民生活,全面建设小康社会的根本要求。未来一段时期,我国农村社会事业的发展应继续朝着完善制度、提高水平、城乡并轨的方向努力,努力实现农村居民"老有所养、病有所医、住有所居、困有所助",促进农村和谐稳定和经济社会协调发展。

农业对外开放形成崭新格局

　　农业国际交流合作是我国农业农村经济工作的重要组成部分,农业对外开放是我国整体对外开放的重要内容。党的十六大召开以来,面对国际经济形势的巨大变化和国内外农产品市场的风险挑战,党中央和国务院高度重视,制定了一系列方针政策,出台了一系列支持措施推进农业对外开放。各级农业部门主动应对挑战,大力推动农业国际交流合作,提高农业对外开放水平,逐步形成了多渠道、多层次、全方位、宽领域的农业对外合作格局。我国农业对外开放事业深入推进,农产品贸易快速发展,农业"引进来"成效显著,农业科技交流与合作蓬勃发展,农业"走出去"稳步推进,农业的国际地位和影响力不断提升。农业对外开放不仅为我国农业农村经济全面、协调、可持续发展发挥了不可替代的重要作用,而且促进了世界农业的发展,提高了世界粮食安全水平,为世界经济的繁荣发展发挥了积极作用。

一、我国农业对外开放的主要成效

　　10年来,我国大力发展农产品贸易,保障了农产品有效供给,促进了农民就业增收;坚持农业对外开放,积极引进外资、技术装备、种质资源和管理经验,推动了农业科技创新发展,加快了现代农业发展步伐;不断扩展农业援外与境外农业合作,帮助发展中国家提高农业和粮食生产水平,实现互利共赢发展,树立了负责任大国形象。

（一）农产品贸易快速发展，确立和巩固了贸易大国地位

2001 年 12 月，我国加入世界贸易组织，农产品市场全面开放，我国农产品国际贸易进入了一个前所未有的快速发展阶段。

1. 农产品贸易额快速增长，丰富了我国农产品市场，促进了农民增收。10 年来，我国农产品贸易总额由 2002 年的 306. 3 亿美元增长到 2011 年的 1556. 2 亿美元，增长 4. 1 倍。进口额由 124. 7 亿美元增长到 948. 7 亿美元，增长 6. 6 倍；出口额由 181. 6 亿美元增长到 607. 5 亿美元，增长 2. 3 倍（如图 16 - 1 和图 16 - 2）。我国在世界农产品贸易中的地位大幅提升，目前我国农产品贸易额居世界第三位（仅次于美国和德国）；出口额居世界第七位（次于美国、荷兰、德国、巴西、法国、加拿大），进口额居世界第二位（仅次于美国）。2011 年，农业出口额占第一产业增加值的比重为 8. 2%，有力地促进了农民增收和农业增效。10 年来，我国农产品贸易结构不断优化，充分发挥了我国农业的比较优势。

（单位：亿美元）

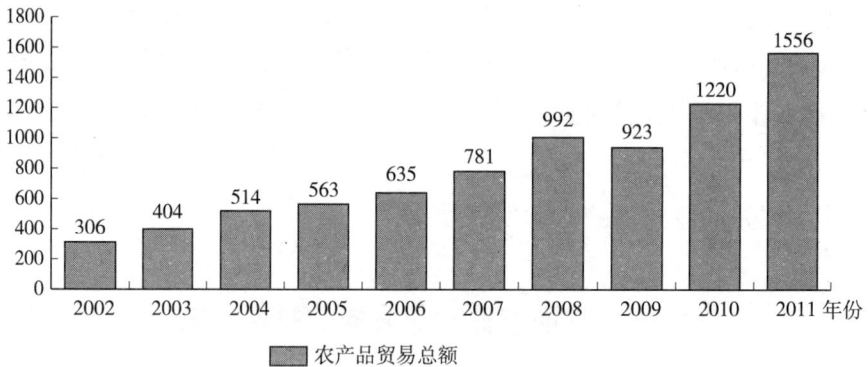

图 16 - 1　2002—2011 年中国农产品贸易总额

一是土地密集型产品进口呈快速增长态势，丰富了国内农产品市场。2002—2011 年，农产品进口总额由 124. 7 亿美元增至 948. 9 亿美元，其中油料、棉花等土地密集型产品进口增长迅速，进口额由 2002 年的 28. 4 亿美元增至 2011 年的 411. 8 亿美元。土地密集型产品占农产

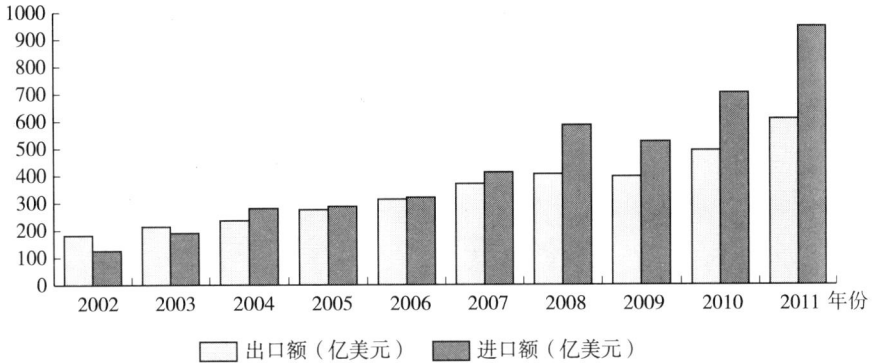

图 16 - 2 2002—2011 年中国农产品进出口额

品进口总额比重从 2002 年的 22.8% 升至 2011 年的 43.4%（如图 16 - 3）。

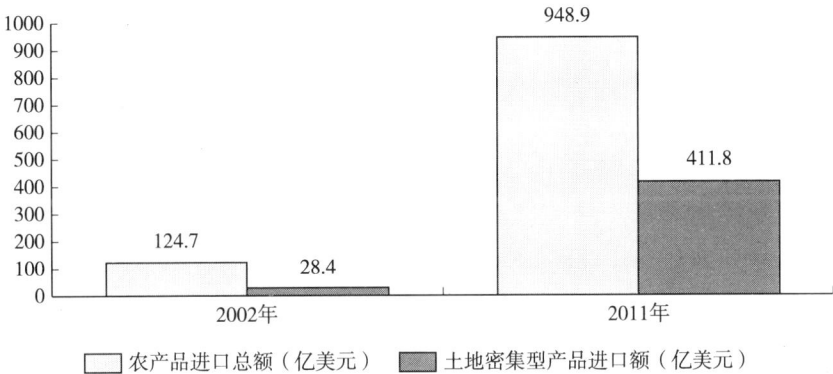

图 16 - 3 2002 年与 2011 年土地密集型产品进口占农产品进口额变化图

二是劳动密集型产品出口保持稳步增长，促进了国内农民就业增收。2002—2011 年，农产品出口总额由 181.6 亿美元增至 607.7 亿美元，其中水产品、蔬菜、畜产品、水果、坚果、茶叶和花卉等劳动密集型产品出口明显增长，出口额由 2002 年的 115.7 亿美元增至 2011 年的 432.7 亿美元。劳动密集型产品占农产品出口总额比重从 2002 年的 63.7% 升至 2011 年的 71.2%（如图 16 - 4）。

2. 进出口市场更加多元化，降低了对局部市场的依赖风险。

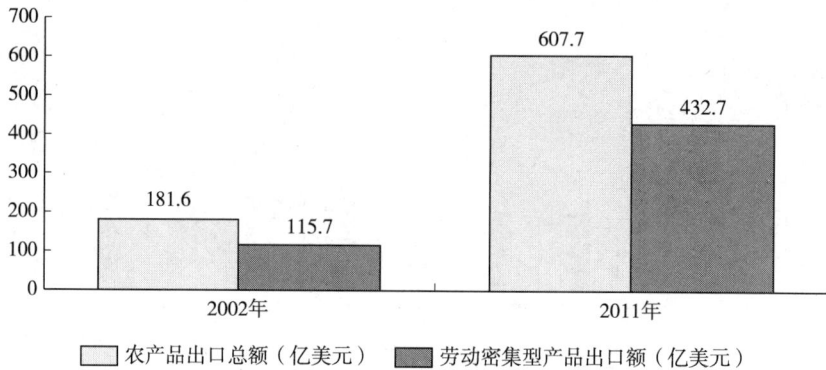

图 16-4 2002 年与 2011 年劳动密集型产品出口占农产品出口额变化图

2002—2011 年,我国农产品出口市场由以前的亚洲市场占绝对份额发展为亚洲市场为主、美国市场不断扩大、欧洲市场稳定增长的格局(如图 16-5 和图 16-6)。亚洲市场由原来的日、韩两国占绝对主导发展为日本、韩国和东盟三足鼎立。进口来源地也日益广泛,除欧美市场外,来自亚洲、大洋洲、南美洲和非洲地区的进口不断增加。农产品贸易伙伴量 10 年来明显增多。

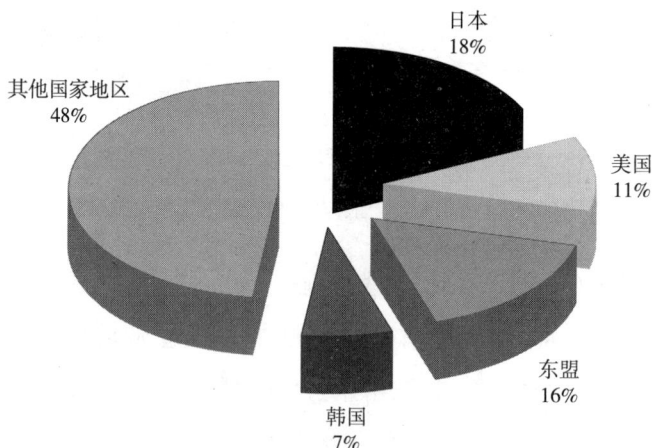

图 16-5 2011 年中国农产品主要出口市场

农产品进出口市场的主体与格局呈现新的特点:

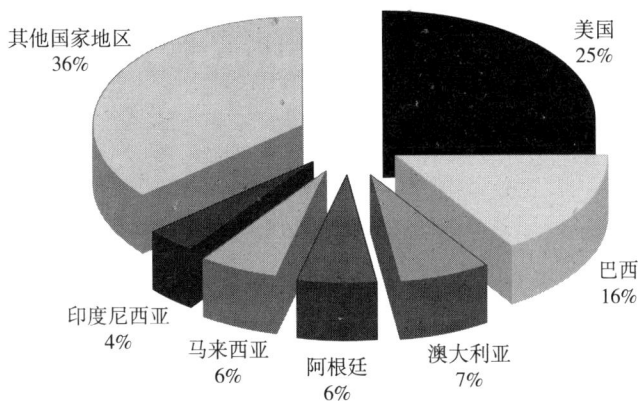

图 16-6 2011 年中国农产品主要进口来源地

一是外资和民营企业成为出口主体。2002—2011 年,不同贸易主体中,外商投资企业出口额占农产品出口总额比重由 38% 上升至 43%;民营企业从 7% 上升至 30%,成为农产品出口第二大主体;国有和集体企业出口额占农产品出口总额比重下降,分别由 49% 和 6% 下降至 22% 和 5%。

二是国内贸易区域分布呈梯度格局。东部沿海各省区农产品出口形势良好,其中山东、广东、福建、浙江、辽宁和江苏 6 省 2011 年农产品出口总额 213 亿美元,占全国农产品出口总额的 68.3%。中部地区和西部省区出口增长较快,其中陕西、内蒙古、湖北、河南、新疆、云南和湖南 7 省区 10 年年均农产品出口增幅超过 10%,高于东部。

总体来说,农产品贸易快速发展为推动我国农业农村经济又好又快发展发挥了积极作用。一是缓解了国内农业资源和环境压力,保障了国内农产品有效供给;二是促进了农民就业增收,以及农业和农村生产发展,特别是对于出口依赖程度高的农产品以及农产品出口大省,增收作用十分显著;三是通过充分利用国内国际两个市场和两种资源,优化了农业结构调整和区域布局,促进了农业比较优势的发挥。

（二）农业的国际竞争力持续增强，抵御市场风险能力不断提升

1. 主动参与全球资源配置，利用"两种资源"见成效。积极为农业外向型企业的对外合作铺路搭桥，引导和重点支持龙头企业到与我国有较强资源互补性的国家和地区，据初步统计，截至2010年年末，全国有768家农、林、牧、渔业境外企业分布在全球近100个国家和地区。农业对外直接投资的重点领域集中在天然橡胶、棕榈、木薯、剑麻、甘蔗等经济作物的种植加工以及远洋渔业捕捞。远洋渔业规模不断壮大，资源开发能力显著增强。基本具备了远洋捕捞的各种船舶类型，2011年远洋渔业总产值约126亿元，比2002年增长一倍以上。同时，我国企业农业投资合作发展模式更加灵活多样，从独资到合资，有"公司+农户"的，有直接新建、收购或租用生产基地或加工厂的，还有直接利用当地成熟生产服务体系等多种模式。广东、福建等沿海省份的许多私营业主也纷纷到境外兴办各种养殖场、农场等；一些已经走出去的非农企业借助国际能源、电信和农业工程合作平台，在亚洲、非洲和南美洲等地也纷纷开展了经济作物的合作开发。

2. 合理运用农业贸易救济措施，市场风险防范有保障。目前国家级农业贸易救济工作合作模式和协作机制已经建立，国际农业研究、国内和国际市场与价格监测、产业损害预警等工作都有了长足进展。国际农业研究体系于2009年启动，突出对重点国别、重点产业和重点专题的系统研究。农产品价格与市场监测于2005年启动，主要对国际农产品和我国农产品进出口情况进行动态监测，目前已形成了系统、成套的数据分析检测报告群。以监测和评估农产品贸易对国内农业产业影响为主要目标的农业产业损害监测预警体系从2007年开始建设，目前已形成覆盖23个省，涉及17个品种的农产品监测体系，为缓解和预防国外产品进口对我国相关产业造成不利影响、维护我产业安全和农民经济利益夯实了牢固基础。

3. 充分发挥对外合作机制，农业国际竞争力增强。我国目前已与全球90多个国家建立了长期稳定的农业合作关系。通过农业引资引

智,学习国外先进的农业生产经营方式,借鉴国外推进农业现代化的宝贵经验,有效提升了我国现代农业发展的质量和效益,增强了农业国际竞争力。

一是农业利用外资保持稳定增长。2011 年我国农业外商实际直接投资额 20.1 亿美元,比 2002 年增长 95.6%(见图 16-7)。农业利用外资渠道多样,最主要的方式是合资、合作、独资企业为主的外商直接投资,另外,还包括世界银行、亚洲开发银行等多边国际金融机构提供的贷款或赠款,以及双边政府之间的经济技术合作。农业利用外资范围主要涉及:农村政策调整、农村改革、农业教育科研及农业支持服务体系、水利灌溉、土壤改良、农产品加工等多个领域,服务于我国农业现代化建设和农村经济发展。

（单位：万美元）

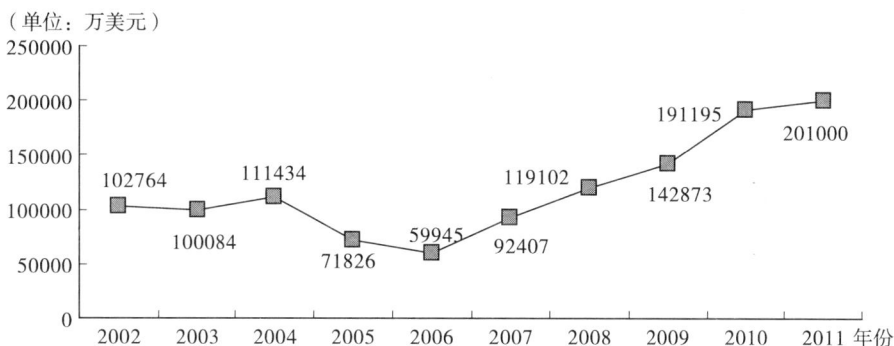

图 16-7　2002—2011 年农业外商实际直接投资额

二是农业引智工作稳步推进。10 年来,通过实施政府间双边合作项目以及联合国粮农组织、世界银行项目等,我国引进大量农业种质资源、技术、农机装备、管理经验和智力资源。截至 2011 年,我国先后从40 多个国家和地区引进各类先进农业技术近 2000 项,种质资源近 10万份,仪器设备等近 2000 套(台、件)。通过农业进口税收专项优惠政策,引进农作物种苗 3 亿株,种畜禽 660 多万头(只),草种 4.4 万吨和大量水产苗种,合计进口金额 118.6 亿元,缓解了农用良种供需矛盾,降低了成本,提高了生产效益。农业部系统聘请国外经济技术专家

378 人,在多个领域开展合作交流,增强了农业管理水平和科技软实力。

(三)农业科技交流与合作蓬勃发展,为推动产业升级打下基础

我国正处在传统农业向现代农业转变的关键阶段,农业基础薄弱、发展方式滞后的问题依然突出。10 年来,我国务实开展农业科技交流,农业"引进来"结构不断优化,农业科技实力增强,为提升国内农业科技创新能力提供强有力支撑,加快了我国传统农业的改造,逐步推动和转变农业发展方式。

1. 联合实验室和国际科技合作中心建设粗具规模,提升了我国农业科研创新能力与水平。我国与美国、巴西、德国、古巴等多个国家建立了联合实验室;与国际农业应用技术中心(CABI)建立联合实验室,共同申请到 400 多万欧元的国际农业科研发展项目,还建立了国际玉米小麦改良中心(CIMMYT)——中国农科院小麦品质联合试验室、国际植物遗传资源研究所(IPGRI)——中国农科院农业生物多样性联合研究中心、国际水稻研究所(IRRI)——中国农科院稻米品质与营养联合研究中心等国际联合实验室。另外,我国还吸引了国际马铃薯中心、国际玉米小麦改良中心、国际水稻研究所等一批国际农业科研机构在中国建立研发中心和办事处。联合实验室和科技合作中心既提升了自身科研创新能力和水平,也有利于扩大科研成果转化能力,为推动我国农业产业升级打下基础。

2. 重大联合研究项目成效显著,提高了我国农业生产效益。10 年来,我国依托多个重大联合研究项目进行全球农业科技交流与推广,为提升我国农业生产效益奠定了良好的基础。通过比尔盖茨基金会项目、国际农业研究磋商组织(CGIAR)项目、欧盟项目、国际生物应用科学中心(CABI)项目、国际原子能机构项目等联合研究项目引进智力、技术和资金,力争解决科研中的技术瓶颈问题,有效提高了我国农业生产效益。如中国农业科学院与盖茨基金会合作开展"绿色超级稻"项

目,在 8 个亚洲国家(包括中国)和 7 个非洲国家培育一批优良水稻品种,并进行示范和推广,将使这些国家和地区的水稻产量增加 20%,至少 2000 万稻农获益。

3. 利用双边工作组机制搭建科技交流平台,促进了全球农业科技合作。2002 年以来,我充分利用中日、中韩、中泰、中南(非)、中苏(丹)、中德、中法、中美、中巴(西)、中哈等双边合作机制,加强沟通,求同存异、促进合作。10 年来,签订各类农业国际合作框架性和实体性多双边协议 156 个,组建农业联委会或工作组 33 个,进一步拓展和加深了合作伙伴关系,利用双边合作机制开展科技交流,进一步搭建全球农业科技交流平台,促进全球农业科技合作。

(四)为世界粮食安全作出突出贡献,树立了负责任大国形象,提升了我国际涉农领域的影响力和话语权

10 年来,通过人力资源开发、技术交流以及优良品种、农业机械和农产品的展示、试验及推广,帮助发展中国家提高技术管理水平,发展农业生产,增强粮食安全,极大地提高我国农业在发展中国家的影响力。

1. 农业援外项目深入推进,对农业影响力不断增强。2002 年以来,我国为亚、非、拉地区 100 多个国家在华培训了近万名农业管理和技术人才,为其学习借鉴分享我农业技术成果和管理经验奠定了坚实基础。农业日益成为我国优势外交资源,发展中国家与我合作愿望越来越迫切,进一步树立我负责任大国形象,提升我在国际关系中的影响力。

2006 年中非合作论坛北京峰会我国政府承诺建设完成了援助非洲的 14 个农业援外技术示范中心,由于工作成效显著,近期又启动了 9 个新增的非洲农业技术示范中心的前期考察立项工作(见表 16 - 1),还对与巴基斯坦等 5 个亚洲国家开展类似合作进行了初步探索。部分省市和重点企业也参与了示范中心建设和运营,借助这个平台很

好地带动了各省农业对外投资合作,有的企业已经在外建立农业生产基地,开展农业种植、加工、物流等产业化经营,与东道国实现了双赢。

表 16-1　中非合作论坛机制下中国援非示范中心建设地点

第一批援非示范中心所在国家(14 个)	赞比亚、坦桑尼亚、喀麦隆、刚果(布)、卢旺达、贝宁、多哥、利比里亚、埃塞俄比亚、苏丹、莫桑比克、乌干达、南非、津巴布韦
第二批援非示范中心所在国家(9 个)	刚果(金)、毛里塔尼亚(2 个)、马里、马拉维、安哥拉、中非、科特迪瓦、厄立特里亚

2. 南南合作持续发展,获得全球广泛肯定。我国重点依托与 FAO 在粮食安全特别计划框架之下开展的"南南合作"等机制,注重多双边渠道互相配合,切实提升了南南合作成效,增强了发展中国家的粮食综合生产能力。尤其在 2002 年以后,南南合作发展迅速,得到各方赞誉,受到东道国的普遍欢迎。截至 2011 年年底,在 FAO"粮食安全特别计划"框架下,中国已经启动了 16 个"南南合作"项目,其中 11 个项目已经结束,5 个项目正在实施,共向非洲、亚洲、南太平洋、加勒比海等地区的 21 个国家派遣了 865 名农业专家和技术员,在农田水利、农作物生产、畜牧水产养殖和农产品加工等多个领域为东道国提供农业技术援助。其中,2002 年以后实施的南南合作项目共 11 个,派遣农业专家和技术员 715 人,占总数的 82.7%(见表 16-2)。

南南合作项目对东道国农业和农村经济发展、农民收入增加、生活条件改善作出了重要贡献。其中,中尼"南南合作"一期项目被 FAO 评为"南南合作"的样板,派往蒙古、塞拉利昂、马里等国家的援外人员受到总统或总理接见,他们对中国专家技术员的敬业精神及所做的成绩给予充分肯定。据统计,正在执行的尼日利亚、蒙古、马拉维等五个项目,近两年来共推广使用农业技术 165 项,引进和培育新品种 214 个,水果、蔬菜、玉米、水稻等农作物试验示范产量高出当地水平 20%—60%,组织各类培训班 137 次,培训人员达 9530 人次。

表 16－2　2002 年以来中国参与实施 FAO"粮食安全特别计划"
框架下农业"南南合作"项目表

项目序号	东道国	项目起止时间（年）	是否利用中国信托基金	派出人数（个）
1	尼日利亚	2003—2007	否	496
2	南太平洋 7 国	2004—2007	否	28
3	加勒比 4 国	2005—2009	否	9
4	塞拉利昂	2007—2009	否	18
5	加蓬	2007—2009	否	34
6	毛里塔尼亚	2008—2008	否	1
7	尼日利亚	2009—2012	否	56
8	蒙古	2010—2012	是	19
9	马拉维	2011—2013	是	18
10	马里	2011—2013	是	17
11	塞拉利昂	2011—2013	是	19
合计				715

3. 深入参与国际涉农事务,在国际粮农事务中的影响力不断提升。我国在联合国粮农组织(FAO)、世界粮食计划署(WFP)、世界动物卫生组织(OIE)、国际农业研究磋商组织(CGIAR)、二十国集团(G20)、亚太经合组织(APEC)、东盟与中日韩(10+3)、上海合作组织等重要平台上发挥了积极和建设性的作用。在许多国际议程或活动中扮演重要角色,在全球粮农治理体系中发挥关键作用。我在区域合作和新兴经济体的合作中逐步发挥主导作用,成功推动东盟和中日韩大米紧急储备协定得到各成员国正式签署,牵头金砖国家农业部长会议制订了金砖国家合作规划等。

4. 熟练运用国际规则,参与涉农标准制定越来越多。我国越来越重视参与国际标准制定。2001 年加入世界贸易组织以来,我从 WTO 的新成员成长为谈判核心圈 G7 成员,成为国际农业贸易规则制定者之一,为构建公平的农业贸易环境发挥关键作用。我国目前担任了国际食品法典委员会(CODEX)农药残留和食品添加剂两个重要分委会的主席国,取得了良好的成效。我国通过参与三聚氰胺、莱克多巴胺、硫丹等一系列残留限量标准的制定,切实维护了相关产业的发展空间和良好环境。

二、扩大农业对外开放的主要经验

10 年来,我国农业对外开放事业取得的成效主要得益于政策引导的不断加强、各级领导的高度重视、支持手段的不断完善、机制建设的不断强化、系统合力的不断提升、队伍能力的不断增强。

(一)党的好政策和领导人的高度重视是扩大农业对外开放的坚实基础

2002 年以来,历年政府工作报告、全国农业和农村经济发展"十一五"规划、《全国现代农业发展规划(2011—2015 年)》、中央经济工作会议、农村工作会议,以及 2004 年以来的中央 1 号文件都对提高农业对外开放水平、做好农业国际合作工作提出了明确要求,要求加强农产品国际贸易,加强农业领域科技合作,加大力度引进消化吸收国外先进农业技术,提高农业对外开放水平和质量。农业合作成为党和国家领导人出访的重要内容,通过高层互访,党和国家领导人亲自参与和推动农业国际合作工作。在党的政策指引下,在党和国家领导人的亲自推动下,在各方面的关心支持和共同推动下,农业对外开放的良好工作局面得到了不断巩固和加强。

(二)强化规划引导和完善支持手段是扩大农业对外开放的关键举措

2002 年以来,我们通过政策研究、规划制定不断丰富和完善农业对外开放的支持手段。一是加强政策研究和战略规划制定。对农业

"走出去"、多双边合作机制建设等重大问题进行统筹规划研究,稳步推进对外农业投资合作工作。农业国际合作"十一五"、"十二五"规划的出台,凝聚了全系统的发展需求和共识,使系统建设的方向更加明确。二是系统研究农产品贸易领域重大问题。逐步完善产业损害监测预警体系建设,搭建了专业评估队伍、评估报告制度和财政保障政策等"三大支柱",以及工作机制、监测网络和评估指标系列等"三大平台"。对涉农国际贸易、农产品进出口战略、多双边贸易谈判等重点热点问题进行跟踪研究,提供决策参考。提升农业国际信息和农产品国际营销促销的公共服务水平,搭建合作平台。三是加强金融支持力度。通过部委与金融机构的深入合作,为农业对外开放提供良好的金融环境,为企业"走出去"提供更多支持。

(三)加强机制建设和增强系统活力是扩大农业对外开放的重要保障

10年来,我国不断优化农业多双边合作机制。在联委会等双边合作机制下设立多个工作组,完善交流合作方式,务实开展农业双边合作。建立健全区域农业合作机制,提高我在多边场合和地区中的影响力。农业国际合作系统"一盘棋"格局得到进一步强化,内部交流机制不断创新、更加健全。农业部国际合作系统工作交流会、农业国际合作论坛、全国农业国际合作工作会议、全国农业国际合作系统处长会和片区外事外经工作座谈会等会议机制不断完善,有效促进了系统内部、省部之间、区域之间的多向交流。部系统每年开展全国性国际交流合作系统培训、南南合作援外专家英语强化培训,部分省份开展了援外专家基础英语培训,培训构架更加科学合理,国内外事外经队伍和国外的外交官队伍、援外专家队伍等三支队伍进一步壮大。广大农业国际合作工作者对我国农业政策、产业发展、市场供求、价格形势等始终保持持续关注和深入了解,主动参与农业国际合作和对外开放的科学发展能力不断提高。

三、我国农业对外开放面临的形势与展望

目前,全球经济复苏乏力,总体仍处于后金融危机时代。各国更加重视农业基础地位,粮食和农业成为全球发展议程的核心。我国不断深化改革开放,面对全球经济一体化和贸易自由化的要求与挑战,怎样把握好当前形势,处理好我国农业的多双边和区域合作问题,关系重大。

(一)农业对外开放面临机遇与挑战并存的国际形势

全球饥饿人口仍维持在 10 亿左右,粮食安全形势十分严峻。发达国家希望开拓中国市场,广大发展中国家希望借助中国的发展经验与实用技术,与中国开展南南合作,从而为我国开展"引进来"和"走出去"提供了更多机遇。一是发展中国家普遍重视粮食安全和农业发展,为我国输出农业技术和理念提供了巨大空间。二是部分发达国家经济低迷,为我国提升全球农业资源配置能力和农业国际影响力创造了宝贵机遇。三是我国农业发展持续向好,为深化我国农业国际合作工作奠定了良好基础。

虽然我们有着良好的发展机遇和基础,但仍要时刻保持清醒的头脑,客观分析和认识我们面临的诸多困难和挑战。一是世界经济复苏缓慢,贸易保护主义抬头,农产品贸易形势严峻。二是发达国家加快全球农业战略布局,把我国作为其开拓市场、攫取利润的目标。三是资源约束趋紧,农业基础竞争能力和抵御风险能力将经受考验。

(二)农业对外开放主要任务

今后一个时期,农业和农村工作任务更加艰巨,国际交流合作担负的责任更加重大,要加强国内产业发展与"引进来"、"走出去"的统筹,加强农产品贸易政策与国内产业发展政策的统筹,加强农业对外开放

和国内产业安全的统筹。提升服务农业产业发展的能力,提升利用两个市场的能力,提升开发两种资源的能力,提升参与国际粮农事务的能力。要统筹兼顾,突出重点,着力完成四项任务。

第一,进一步完善农业贸易发展支持体系,促进农产品贸易健康发展。强化政策研究和战略规划制定,逐步完善农业产业损害监测预警体系建设,提升农业国际信息和农产品国际营销促销的公共服务水平。继续坚定不移地推动 WTO 框架下的多边贸易谈判,积极参与世贸组织贸易政策审议和争端解决工作,主动参加联合国粮农组织等国际组织的活动,在国际粮农领域中展现更加积极和建设性的参与态度,发挥更加重要的主导作用。

第二,进一步加快参与全球资源配置步伐,提升利用"两种资源"、"两个市场"能力。加强宏观指导,强化政策扶持力度,深化与金融机构的合作,扩大农业国际交流与合作专项资金规模,加强与海关、质检部门的沟通协调,为农业对外开放创造良好环境,为农业对外投资合作提供全面有力支持。

第三,进一步做好利用外资工作,提高农业"引进来"质量和水平。要适应现代农业发展需要,不断优化农业利用外资结构,引导外资向中西部地区转移。加强农业招商引资工作,促进利用外资方式多样化。切实加强农业产业损害预警监测及评估工作,建立健全农业领域外资并购安全审查机制。

第四,切实加强国际农业科技合作,提升农业产业发展的科技支撑能力。积极开展国际农业科技合作,搭建合作平台,推动建立联合实验室或研究中心,鼓励国际农业研究磋商组织等国际科研机构在华设分支机构,支持科学家和农业科研院所参与国际重大科学计划和合作项目,增强我国农业科技的自主创新能力和国际竞争力。在有关国家建设农业科技合作示范园区,组织实施一批适用性强的技术创新项目,示范推广先进适用的农业技术、设备和产品。

新形势对农业对外开放提出了新要求。今后要紧紧围绕农业现代化建设的中心目标,围绕服务国家外交大局的需要,加强粮农领域国际交流,促进农业贸易健康发展,把"引进来"与"走出去"更好地结合起来,深入推进多边双边农业务实合作,努力提高农业对外开放的质量和水平,积极发挥我在国际涉农事务中的建设性作用,为实现我国农业、农村经济可持续发展,为提高世界粮食安全水平作出更大的贡献。

责任编辑:娜　拉　刘　伟
封面设计:徐　晖
责任校对:高　敏

图书在版编目(CIP)数据

改革创新促发展　兴农富民稳供给——农村经济十年发展的辉煌成就
　(2002—2012)/韩长赋 主编. -北京:人民出版社,2012.10
("科学发展　成就辉煌"系列丛书)
ISBN 978 - 7 - 01 - 011302 - 9

Ⅰ.①改…　Ⅱ.①韩…　Ⅲ.①农村经济发展-成就-中国-2002—2012
　Ⅳ.①F32

中国版本图书馆 CIP 数据核字(2012)第 233318 号

改革创新促发展　兴农富民稳供给

GAIGE CHUANGXIN CU FAZHAN XINGNONG FUMIN WEN GONGJI

——农村经济十年发展的辉煌成就(2002—2012)

韩长赋　主编

人民出版社 出版发行

(100706　北京市东城区隆福寺街 99 号)

北京中科印刷有限公司印刷　新华书店经销

2012 年 10 月第 1 版　2012 年 10 月北京第 1 次印刷
开本:710 毫米×1000 毫米 1/16　印张:21.5
字数:295 千字　印数:0,001-5,000 册

ISBN 978 - 7 - 01 - 011302 - 9　定价:42.00 元

邮购地址 100706　北京市东城区隆福寺街 99 号
人民东方图书销售中心　电话 (010)65250042　65289539